《开放中国》书系

郎丽华　张连城◎主编

高等教育服务贸易对中国经济增长的影响研究

赵灵翡◎著

经济日报出版社

·北京·

图书在版编目（CIP）数据

高等教育服务贸易对中国经济增长的影响研究 / 赵灵翡著. -- 北京 : 经济日报出版社, 2024.9
(《开放中国》书系 / 郎丽华, 张连城主编)
ISBN 978-7-5196-1385-3

Ⅰ. ①高… Ⅱ. ①赵… Ⅲ. ①高等教育—服务贸易—影响—中国经济—经济增长—研究 Ⅳ. ①F124.1

中国国家版本馆 CIP 数据核字 (2023) 第 236534 号

高等教育服务贸易对中国经济增长的影响研究

GAODENG JIAOYU FUWU MAOYI DUI ZHONGGUO JINGJI ZENGZHANG DE YINGXIANG YANJIU

赵灵翡 著

出　　版： 经济日报出版社
地　　址： 北京市西城区白纸坊东街 2 号院 6 号楼 710（邮编 100054）
经　　销： 全国新华书店
印　　刷： 北京文昌阁彩色印刷有限责任公司
开　　本： 710mm × 1000mm　1/16
印　　张： 14.25
字　　数： 227 千字
版　　次： 2024 年 9 月第 1 版
印　　次： 2024 年 9 月第 1 次印刷
定　　价： 68.00 元

本社网址：www.edpbook.com.cn，微信公众号：经济日报出版社

本社法律顾问：北京天驰君泰律师事务所，张杰律师　举报信箱：zhangjie@ tiantailaw. com
举报电话：010-63567684
本书如有印装质量问题，请与本社总编室联系，联系电话：010-63567684

前 言

经典文献和经济增长的实践证明，高等教育服务贸易能促进教育资源在全球市场的有效配置，有助于积累人力资本、扩大贸易投资规模、推动技术进步、催生新兴产业，为参与国经济发展培育新的驱动力和增长点。20 世纪 90 年代以来，我国教育对外开放格局逐渐形成，高等教育服务贸易呈现规模大、增速快、贸易额和人数显著双增长的特征，为货物贸易和对外直接投资（Outward Foreign Direct Investment，OFDI）规模扩大、高新技术产业群发展和经济增长注入了活力。知识积累和技术进步是驱动内生经济增长的动力，人力资本是知识和技术的重要载体。教育是获取知识的重要途径，而高等教育是培育人力资本的主要方式之一。我国正处在经济增长转型的关键时期，近些年，面临着人口红利消失、资源投入低效等问题，亟须向以人力资本和技术创新为驱动力的模式转换，为经济的可持续增长提供新的动力。在此背景下，基于高等教育服务贸易对人力资本形成的特殊作用的视角，研究高等教育服务贸易对中国经济增长的影响和作用机制，具有十分重要的现实意义。

对于高等教育服务贸易的政策讨论和案例分析并不少见，但从理论层面切入、从经济学视角展开的分析，尚待进一步深入和完善。教育是一项需要消耗时间作为成本的战略实践，而教育国际化则是其中的重要环节，它既是教育发挥作用的路径之一，也是教育发展进步的必然结果。在多年从事高等教育国际交流工作的过程中，笔者认为学生、教师、教学、科研等各类要素在各国间流动的路径和产生的作用各不相同，教育国际化对人才培养、学校发展和社会进步的贡献更是无法一概而论。因此，对教育国际化的研究应当从多个角度展开，兼顾要素内容和流动方向，综合考虑影响因素和作用路径，并采用经济量化方法进行检验和预测，才能得出较为理性和科学的结论。

本书分别从出口和进口两个角度，探讨高等教育服务贸易对经济增长的影响，尝试解释如下问题：高等教育服务贸易为什么影响经济增长？其出口和进口如何影响经济增长？作用机制是否相同？这种影响是否存在异质性和空间效应？

为了解释上述问题，本书从理论分析、典型事实和实证检验三个方面展开了研究。首先，构建一个两国理论模型和一个四部门理论模型，分别论证了高等教育服务贸易出口和进口影响经济增长的作用机制，提出了高等教育服务贸易出口通过货物贸易和 OFDI 促进经济增长、高等教育服务贸易进口通过技术创新和产业结构升级促进经济增长等 7 个理论假设。其次，通过对比来华留学教育与货物贸易和 OFDI、出国留学教育与技术创新和产业结构升级的典型事实，考察我国高等教育服务贸易与经济增长的相关关系。再次，选用 2003—2018 年来华留学生人数代理高等教育服务贸易出口规模，构建基准回归模型和中介效应模型，检验高等教育服务贸易出口对经济增长的影响和作用机制。接着，选用 1978—2019 年我国留学归国人数增长率代理高等教育服务贸易进口，构建向量自回归模型（Vector Autoregressive Model，VAR），验证高等教育服务贸易进口与经济增长的逻辑关系；最后，选用2014—2019年我国高新技术产业开发区的留学归国人数代理高等教育服务贸易进口，分别构建基准回归模型、中介效应模型和空间杜宾模型，依次验证高等教育服务贸易进口对经济增长的影响和传导机制。

此外，笔者还对美国、英国、澳大利亚、日本和印度等国的高等教育服务贸易发展经验进行了分析提炼，结合研究结论，提出推动高等教育服务贸易高质量发展、促进经济增长可持续发展的政策建议。

目　录

第七章　研究结论、国际经验和政策建议 / 177

参考文献 / 194

附　录

第一章

绪　论

几个世纪以来，经济学家们一直在探索经济增长背后的原因，知识积累和技术进步被认为是驱动内生经济增长的动力，人力资本是知识和技术的重要载体。教育是获取知识的重要途径，高等教育是培育人力资本的主要方式。知识和技术具有正向溢出效应，能够通过人员流动进行广泛传播，当本国形成的人力资本无法满足经济增长需要时，一国可以通过开展高等教育服务贸易获取新的人力资本，驱动经济增长。经济全球化的历程表明，经济发展相对落后的国家进口先进国家的高等教育服务，不仅能够获取经济发展所需的知识和技术，提高劳动生产率，增加经济产出，还能够加速本国的人力资本积累、改变人力资本结构，提高全要素生产率，实现经济内生增长。作为最大的发展中国家，改革开放以来，我国社会经济快速发展，外向型经济发展特征明显；与此同时，面临着人口红利消失、资源投入低效等问题，亟须转变经济增长模式，推动以人力资本和技术创新为驱动力的可持续增长。

本章将围绕高等教育服务贸易对中国经济增长的影响这一主题，阐述研究背景、选题意义、研究思路和方法、创新点、不足和展望，为本书研究进行铺垫。

第一节　高等教育服务贸易发展的背景

高等教育是培养高层次人才的教育阶段，在人力资本和技术创新与物质资源相比越来越占优势的未来社会，高等教育的重要性将会与日俱增。进入20世纪，人类开启了以信息技术发展为特征的工业3.0时代，经济增长、技术进步对教育提出了高质量、国际化的更高要求，为了获取充足的高等教育资源、发挥其人力资本效应，促进经济增长，各国纷纷开启了高等教育服务贸易的征程。高等教育服务贸易能够实现教育资源在全球市场的大规模流动和有效配置，使参与国获取贸易利益，积累高水平人力资本，带动贸易投资规模增加，推动技术进步，催生新兴产业，为各国经济高质量发展培育新的驱动力和增长点，因而受到各国普遍重视。一方面，高等教育服务贸易出口能够直接获得贸易收益，实现经济增长；另一方面，通过人员流动和教育培养，贸易国获取了大量优质人才，提升了本国人力资本水平，扩大了货物贸易和对外投资范围，提高了劳动生产率，带动了技术创新和产业发展，促进了经济增长。

近半个世纪以来，高等教育服务贸易发展迅速。据联合国教科文组织（United Nations Educational，Scientific and Cultural Organization，UNESCO）统计，1965 年，全世界留学生人数为 35.5 万人，1997 年增长了约 4 倍，达到 150.2 万人（熊永根等，2003），2000 年激增至 162 万人。经济合作与发展组织（Organization for Economic Co-operation and Development，OECD）发布的《教育概览（2020）》[1] 数据显示，在 1998—2018 年的 20 年间，高等教育层次国际留学生每年以 4.8% 的平均增速增加，发展中国家增速超过了发达国家，如图 1-1 所示。各国高等教育消费的需求增长迅速，“任何地方都存在着强有力的作为入学人数预算基础的潜在消费市场”（伯顿 · 克拉克，2001），这种需求集中表现为留学生人数的快速增长和留学支付能力的显著提升。

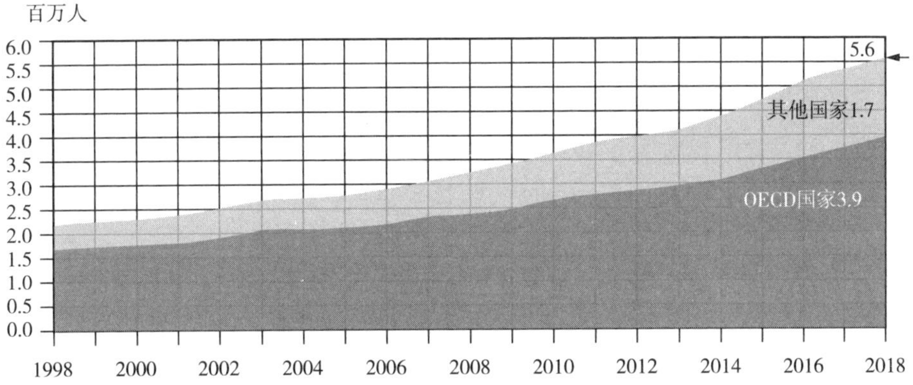

图 1-1 世界留学生总数（高等教育，1998—2018 年）

数据来源：OECD/ 联合国教科文组织统计研究所（UNESCO Institute for Statistics）/ 欧盟统计局（Eurostat）（2020）。

---

[1] 《教育概览》是由 OECD 国家政府、专家和机构共同编纂的教育质量体系指标，为相关国家人才培养和教育发展提供政策参考和数据支持。截至目前，OECD 网站公布了 1998 年以来的 22 期报告。2015 年 9 月，联合国可持续发展峰会在美国纽约总部召开，共提出了 17 个人类可持续发展目标（Sustainable Development Goals，SDG），其中第 4 个“优质教育”的目标含义是“inclusive and equitable quality education and promote lifelong learning opportunities for all”。联合国教科文组织统计研究所（UNESCO Institute of Statistics，UIS）作为上述发展目标的评价监管机构，联合 OECD 共同研究提供更为全面的数据报告。《教育概览》提供 OECD 及其成员国的教育评价信息，作为 SDG 4 研究成果的组成部分。

以美国、英国、澳大利亚、日本等国为代表的发达国家是高等教育服务的主要出口国，通过向其他国家出口高等教育服务，获得直接和间接经济收益。发达国家具有高质量的高等教育服务、高水平的经济发展条件和前沿的科学技术知识，具有较强的人才吸引力，在高等教育服务贸易出口中具有明显优势，同时，发达国家之间的高等教育服务贸易呈双向发展；相比较之下，发展中国家是高等教育服务贸易的主要进口国，通过大规模进口发达国家的高等教育服务，派出出国留学人员，吸引留学归国人员，促进本国人力资本积累，推动技术创新，催生新兴产业，促进本国经济增长。

改革开放以来，我国教育对外开放格局逐渐形成，20 世纪 90 年代以后，高等教育服务贸易规模逐渐扩大。2017 年，我国进口高等教育服务贸易额为 664 亿美元，出口贸易额为 64 亿美元；2019 年，我国出国留学人员总数为 70.35 万人，来华留学生人数 17.26 万人，高等教育服务贸易呈现规模大、增速快、贸易额和人数显著双增长的现象。我国高等教育服务贸易出口主要面向发展中国家，每年接收来自 200 余个国家的留学生来华学习，留学生学成毕业后，一部分返回生源国就业，一部分留在我国直接进入劳动力市场。我国高等教育服务贸易进口主要来自发达国家，我国是多个国家的第一大生源国。近年来，出国留学人数增长迅猛，每年有超过 80% 的留学人员完成学业后回国就业，形成大规模具有国际化背景的人力资本。随着我国对外开放程度逐渐加大，我国在高等教育服务贸易国际市场上的地位和影响力不断提升。但是，作为发展中国家，我国留学教育服务贸易国际竞争力还不强，与发达国家相比具有较大差距（魏浩等，2010）。“公共产品观”限制了留学教育发展，阻碍了我国参与世界范围内高层次人才争夺（陈越，2016）。我国高等教育发展水平依然有较大提升空间，依然存在留学市场不规范、来华留学生培养层次相对偏低、收费较低、管理不健全等问题，高等教育服务贸易的双逆差现象较突出，高等教育服务贸易长期处于竞争劣势（韩琪等，2012；张国军，2014）。

我国正处在经济增长转型的关键时期，对技术进步、知识积累和人力资本积累具有较高的需求。近年来，中国积极参与全球化，深度嵌入全球价值链，成为国际经济循环中的重要中心节点。中国利用充裕的劳动力资源发展劳动密集型产业，吸引外商投资，外向型经济发展特征明显，实现了经济快速增长，但与此同时，面临着人口红利消失、资源投入低效、产业升级制约、生态环境恶化等问题。随着中国经济体量不断增长，人均 GDP 水平和经济增速呈现出“高位平稳型”的新态势，即波动程度下降、波动深度提高、波动幅度缩小、波动高度提升和波动长度延长的特征（刘树成，2018）。进入新常态以来，我国经济增长面临的内外不确定性不断增加，经济增长由以要素投入和规模扩张为主要特征的粗放型向以人力资本和技术创新为特征的集约型过渡（张连城，2020）。然而，国内形成的人力资本已无法满足经济增长需要，亟须通过改善人力资本结构，获取具备更高水平的知识和技术积累，为我国参与国际竞争、实现集约型经济增长提供支撑。高等教育服务贸易恰好能够提供经济增长模式转型所需要的人力资本和知识积累，以及由此带来的技术创新，从而为经济的可持续增长提供新的动力，对于我国跨越经济增长转型期具有十分重要的现实意义。

本书主要将由高等教育服务贸易形成的人力资本作为研究对象，分析其对我国经济增长的影响。本书分别从高等教育服务贸易出口和进口两个角度，分析我国高等教育服务贸易的典型事实，分别构建理论模型和计量模型，讨论高等教育服务贸易对经济增长的影响效果和作用机制，为实现高等教育服务贸易高质量发展、促进我国经济可持续增长提供政策建议。

第二节 研究高等教育服务贸易的必要性

在我国经济增长模式转型的现实背景下，立足开放型经济发展需要，寻找中国在工业化后期实现经济可持续增长的新动能具有重要的现实意义。人力资本是驱动经济可持续发展的关键要素，高等教育服务贸易是提升人力资本水平的重要方式，开展高等教育服务贸易，能够促进人力资本积累、调整人力资本结构、促进技术创新和产业结构升级，促进经济增长动能转换，推动经济可持续增长。具体来说，推动高等教育服务贸易发展具有以下两方面意义。

第一，理论意义。本研究有助于探索经济可持续增长的驱动要素：高等教育服务贸易产生的人力资本效应能够促进经济增长。随着发展中国家逐步进入工业化后期，经济增长模式正在由资源投入的粗放型向技术投入的集约型转变，经济增长对于人力资本的需求愈加突出；与此同时，各国面临着人口红利消失、资源利用低效等问题，亟须探索经济增长的新动能，实现经济可持续增长。高等教育服务贸易能够利用全球教育资源，特别是利用发达国家的经济发展经验和优质教育资源，为经济增长提供所需的国际化人才，提升人力资本水平，改变人力资本结构，促进技术创新，推动产业结构调整，实现经济增长。本书以高等教育服务贸易对经济增长影响为主题，突出高等教育服务贸易所产生的人力资本效应对经济增长的作用，从理论上阐释了高等教育服务贸易影响经济增长的作用机制，为相关研究提供了理论基础。

第二，实践意义。本研究能够为我国高等教育服务贸易高质量发展、促进经济可持续增长提供参考。一方面，我国通过接收来华留学生，建立双边社会网络，增强信息交流与沟通，扩大货物贸易和 OFDI 规模，推动经济增长；另一方面，我国通过进口发达国家的高等教育服务，引进高水平留学归国人员，提升人力资本水平，促进技术进步，催生新兴产业，拉动经济增长。本书从出口和进口两个方面对高等教育服务贸易对经济增长的影响进行了研究，采用多种实证方法检验了出口和进口对经济增长的影响和作用机制，为我国高等教育服务贸易高质量发展、促进经济可持续增长提供了政策建议。

第三节　研究范式

本书按照“研究基础—机制分析—事实分析—实证分析—启示建议”的思路安排了各章内容。在研究基础部分，通过绪论、文献综述和概念界定两章内容，对高等教育服务贸易和经济增长这两个主题的基本背景和研究进展进行梳理，成为全文提纲挈领的总引。在机制分析部分，主要通过阐释相关的经典理论、构建理论模型，对高等教育服务贸易影响经济增长的不同机制进行推导，这种规范分析的方式确保了研究的科学性。事实分析紧紧围绕主题，分析和归纳各项经典事实，为实证检验提供充分依据，做好实证结果的解释准备。实证分析是本书的重点内容，为了明确高等教育服务贸易促进经济增长的机制路径，结合数据可得性，本书分出口和进口两部分，采用不同的实证方法进行检验，利用时间序列数据、国别面板数据和省际面板数据，对理论假设展开实证检验，得出相应结论。最后，综合考虑研究结论和国际经验，对提升我国发展高质量高等教育服务贸易、促进经济可持续增长提出了政策建议。

本书的研究分为 7 章节内容，具体内容和结构安排如下：

第一章为绪论。主要介绍了本书的研究背景、选题意义、研究思路和研究框架、研究方法以及可能的创新点和不足，为全篇分析提供纲领性指引。

第二章为高等教育服务贸易与经济增长的相关研究及概念界定。首先，主要对高等教育服务贸易和经济增长、高等教育服务贸易影响经济增长的相关研究进行了梳理和归纳；其次，对本书适用的高等教育服务贸易和经济增长概念进行了界定，并对高等教育服务贸易的形式、测算指标等进行阐释，为本书的研究提供切入点，明确研究的边际贡献和可能的创新点。

第三章为高等教育服务贸易对经济增长影响的理论分析。首先，对相关理论进行了梳理；其次，从出口和进口两个角度，对高等教育服务贸易影响经济增长的作用机制进行了逻辑推导；最后，构建了两个理论模型，分别对出口和进口影响经济增长的作用机制进行了数理推导，并得出了 7 个理论假设，为实证检验提供了基础。

第四章为中国高等教育服务贸易与经济增长的典型事实分析。首先，总结概括了中国高等教育服务贸易规模、结构和主要贸易伙伴，然后从出口和进口两个方面分析了贸易规模、结构和相关政策；其次，对中国经济增长的典型事实进行了分析；最后，对高等教育服务贸易与经济增长的相关性，出口、进口与经济增长的典型事实进行了分析，并测算了我国高等教育服务贸易出口产生的直接经济收益。本章为后续实证检验提供了中国的事实依据。

第五章为中国高等教育服务贸易出口对经济增长影响的实证分析。在第 3 章出口理论模型的基础上，采用国别层面的面板数据，构建基准回归模型和中介效应模型，对高等教育服务贸易出口影响经济增长的效果和机制进行检验。对假设 H1—假设 H3 进行验证。

第六章为中国高等教育服务贸易进口对经济增长影响的实证分析。首先，利用全国层面的时间序列数据，构建了 VAR 模型，对高等教育服务贸易进口影响经济增长的逻辑关系进行检验；其次，根据第 3 章进口理论模型，利用省际层面的面板数据，构建基准回归模型和中介效应模型，对高等教育服务贸易进口影响经济增长的效果和作用机制进行检验；最后，继续利用省际层面面板数据，构建空间杜宾模型，对高等教育服务贸易进口影响经济增长的空间溢出效应进行实证检验。对假设 H4—假设 H7 进行验证。

第七章为研究结论、国际经验和政策建议。归纳本书理论和实证分析结果，借鉴国际经验，提出政策建议。

总体来看，在理论研究方面，现有研究多集中在高等教育服务贸易出口影响经济增长的内容方面，从进口侧的研究较少且研究方法比较单一，在讨论高等教育服务贸易影响经济增长的传导机制、异质性、空间效应等方面仍有不足。为此，本书在第三章的理论分析中，分别构建了一个两国理论模型论证高等教育服务贸易出口影响经济增长的作用机制、一个四部门理论模型论证高等教育服务贸易进口影响经济增长的作用机制，共得出高等教育服务贸易出口能够通过货物贸易和OFDI促进经济增长、高等教育服务贸易进口能够通过技术创新和产业结构升级促进经济增长等7个理论假设，为实证检验做好准备。

在实证分析方面，第四章的典型事实分析承上启下，通过对比来华留学教育与货物贸易和OFDI的典型事实、出国留学教育与技术创新和产业结构升级的典型事实考察高等教育服务贸易与经济增长的相关关系，为实证检验部分提供事实依据和数据描述。第五章选用人均GDP代理经济增长、2003—2018年来华留学生人数代理高等教育服务贸易出口规模，分别构建了基准回归模型和中介效应模型，检验高等教育服务贸易出口对经济增长的影响和作用机制。第六章设计了三个实证检验：一是采用时间序列数据，选用1978—2019年我国留学归国人数增长率代理高等教育服务贸易进口，构建VAR模型，验证高等教育服务贸易进口与经济增长的格兰杰因果关系；二是采用省际层面面板数据，选用2014—2019年我国高新技术产业开发区的留学归国人数代理高等教育服务贸易进口，构建基准回归模型和中介效应模型，验证高等教育服务贸易进口对经济增长的影响和作用机制；三是继续采用上述省际层面面板数据，构建空间杜宾模型，验证高等教育服务贸易进口对经济增长的空间溢出效应和传导机制。

此外，本书通过收集249所国内高校的学费和31个省份的人均消费支出数据，对2018年全国高等教育服务贸易出口收益进行了测算，考察了高等教育服务贸易出口的直接经济效应；通过地区异质性分析，细化了研究内容。

第四节　研究特点和研究空间

第一，本书立足于中国经济增长模式转型的现实，分析了高等教育服务贸易通过人力资本效应影响经济增长的不同机制。我国正处在经济增长转型的关键时期，对技术进步、知识积累和人力资本积累具有较高的需求。高等教育服务贸易恰好能够为我国提供经济增长模式转型所需要的人力资本和知识积累，以及由此带来的技术创新，从而为经济的可持续增长提供新的动力，这对于中国跨越当前所处的经济增长阶段，具有重要的现实意义。本书从出口和进口两个视角，分别对高等教育服务贸易的发展规模和增长趋势进行了阐释，并通过对比其与经济产出、货物贸易、OFDI、技术进步和产业结构升级的相关性，分析了高等教育服务贸易与中国经济增长的相关关系，为探寻中国经济增长新动能，推动经济增长模式转型提供了思路。

第二，本书从理论上对高等教育服务贸易对经济增长影响的机制进行了论证。分别构建了一个两国理论模型论证高等教育服务贸易出口影响经济增长的作用机制、一个四部门理论模型论证高等教育服务贸易进口影响经济增长的作用机制。分析结果表明，高等教育服务贸易出口，能够通过降低交易成本、激发双边市场需求和扩大贸易合作领域，扩大双边货物贸易规模；通过缩短文化距离、加强信息交流和降低违约风险，扩大双边 OFDI 规模，进而促进增长。高等教育服务贸易进口，能够通过提高创新能力、加速知识扩散和建立国际人才网络促进技术创新；通过加速产业转移、优化产业发展环境和催生新兴产业，诱发产业结构升级，促进经济增长。

第三，本书采用多种实证方法对高等教育服务贸易影响经济增长的机制进行了验证。先后构建了基准回归模型、中介效应模型、VAR 模型、空间杜宾模型，采用格兰杰因果分析、偏微分效应分析等方法，利用时间序列数据、国别和省际层面面板数据，分别对出口和进口影响经济增长的作用机制、异质性和空间效应进行了检验。

对于高等教育服务贸易影响经济增长的研究是不断深入和发展的，因客观因素和笔者研究能力有限，本书的研究仍存在以下问题有待完善，可为下一步深入挖潜提供思路。

第一，高等教育服务贸易额数据缺失对定量研究产生了影响。一是对代理指标的影响。尽管世界贸易组织等网站开放了部分国家高等教育服务贸易的数据查询窗口，但是，由于高等教育服务在各国的统计口径不一致，无法直接使用服务贸易额作为衡量指标进行研究分析，一定程度上影响了研究的准确性。为了弥补数据缺失性问题，本书在对高等教育服务贸易出口影响经济增长的实证研究中，采用了教育部公布的来华留学生人数代理出口规模；在进口影响经济增长的实证调研中，采用了两种数据分别代理高等教育服务贸易进口规模，一种是国家统计局公布的历年留学归国人数，是时间序列数据；另一种是科技部《中国火炬统计年鉴》中高新技术产业开发区内留学归国人数，是面板数据。本书对时间序列数据和面板数据分别进行了检验，两者结论相互印证，一定程度上降低了数据不可得性对研究造成的影响，但仍存在结果偏差的可能性。二是对实证方法的影响。由于数据不一致性导致实证方法有所差异，因而本书分为两章，先后采用基准回归模型、中介效应模型、VAR 模型和空间杜宾模型，对高等教育服务贸易对经济增长的影响进行了实证检验。三是对研究范围的影响。在估计我国高等教育服务贸易规模时，往往因数据可得性情况，舍弃跨境交付、商业存在和自然人流动板块的数据统计，按照文献经验做法，仅采用境外消费数据进行相关研究，研究范围存在缺失。

第二，高等教育服务贸易出口的直接经济收益测算存在一定的误差。在对我国高等教育服务贸易出口的直接经济收益进行测算时，本书采用当地居民消费水平数据代理来华留学生的生活费用，使用宏观数据进行了测算，缺乏对个体微观数据的收集，测算结果存在一定的误差。

第三，高等教育服务贸易进口对经济增长的影响机制研究有待深入。高等教育服务贸易对于经济增长的影响，受经济体所处的发展阶段而有所不同。随着留学归国人员规模不断增加，通过高等教育服务贸易进口形成的人力资本，也将流向除高新技术产业以外的其他行业，在不同领域中对经济增长产生影响，这种影响机制有待于进一步深入研究，或需通过收集微观数据加以分析，从而较为准确地理解高等教育服务贸易进口对我国经济可持续增长的全面影响。

第四，处理内生性问题的方法有待完善。内生性问题在相关研究中较为普遍，参照文献做法，本书选用了变量的滞后期作为工具变量，处理了实证检验中的内生性问题，结果稳健。在未来研究中，可选取地理位置、文化一致性或价值观调研得分等其他工具变量，对内生性进行处理，对比结果，完善分析。

第二章

高等教育服务贸易与经济增长的相关研究及概念界定

本章第一、二、三节将对高等教育服务贸易、经济增长、高等教育服务贸易影响经济增长的相关研究进行梳理和归纳。第四、五节将对高等教育服务贸易和经济增长这两个核心概念进行界定，并对高等教育服务贸易的形式、测算指标等进行阐述，明确研究边界。第六节将对文献内容进行评述。

第一节　高等教育服务贸易的概念演变

在学者不同角度的研究中，高等教育服务贸易的概念名称始终发生着调整。20 世纪 80 年代之前，“国际教育”“国际发展合作”“比较教育”“函授教育”等成为学术用词受到更多人的青睐，突出了教育机构在开展国际合作中的主导作用。20 世纪 80 年代以后，“教育国际化”“教育交流与合作”“跨文化教育”“全球教育”“留学生教育”“多元文化教育”等用词成为描述高等教育服务贸易的代名词。20 世纪 80 年代末，“教育国际化”主要强调在教育机构层面组织的一系列活动。进入 20 世纪 90 年代，“教育国际化”这一术语强调了教育要素在跨境学术流动中的发展多样性，强调在学校现有机构的基础上再开展跨境合作和国际化办学思路上的特征。21 世纪以来，随着交通运输条件改善、网络技术手段升级和经济全球化 / 区域经济一体化不断深化，高等教育要素在全球的流动速度和频率都在快速增加，“高等教育全球化”“跨境教育”“跨国教育”等术语再次被创造，凸显了高等教育服务贸易在参与全球服务贸易深度解构中的重要作用。

一、留学教育

留学教育是对出国留学和来华留学的统称，从教育形式和教育对象上与中国学生在华接受教育的情况区分开来。

根据学者研究，“留学”一词源于公元 7 世纪开始的日本“留唐热”。公元 607 年，小野妹子率领的第二次遣隋使团中，有数十名留学僧，“兼沙门数十人来学佛法”，这是日本向中国派遣留学生的开始。公元 630 年至 894 年，日本共派出了 12 批次 20 名左右的学问僧、留学生来唐，后期，出现了短期留学访问的“请益生”“请益僧”，总计 200 余人。“留学”由此而来。[1]

---

[1] 刘集林．从“出洋”“游学”到“留学”——晚清“留学”词源考［J］. 广东社会科学，2007（6）：104-111.

在中国古代，来华留学的学生规模远远高于出国留学。据史料记载，1871年日本明治政府派遣7名学生来华留学，成为近代日本中央政府官派最早来华的留学生。清朝初年，澳门人郑玛诺留学欧洲，先后在意大利、葡萄牙留学，被认为是第一位留欧学生。清朝中期，容闳等3人赴美学习。整体来看，中国留学生赴欧美属于个人行为，清政府并未介入当时的留学教育。

洋务运动时期，近代高等教育发生了重大变革，洋务派开始关注留学教育，并建立了公费留学派赴美、赴法、赴英的官费留学生。1911年，清华学堂创建，庚款留美项目开始运行，至1929年结束，共选派各类庚款留美学生1825人。[1]之后，地方和学校公派留学规模继续扩大，民国初期，已构成了较为完整的出国留学教育体系。改革开放以后，出国留学规模日益增长。2016年，中国成为世界最大的留学输出国和亚洲重要留学目的国。[2]据教育部统计数据，2019年，我国出国留学人员总数为70.35万人，比1978年的806人增长了871倍。1978年至2019年，各类出国留学人员累计达656.06万人[3]。新中国成立后，来华留学教育逐步开展。第一批33人来华留学生于1950年进入清华大学学习。1973年以后，来华留学教育发展迅速，2018年，来华留学生总数为492185人，来自世界上196个国家和地区，在我国1004所高等院校、科研院所中学习[4]。

1996年6月，教育部成立国家留学基金管理委员会，作为负责公派出国留学和来华留学的管理机构，我国留学教育管理进一步规范，促进了留学教育市场的国际化发展。

二、跨境教育

跨境教育比留学教育所涵盖的内容更加丰富，具有高等教育的专门属性，强调教育资料和教学活动的跨境轨迹，包含了服务贸易总协定（General Agreement on Trade in Services，GATS）中所有的教育服务贸易方式。

自1995年GATS签署以来，对于教育是否具有可贸易性的讨论未曾

---

1. 吴艳茹，杜海燕，何睦，等.中外教育史［M］.北京师范大学出版社，2015.
2. 参见教育部网站：http：//www.moe.gov.cn/jyb_xwfb/xw_fbh/moe_2069/xwfbh_2017n/xwfb_170301/170301_mtbd/201703/t20170302_297922.html.
3. 参见教育部网站：http：//www.moe.gov.cn/jyb_xwfb/gzdt_gzdt/s5987/202012/t20201214_505447.html.
4. 教育部国际合作交流司.2018来华留学生简明统计［M］.2019.

停止。简·奈特在为UNESCO和OECD呈交的研究报告中，采用了跨境教育（有学者译为跨国教育）一词，她将这一概念定义为人员、知识、项目、教育提供者或者课程教材等跨越国家或区域边界的流动[1]。这一概念被UNESCO和OECD所采用，专门面向高等教育领域，被发布在《保障跨境高等教育质量指南》(*Guidelines for Quality Provision in Cross-border Higher Education*)[2]中，逐渐得到各国认可。

跨境教育侧重描述教育行为开展的过程，注重对教育要素环节所在位置、教育对象行为动作的记录对比，市场性色彩不突出，是一种相对中性的描述方式，有利于在各国和组织之间达成一致意见。这一术语也被中国学者所广泛接受和使用，比"国际教育服务贸易"具有更广泛的概念认同。跨境教育为一个新的概念，传递出UNESCO为避免成员国在政治、经济、文化、理念上产生冲突，将目标转移到建立国际通用的教育质量保障体系上来，这也符合UNESCO的宗旨，即"通过教育、科学及文化来促进各国间之合作，对和平与安全作出贡献，以增进对正义、法治及联合国宪章所确认之世界人民不分种族、性别、语言或宗教均享人权与基本自由之普遍尊重"。

三、高等教育国际化

"国际化"是一个能够被量化的指标。高等教育国际化包含了校园和跨境活动两部分，比跨境教育的内容更加丰富，是对高等教育不断适应、调整全球化背景下教育发展的动态过程，能够通过高等教育国际化质量评审对其进行监控。

简·奈特认为，国际化是影响高等教育并使其能够应对21世纪挑战的主要力量，包括国内国际化（Internationalization at Home）和国外国际化（Internationalization Abroad）两部分。高等教育国际化是指"在院校和国家两个层面，将国际维度、跨文化维度和全球维度融入高等教育的目的、功能和服务之中"，它的内容包括了学生国际化、教师国际化、教学国际化、科

[1] Knight J. Higher Education Crossing Borders：A Guide to the Implications of the General Agreement on Trade in Services（GATS）for Cross-border Education［J］. Commonwealth of Learning，2006，27（2）：383-94.

[2] 参见UNESCO网站：http：//www.oecd.org/education/skills-beyond-school/unescooecdguidelinesforqualityprovisionincross-borderhighereducation.htm.

研国际化、机构国际化和各类国际合作交流发展项目，是一个以全球化为依托和条件而进行的发展过程。

开展高等教育国际化的动因可以从两个体系去理解。一个是从国家层面和院校层面去分析，另一个是从政治、经济、文化、学术四个维度去考量。从国家层面看，通过高等教育国际化为宏观经济创造更多的利益、为社会发展积攒更多的人力资本、加强加固与其他国家的外交关系或是创造更多的贸易机会等；从院校层面看，通过高等教育国际化建设，提升高等学校教育质量、提升国际影响力、弥补教育成本、增强科学研究实力等，这些不仅有助于理解“国际化”这一过程性概念，也能够为国际化本身提供解决方案。[1]第二个体系亦有类似解读思路。

我国《教育大辞典》对教育国际化的定义为：“第二次世界大战后国际相互交流、研讨、协作、解决教育上共同问题的发展趋势。”其目的包含了提升教育质量、推动教育体系改革与服务更新，从而更好地适应全球化背景下社会、经济与劳动力市场的需求与挑战。高等教育国际化是在此基础上对不同层面教育目标的实现路径。由此可见，高等教育国际化是一个内涵差异比较大的概念，各国根据本国经验和发展阶段，可能采取不同的国际化政策，且相关措施处于动态调整中，难以通过高等教育国际化本身进行国际比较。

四、高等教育服务贸易

在以往的研究中，学者就高等教育服务贸易的内涵和外延、产生的原因、各国开展高等教育服务贸易的动因以及影响因素等进行了深入分析，为研究高等教育服务贸易的影响提供了思路和角度。

（一）高等教育服务贸易的含义

1. 高等教育

UNESCO 发布的国际教育标准分类（International Standard Classification of Education，ISCED）（1997 年版）将国际教育分为了学前教育、小学、初中、高中、高中后、高等教育 I 和高等教育 Ⅱ 共七个级别，如表 2-1 所示。

---

[1] ［加］简・奈特．激流中的高等教育国际化变革与发展［M］．刘东风，陈巧云，译．北京大学出版社，2011.

表 2-1 国际教育分类

分级	层级	阶段	OECD 分类
ISCED0	第一级	学前教育	初级
ISCED1	第一级	小学	
ISCED2	初级第二级	初中	中级
ISCED3	高级第二级	高中	
ISCED4	第二级后	高中后	
ISCED5	第三级（Ⅰ）	高等教育（Ⅰ）	高级
ISCED6	第三级（Ⅱ）	高等教育（Ⅱ）	

数据来源：UNESCO。

OECD 将这七个级别再次划分为三类，即初级（Low）教育、中级（Intermediate）教育和高级（High）教育。学者多以 OECD 分类的高级教育作为高等教育研究的主要对象（魏浩等，2009），即 UNESCO 分类的两个高等教育阶段。高等教育是学校教育中的最高层次，承担着为社会培养并直接向社会输送高级专门人才的使命。高等教育的发展是社会环境作用的历史产物，也是与外部环境发生互动的变革结果（王处辉和庞守兴，2005）。

我国学者认为，高等教育是教育发展的高级阶段，是为了满足探索真理、发现知识从而推动生产和发展需要而产生的，它的目的是传授高度专门化的知识，以一部分人对培养对象进行教育，以培养能够传承和创新知识的未来力量。《中华人民共和国高等教育法》第五条规定也印证了学界的观点："高等教育的任务是培养具有社会责任感、创新精神和实践能力的高级专门人才，发展科学技术文化，促进社会主义现代化建设。"

我国高等教育的出现贯穿于教育制度的形成过程。西周时期，中央政府办"国学"，国学中设"大学"，"王大子、王子、群后之大子，卿大夫元士之嫡子、国之俊选，皆造焉"。"大学"主要培养有德有仪、能征善战的人才，多以礼乐骑射为主要内容，与现代文人学术有所区别。秦汉兴办"太学"，教育培养贤士，经魏晋南北朝修复后，在隋唐时期得到发展，改为国子监，设立中央六学直系。宋代兴起的"书院"成为一种新的教育组织形式，实行开放教研，初具大学形态。朱熹提出了"大学"阶段的重点，强调自学，提倡交流。洋务运动中，诞生了外语、军事、技术等新式学堂，其中，1862 年创办的京师同文馆是我国最早的新式学校，为留学人员提供准备教育。1898年，光绪帝下诏设置京师大学堂，成为全国最高教育机构，“培养非常之才，以备他日特达之用”[1]。1904年，“癸卯学制”颁布，设置了初、中、高等学制，形成了中国近代学校教育制度。1922年，国民政府教育部公布《壬戌学制》，高等教育年限被缩短，现行的《中华人民共和国高等教育法》明确规定：“高等教育包括学历教育和非学历教育。国家支持采用广播、电视、函授及其他远程教育方式实施高等教育。高等学历教育分为专科教育、本科教育和研究生教育。”

西方的大学最早是1088年创建的意大利博洛尼亚大学，也是世界上公认最早的大学，文艺复兴后，各国纷纷实行宗教和教育改革。1694年，在德国诞生的哈勒大学和1737年创建的哥廷根大学是世界上最早的现代意义大学；1755年成立的莫斯科大学是俄国高等教育史上影响最大的学校。1789年资产阶级革命后，法国陆续建立巴黎理工学校、巴黎高等师范学校等高等教育机构，法国的高等教育朝着满足资产阶级政治经济需要的方向发展。1809年创立的柏林大学是现代大学的标志。1836年，英国伦敦大学成立。之后，曼彻斯特学院、南安普敦学院、纽卡斯尔学院、利兹学院相继成立，这一系列新大学运动改变了英国高等教育服务贵族和上层的局面，资产阶级拥有了接受高等教育的机会。

2. 服务贸易

1977年，霍尔（1977）提出了服务的概念，“服务是指人或隶属于一定经济单位的物在事先合意的前提下，由于其他单位的活动所发生的变化。服务的生产和消费同时进行，即消费者单位的变化和生产者单位的变化是同时发生，这种变化是统一的。服务一旦生产出来，必须由消费者获得而不能储存，这与其物理特性无关，而只是逻辑上的不可能。”20世纪80年代中期，巴格瓦蒂、桑普森和斯内普相继拓展了霍尔的理论，将“服务”分为两类：一类为需要物理上接近的服务，另一类为不需要物理上接近的服务。“服务贸易”一词最早出现在1971年OECD的一份有关《高级专家对贸易和有关问题的看法》的报告之中。美国在《1974年贸易法》中首次使用了“世界服务贸易”这一概念，20世纪70年代后，服务贸易一词便被广泛使用。以

---

[1] 梁启超．遵筹开办京师大学堂折附章程清单．// 舒新城．近代中国教育史料［M］．中国人民大学出版社，2012.

此为基础，巴格瓦蒂将服务贸易的方式分为四种：（1）消费和生产者都不移动的服务贸易；（2）消费者移动到生产者所在国进行的服务贸易；（3）生产者移动到消费者所在国进行的服务贸易；（4）消费者和生产者移动到第三国进行的服务贸易。1987 年，格鲁柏把服务贸易定义为人或物的国际流动（汪素芹，2017）。张亚（2009）认为："国际服务贸易在概念上有狭义和广义之分，狭义的国际服务贸易是无形的，是指发生在国家之间的符合于严格定义的直接服务输出和输入活动；广义的国际服务贸易既包括有形的劳动力的输出和输入，也包括无形的提供者与使用者在没有实体接触的情况下的交易活动。"1989 年，美国和服务贸易的法律文件规定：服务贸易是指由代表其他缔约方的一个人（包括自然人和法人），在其境内或进入另一缔约方境内提供所指定的一项服务（汪素芹，2017）。

3. 高等教育服务贸易

高等教育服务贸易是指国家（地区）之间出于经济目的，在高等教育的一定领域，以特定方式进行的高等教育服务的输入和输出，它属于国际服务贸易范畴（张亚，2009）。[1]GATS 参考了联合国中心产品分类（United Nations Central Product Classification，CPC），对高等教育服务所涵盖的层次进行了规定，这一标准与主要国家的教育层次设计是一致的，之后便被广泛使用。当前使用的版本是联合国统计署于 2015 年 1 月出版的 2.1 版本，在此版本中，教育服务被分为了六大类，其中高等教育服务（Tertiary Education Services）分类为两个阶段，一是在大学、学院和类似的高等教育机构中提供大学学位或同等学力的教育服务；二是高等教育课程的教育服务和高级研究资格（秦冠英等，2019）。在实践中，高等教育服务的提供方式具有比较鲜明的特征，具体来说，有以下四种形式：

（1）跨境交付（Cross-Border Supply）

跨境交付是指一国向任何其他国家提供跨境服务。在跨境交付中，服务不会导致人员、物质的位移，而是借助网络、通信等技术手段进行。高等教育服务贸易的跨境交付具体体现为通过电子信息技术、利用网络向其他国家提供高等教育服务。

---

[1] 张亚. 高等教育服务贸易理论与政策研究［M］. 中国经济出版社，2009.

（2）境外消费（Consumption Abroad）

境外消费是指一国在境内向来自另一国的消费者提供服务，传统意义上的境外消费是特指消费者去境外（国外）才能得到另外一国提供的服务。高等教育服务贸易的境外消费，主要是指一国的学生前往其他国家接受教育，即留学生购买他国的高等教育服务，出境到服务提供国接受高等教育服务。

（3）商业存在（Commercial Presence）

商业存在是指允许一国的经济体到另外一国设立机构、提供服务。高等教育服务贸易中的商业存在是中外合作办学，即一国的教育部门到另一国去设立学校或者其他形式的教育机构，在一国境内组织进行教育培训活动。

（4）自然人流动（Presence of Natural Persons）

自然人流动是指一国的服务供应者以独立自然人的身份，前往另外一个国家提供服务。在高等教育服务贸易中，教师、科研人员、管理人员在访问、会议、讲座、课程等方面的跨国活动都是自然人流动的表现。

在我国向 WTO 做出的教育服务承诺中，对境外交付不作承诺，对商业存在和自然人流动的市场准入和国民待遇承诺十分有限，但对境外消费不做限制。在 GATS 所规定的四种服务贸易形式中，跨境交付和自然人流动一般依托高等教育机构的合作项目进行，规模十分有限；中外合作办学受政策影响比较大，市场化组织程度较低，规模和形式具有一定局限性；境外消费主要体现为高等教育服务出口、学生流入和高等教育服务进口、学生流出两种流向，人员流动规模庞大、流动频率较高，是高等教育服务贸易最重要的形式，也是本书主要的研究对象。进一步地，简・奈特（2012）对高等教育服务贸易境外消费的类型进行了归纳，主要分为以下六种形式（见表 2-2）：

表 2-2 高等教育服务贸易境外消费的主要形式 ❶

类型	具体内容	学分或学历认证情况
参加学历项目	学生前往国外学校参加学历项目 学生持国际学生护照在国外学习	由国外学校颁发学历
参加交流项目	学生在国外合作学校或本校的海外分校进行学期或学年交流学习	由本校颁发学历，学分互认

❶ Knight J. student Mobility and Internationalization:trends and tribulations［J］.Research in Comparative and International Education，2012，7（1）.

续表

类型	具体内容	学分或学历认证情况
参加联合培养学历项目	学生注册所在学校与国外学校联合举办学历教育项目	由双方学校颁发证书
	定向培养	
参加联合培养学历项目	海外分校培养学位项目	由合作学校颁发证书
	联合培养学位项目	由合作学校颁发证书
	双学位或多学位项目	由本校和合作学校颁发证书
	联合培养项目	由合作学校颁发证书
参加科研项目	科研项目活动	完成项目组织方要求
参加实践项目	必修或是选修的社会实习、志愿活动等	完成项目组织方要求
参加游学项目	必修或者选修的游学项目、文化体验或语言提升项目、学术会议、学习小组活动等。独立于学历项目	无学分

（二）高等教育服务贸易的属性

在联合专利分类体系（CPC）中，高等教育服务属于第5项第3项目，与初等教育服务、中等教育服务、成人教育和其他教育方式共同组成教育服务。自1995年GATS签署以来，有关高等教育服务贸易应追逐经济利益还是保持公共服务性的问题，存在诸多争议。

一种观点认为，高等教育服务具有准公共物品属性。从贸易政策角度来看，往往不具备高等教育服务比较优势和竞争优势的国家会采取保护贸易政策，自由贸易和保护贸易政策被交替使用，最终目的仍是为了保护本国教育主权和经济利益（张亚，2009）。从教育主权角度来看，在GATS下，国家决定和维护高等教育主权的影响力是一个具有争议的话题。有学者认为，教育主权可分割，部分主权的让渡和共享是不会危及国家独立自主地位的；另有学者认为，教育主权是国家主权的一部分，不可分割和让渡（张亚，2009；胡罡，2015）。从文化安全角度来看，高等教育服务贸易的过程，即跨文化沟通和交流的过程，势必存在文化冲突，体现在民族性与国际性、东西方文化冲突等方面。各国在制定高等教育国际化发展战略的同时，也需要维护本国文化特色，捍卫文化价值安全（张亚，2009）。菲力普G.杰索普（2015）对教育和知识的性质及其在教育服务贸易中的角色进行了理论分析，他认为，教育不是一种可以被简单买卖的商品，而代表着文化和社会的核心，教育国际化应当是平等的国际化。李晓静等（2015）认为留学生教育具有私人产品属性，不属于政府价格管制范围，基于我国高等教育服务贸易实际情况，留学教育学费应提高，但不宜过高，进而继续扩大留学教育规模、培育高等教育服务品牌。

另一种观点认为，高等教育服务兼具商品属性。根据 GATS 第 1 条（范围和定义）第 3 款规定，服务（Services）包括任何部门所提供的任何服务，但是当政府在履行职能时提供的非商业性、非竞争性的服务不计在内。WTO 进一步将教育服务部门分为初等、中等、高等、成人和其他教育服务，在教育服务贸易领域，教育具有商业性和市场化的特征。赵春明（2015）认为教育服务贸易是除了各国政府完全自主的教学活动之外，需要收取学费、带有商业性质的教学活动。唐海涛（2016）认为，在一定的条件和范围内，市场机制参与教育资源的配置和利用，能够满足受教育者的多元化需求。根据对教育服务贸易过程中所有活动的总结和归纳，靳希斌（2005）认为，（国际）教育服务贸易是指发生在国家（地区）与国家（地区）之间的教育服务的交易活动和交易过程，教育服务本身就是贸易标的物。

在现有的文献研究中，尽管学者对此的表述不尽一致，但概念界定中的主要元素基本相似，高等教育服务贸易主要是指在高等教育领域中，带有商业性质的国际学生、教师、教学活动、科研活动和教育组织形式的双向流动。因此，可以认为，高等教育服务贸易[1]兼具公益性和商品属性，是一种具有公共产品和私人产品属性的“混合品”（余洁等，2020），这是高等教育服务能够在国际进行贸易的基础。

（三）高等教育服务贸易的动因

各国经济发展阶段不同，高等教育水平差异较大，因此，参与高等教育服务贸易的动因不尽相同。

1. 从不同参与主体层面的分析

从国家层面看，开展高等教育服务贸易能够为参与国创造经济利益、积累人力资本、改善外交关系等。简·奈特（1994）总结各国参与高等教育服务贸易的原因主要有：确保国家安全、维持经济地位和培养能够跨文化工作的人才。胡罡（2016）分析认为，国际教育服务贸易主要以寻求经济合

---

[1] GTAS 中涉及的教育服务贸易概念专指国际教育服务贸易，即不同国家之间开展的教育服务贸易，不包含国内教育服务贸易。

作、摆脱经济困境、全球化市场需求和经济利益的驱动为主。约翰·邦德等（2020）对美国政府教育经费投入与中国本科留学生录取人数之间关系进行了研究，发现获取更多的学费收入以弥补高校开支，是美国扩大高等教育服务贸易出口的重要原因。

从院校层面看，高等教育服务贸易有助于提升高等学校教育质量、提升国际影响力、弥补教育成本、增强科学研究实力等。从非宏观视角理解“教育国际化”，不仅有助于理解“国际化”这一过程性概念，也能够为国际化本身提供解决方案（简·奈特，2011）。菲力普 G. 杰索普等（2007）认为，各国发展教育服务贸易的动因不仅包括商业利益、知识和语言传播、提升教学国际化水平等宏观因素，还包括建立海外分校、加强跨境合作、促进学生国际流动等中观原因。当各国以竞争、排名和市场化为目的而开展高等教育服务贸易之时，简·奈特（2015）提出了五个问题，对各国的参与目标进行了校准，确保教育国际化不偏离正轨，即留学生是否能促进高校的国际化、国际声誉是否能指代一国教育水平、越多的国际合作协议是否越好、国际认证是否能准确反映国际化程度、教育国际化的目标是否能够提升其国际品牌和地位。这些问题对高校机构等中观主体的动机发出了质疑，对其合理开展高等教育服务贸易提出了建议。

从个体层面看，追求个人经济收益、获取优质学习资源和职业生涯成功是个人参与高等教育服务贸易的动机（魏浩等，2009）。个人通过前往其他国家接受专业学习和文化交流，能够提高技术知识水平，增强跨文化沟通能力，提升人力资本水平，增加在国际劳动力市场的竞争力，获取更高的劳动报酬。卡哈内克等（2011）在研究中发现，学生的留学动机包括扩展社会知识、提升语言能力特别是英文能力以及提升就业竞争力。随着个人收入水平的不断提升，自费留学逐渐成为出国留学的主要方式。战湛（2017）研究发现，个人意愿、经济支付能力和教育质量因素是影响自费留学的主要因素。

2. 从经济发展阶段层面的分析

发达国家通过开设营利性质的学校，提高了收费水平，增加了经济收益，逐渐为开展教育服务提供了产业基础（张亚，2009）。第二次世界大战以后，美国和英国等发达国家为了进一步扩大政治影响力、摆脱战争带来的经济危机，构筑了国际教育服务贸易的新格局，持续推动高等教育服务出口（夏人青和张民选，2004）。高等教育服务在全球范围内的流动，能够使不同教育资源重新进行配置（朱兴德，2014），是发达国家推动教育全球化，进而推行经济全球化的重要战略。在WTO的规则下，以留学教育为代表的高等教育服务贸易成为新的经济增长点，发达国家具有较高的市场化程度和完备的法律保障体系，建立了有效的机制以争取“留学红利”（简·奈特，2011；刘冷馨，2019），通过出口高等教育服务获得巨额收入。此外，较为完善的基础设施和良好的教师资源为发达国家提供了充足的高等教育服务供给，使其能有效支配国际教育市场，获得巨大的现实利益（詹德赫亚拉·B·G·提拉克等，2019），巩固了发达国家持续开展高等教育服务贸易的基础。

发展中国家的教育资源不足、教育质量不高，通过参与高等教育服务贸易能够弥补本国教育资源，提升人力资本水平，吸引OFDI，加强教育基础设施建设等，对于推动发展中国家的可持续性经济增长具有重要的意义和作用。通过进口高等教育服务，发展中国家能够提高高等教育供给能力，提升本国高等教育质量和人力资本水平，有效缓解人才外流问题（俞培果和王大燕，2005）。此外，还能有效增加高等教育入学机会，扩大高等教育规模，密切与发达国家的科学技术联系，提升人口素质和社会生产率（姚锐，2010）。在知识经济背景下，发展中国家只有融入国际知识网络，才能获得知识溢出，促进技术创新，推动经济增长。此外，发展中国家也具有利用开展国际教育合作获取地缘政治安全和国家安全、提升国际影响力的动力（刘璐璐，2021）。

第二节　经济增长的概念内涵

一、经济增长的基本含义

经济增长是人类社会经济发展的永恒主题，也是经济学研究的永恒主题。对于经济增长的含义，经济学家们给出了不同的解释。萨缪尔森（1992）认为，经济增长是生产可能性边界随着时间向外推移的过程。库兹涅茨（1981）认为，一个国家的经济增长，可以定义为给居民提供种类日益繁多的经济产品的能力长期上升，这种不断增长的能力是建立在先进技术以及所需要的制度和思想意识之相应的调整的基础上的。刘易斯（1995）认为，经济增长是指一国人均产出的增加，且产出的增长与产出的分配之间关系密切，单纯增长并不一定带来经济发展。在经济学家们对经济增长的描述中，尤以库兹涅茨的定义最为经典，他不仅给出了经济增长的定义，并且指出了实现经济增长的必要条件和充分条件。

二、经济增长的阶段划分

任何一个国家的经济增长，都会呈现出不同的阶段特征，而在不同的增长阶段，都会受到不同因素的驱动，这是由一个国家的技术条件、经济条件和制度条件共同决定的。

根据上述条件的变化，张连城（2020）构建了一个经济增长阶段的二维模型。如图 2-1 所示，模型表明，一个国家的经济增长将顺序经过经济规模较小且增长速度较低的 A 阶段、经济高速增长但经济规模依然相对较小的 B 阶段、经济规模较大但经济增长速度较低的 C 阶段和经济规模较大且增长速度较高的 D 阶段。目前尚无任何一个国家进入 D 增长阶段。从实证数据来看，发达国家已经走完了 A 和 B 两个阶段，目前正处在经济增长的 C 阶段，中国的经济增长则正处在由 B 阶段到 C 阶段的过渡期，即经济规模较大但还没有达到经济发达国家的平均水平，而经济增长速度则持续下降但仍然高于经济发达国家的平均水平。在这一过渡期，必须实现主要依赖于要素投入的粗放型增长模式向主要依赖于技术进步、知识积累和人力资本积累的集约型增长模式的转变，才能实现我国经济的可持续增长。

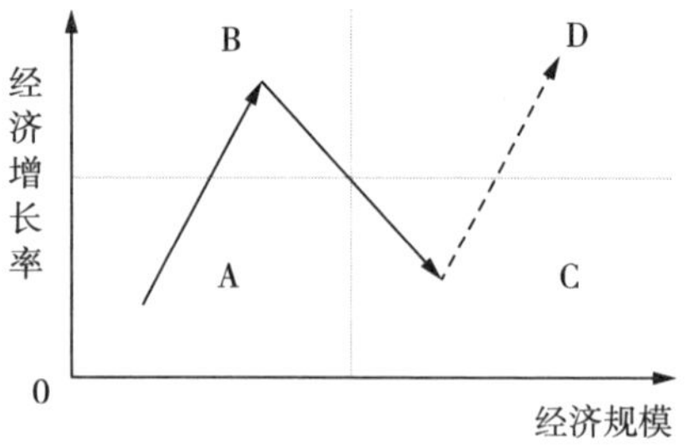

图 2-1　经济增长的阶段划分

图源：张连城，2020 年。

刘霞辉（2003）把经济增长分为马尔萨斯均衡（贫困陷阱）、工业革命、发展经济学中的赶超、卡尔多典型事实下的经济增长和新经济分叉五个阶段。在第五个阶段，经济增长速度有可能持续上行，也可能持续下滑。我国必须适时地进行经济转型，才能实现持续的经济增长。

事实上，中国经济从2013年就已进入增长模式转型期，原有的经济增长模式已经难以为继，迫切需要采用包括技术进步、人力资本积累、深化以市场取向的经济体制改革推动的全要素生产率（Total Factor Productivity，TFP）提高作为新的引擎驱动中国的经济增长（张连城、任光宇，2020）。

本书的研究与中国经济增长所处的阶段特征具有十分重要的联系。我国正处在经济增长转型的关键时期，对技术进步、知识积累和人力资本积累具有较高的需求。高等教育服务贸易恰好能够为我国提供经济增长模式转型所需要的人力资本和知识积累，以及由此带来的技术创新，从而为经济的可持续增长提供新的动力，这对于跨越当前所处的经济增长阶段，具有重要的现实意义。

三、经济增长的驱动因素

当代主流经济学将经济增长区分为短期增长和长期增长，并将影响经济增长的因素相应地分为短期驱动因素和长期驱动因素。

从短期来看，驱动经济增长的主要因素是总需求，包括消费需求、投资需求、政府需求（政府支出）和来自外国部门的需求（出口）等几个部分。由于政府需求或政府支出不是用于投资，就是用于消费，因此，消费需求、投资需求和出口需求就构成了影响一个国家经济短期增长的“三驾马车”。在“三驾马车”中，消费需求和出口需求是最终需求，投资需求是引致需求。任何一个国家经济的可持续增长，都只能建立在最终需求持续增加的基础之上。

萨伊定律认为，供给能够自动创造需求，厂商只要增加供给，就能实现充分就业的均衡。因此，市场机制能够实现资源的最优配置。20世纪30年代的“经济大萧条”粉碎了古典经济学的这一理论，诞生了凯恩斯经济学。凯恩斯经济理论的核心是有效需求理论，根据这一理论，只有有效需求即与总供给相等的需求才能拉动一国的经济增长。20世纪60年代，蒙代尔和弗莱明创立了IS-LM-BP模型，将需求分析推广至开放经济条件下，把出口需求纳入有效需求中，并在这一理论框架下分析了开放经济的经济增长和经济实现内外部均衡的条件。

我国加入 WTO 后，世界市场对中国的需求急剧增加，出口作为一种自主性的外生变量拉动了经济增长（林毅夫和李永军，2003）。在此过程中，我国通过扩大投资，进而扩大出口规模，实现了经济快速增长。但是，随着外需和内需结构的转变，供给结构与需求结构无法适应，导致了经济产能出现结构性过剩，引发经济增长出现短期波动（刘树成等，2005；赵昌文等，2015；张连城和王钰，2020）。

总需求的增加是经济增长的持续性动力。近年来，由于我国呈现出有效需求不足，特别是以消费需求和出口需求在内的最终需求不足。因此，除了改善国内市场环境、提升居民消费水平，还应当注重增加世界市场对中国的出口需求，加快贸易模式转型，增强服务贸易的国际竞争力，推动我国经济持续增长（郎丽华和李雪亚，2020）。

从长期来看，经济增长主要取决于总供给方面的因素。在古典经济增长理论中，资本、劳动、土地等是经济增长的主要决定因素，其中，资本是最关键的要素。事实上，在工业化初期以及在工业化从初期迈向中期的进程中，资本积累的确起到了关键的作用，因为劳动和土地等生产要素都是由资本积累驱动的（张连城，2020）。但是，当工业化进程进入中后期，主要依赖于要素投入推动经济增长的模式已经难以为继，影响经济可持续增长的驱动因素发生了变化，主要集中在以下几方面：

1. 技术进步

经济发达国家的经济发展历程已经证明了，经济增长更依赖于技术进步。进入 20 世纪 50 年代，以索洛模型为代表的新古典增长理论，将技术进步作为影响经济增长的要素纳入了经济增长的分析框架，把技术进步视为推动经济增长的关键要素，那些无法被传统理论所解释的索洛余值，均被视为技术进步的产物。但是，在索洛模型中，技术进步是一个外生变量，究竟是什么因素导致了技术进步，索洛模型并未给予说明。在索洛模型的理论框架下，只要不存在技术进步，一国的经济增长就只能取决于本国劳动力的增长或人口的增长。这显然不符合事实。

阿罗（1962）认为，技术进步是内生的，是由经济增长的内部系统因素所引发的，在资本积累的同时，能够引发技术进步，并认为知识具有溢出效应，通过“学习效应”就可以产生技术进步，并在此基础上提出了“干中学”的理论。

2. 人力资本

舒尔茨（1960）提出了人力资本的概念，并指出人力资本对经济增长具有显著贡献，认为经济增长中技术进步和效率提升的原因是人力资本的积累。

20 世纪 80 年代，罗默、格罗斯曼、赫尔普曼和卢卡斯等对新古典增长模型进行了内生化处理，形成了新经济增长理论。其中，最具代表性的是罗默的知识溢出模型和卢卡斯的人力资本积累模型。罗默在 1990 年构建的中间生产部门、最终生产部门和研究与开发部门的三部门模型中，把知识或技术作为影响经济增长的一个独立因子纳入模型中，并把知识视为研发部门的产品，即知识取决于研发，而研发又取决于资本和有效劳动的投入。显然，知识积累或技术进步也就具有了无限可能性。这样一来，一个国家的劳动或人口即使不增长，经济也可以实现自我持续的增长即实现内生增长。但是，罗默模型虽然把技术或知识内生化了，并且解释了经济长期增长的源泉，但却不能很好地解释各国间的收入水平为什么会存在巨大差别。因为在罗默模型中，知识取决于研发，而研发又取决于投资，这是任何一个国家都可以做到的事情。

卢卡斯在 1988 年构建的人力资本积累模型是另一个具有代表性的内生经济增长理论模型。卢卡斯将人力资本作为一个独立因子纳入经济增长模型中，强调了人力资本在经济增长中的作用。认为一个国家的人力资本积累越快，经济增长速度就越快，人力资本规模越大，经济规模就越大。同时，人力资本还具有正的外部性，即溢出效应。人力资本的溢出效应可以解释为相互学习，一个拥有较高人力资本的人对他周围的人会产生有利影响，提高他们的生产率，但他并不因此获得收益。卢卡斯模型的贡献在于，它承认人力资本积累是经济得以持续增长的决定性因素，这样，各国之间人均收入的巨大差异就可以用人力资本积累的不同来作出合理的解释了。

曼丘等（1992）将人力资本作为一种投入要素引入了新古典经济增长模型之中，用以说明人力资本对于人均收入的影响，证明了人力资本对经济增长的作用。坎农等（2000）进一步对发展中国家人力资本与经济增长的关系进行了研究，也说明了两者之间的相关关系。袁富华等（2015）认为人力资本结构具有三级变化，梯度较高的人力资本结构与经济高效率之间存在因果积累，中国处于第二级人力资本结构，应当通过人力资本深化实现长期经济增长。中国以往过度依赖物质资本积累和环境资源投入的经济增长模式动力渐失，加之人口红利降低，环境问题凸显，中国经济增长模式转型需求急迫，提高人力资本存量和优化人力资本结构成为亟待解决的问题（陈润，2020）。

帕克和纳尔逊（1999）在研究中国、韩国、新加坡以及中国香港、中国台湾经济增长问题时，认为创新和技术进步是亚洲奇迹发生的重要原因之一。一个国家和地区的技术进步往往通过内源式的自主创新和外源式的技术引进两种渠道得以实现，在经济全球化背景下，除了注重一般性生产要素和 R&D 活动的投入，还需要更加注重从国外引进优质人力资本、技术要素等，充分利用要素在国际流动所产生的外部效应助力本国经济增长（庄丽娟，2007；许家云等，2016；周明生和陈文翔，2020）。

3. 产业结构

古典经济学家们很早就开始研究产业结构与经济增长之间的关系。亚当·斯密认为，社会分工能够提高劳动生产率，市场这只“看不见的手”能够优化资源配置，即产业结构的调整。库兹涅茨（1949）认为，经济增长与产业结构之间存在正相关关系。钱纳里等（1989）研究发现，产业结构调整与经济增长之间存在显著关系，通过对各产业就业人数配比和产值所占比重分析，能够解释产业结构与经济增长之间的变动规律。此外，刘伟和张辉（2008）认为，中国的产业结构变迁红利是递减的，未来中国经济可持续增长的驱动力将来源于技术进步而非产业结构升级。对这一现象，王钰（2020）解释为工业化的产业结构变迁是效率驱动的结果，而服务业的产业结构变迁是投资驱动的结果，中国应从经济增长转型的角度来考虑产业结构优化问题。于光妍和周正（2021）将产业结构高级化和产业结构合理化分别作为中介机制，研究了产业分工对经济增长的带动作用。

除此之外，宏观经济体制、产业规制、税收制度等制度因素，既是资源配置效率得以提升、TFP 成效发挥的重要原因，也是驱动集约型经济增长的重要影响因素（张连城和任光宇，2020）。

本书对高等教育服务贸易影响经济增长的研究分为出口和进口两个视角进行。高等教育服务贸易出口一方面能够获得学费收入，刺激留学生对旅游、文化消费等方面的需求，直接拉动经济增长；另一方面，通过提升人力资本水平，降低双边交易成本、缩短文化距离等方式，加强信息沟通，推动双边开展经贸投资合作规模扩大，促进经济增长。高等教育服务进口则主要通过提升人力资本水平，发挥人力资本在推动技术创新和产业结构升级方面的根本性作用，提升市场的供给水平，实现经济增长转型，促进经济增长。因此，高等教育服务贸易出口主要是拉动消费需求，在短期内驱动经济增长；高等教育服务贸易进口主要是推动市场供给，驱动长期经济增长。

第三节 高等教育服务贸易对经济增长影响的相关研究

在经济增长方程中，高等教育服务贸易虽不是直接解释变量，但是能够通过作用于其他变量，最终对总产出产生影响。关于高等教育服务贸易直接影响经济增长的文献较少，现有文献多讨论了高等教育服务对经济增长的影响，或是高等教育服务贸易在资本积累、贸易投资和技术进步等方面产生的效应，鲜有研究将这些效应作为作用机制与经济增长相联系。本节将从上述两方面对文献进行梳理。

一、高等教育对经济增长的影响

经济学家在内生经济增长模型的基础上，先后通过实证分析的方法对高等教育与经济增长两者之间的关系进行了检验。相关研究最早可追溯到1973年英国教育委员会发布的《罗宾逊报告》，报告首次指出英国的高等教育对于国民经济增长的作用不可替代。戈德斯坦等（1995）分析文献发现，高等教育能够带来知识创新、人力资本提升、知识转移、技术创新等，进而引致经济增长、地区经济发展能力提升等结果。戈德斯坦和雷诺（2004）进一步研究发现，大学教育能够通过直接和间接渠道对地区经济增长作出贡献。胡贝尔（2011）利用欧洲部分国家的数据实证发现，高等教育是促进经济增长的重要因素，但是它的作用并没有被完全发挥出来。随着学生在国际的流动规模不断增长，高等教育的国际化程度不断提升，留学生能够显著地促进高等教育服务贸易出口国的经济增长，而经济实力较弱的国家比经济实力较强的国家从中获益更多（Jan 等，2013）。汪洋（2013）认为，高等教育对地区经济增长的影响主要体现在学生人数与经济增长的关系上，学生是潜在的人力资本存量，经济增长由潜在人力资本和人力资本存量共同决定。利勒桑等（2015）的研究表明，高等教育能够促进知识密集型的就业，进而作用于经济增长，但高等教育对经济增长的这种间接作用具有迟滞性。霍姆斯（2013）进一步认为，高等教育通过提高劳动生产率、知识创造和技术创新三种渠道促进经济增长。在针对不同国别的实证研究中，高等教育对经济增长的贡献作用得到了证明，高等教育主要是通过提高人力资本促进了一国经济的长期增长（穆尔密斯特和罗恰特，1995；萨利赫等，2014；哈龙，2016）。

二、高等教育服务贸易对经济增长的影响机制

直接以高等教育服务贸易影响经济增长为主题的研究并不多，部分文献对高等教育服务贸易出口带来的直接和间接经济效应进行了分析。李航敏（2014）通过测算 2011 年来华留学生的学费和生活费用，估算了高等教育服务贸易出口的直接经济收益；通过理论和实证分析说明了高等教育服务贸易出口对产出增加具有促进作用。吕娜（2015）认为，来华留学教育即高等教育服务贸易出口能够带动消费、优化产业结构、吸引对外投资和提升人力资本，从而助力中国经济发展。余洁等（2020）利用 2000—2017 年中国省际面板数据，实证研究了高等教育服务贸易出口对区域经济增长的空间溢出效应和作用机制，结果表明区域创新能够强化上述效应。尽管如此，这些研究还是为进一步探索高等教育服务贸易影响经济增长的作用机制提供了研究基础。除此之外的文献，主要从资本积累、贸易投资和技术进步的视角对高等教育服务贸易产生的经济效应进行了分析。

1. 基于资本积累视角

一是物质资本积累效应。物质资本存量是影响经济增长的主要解释变量，通过开展出口贸易，使得具有比较优势的资源在国际市场上获得更加有效配置，能够加快物质资本的形成（庄丽娟，2007）。出口是拉动经济增长的“三驾马车”之一，高等教育服务贸易具备一般贸易的属性，是服务贸易出口的重要组成部分，在我国主要体现为来华留学生教育。高等教育服务贸易出口能够为国家创造经济利益，获取直接经济收益（曼拉，1998），应当充分重视高等教育服务贸易带来的经济效应（王建梁等，2015）。张民选等（2008）构建了来华留学生个人消费结构，将收益区分为大学收益和社会收益，利用上海某大学数据对高等教育服务出口的直接经济收益进行了测算，并将计算结果与上海 GDP 指标对比得出结论，留学教育产生的收益能够增

加本地经济总量、缩减国际教育服务贸易逆差。西迪克（2012）采用类似方法对加拿大大西洋地区的国际留学生消费水平进行了统计测算，认为国际学生消费的支出乘数在1.3至1.8之间。李航敏（2014）测算了2011年我国高等教育服务贸易出口产生的直接经济收益。刘志民等（2018）使用柯布道格拉斯生产函数计算了“一带一路”共建国家来华留学生对本地经济增长的促进作用，并且认为这种促进作用具有空间溢出效应，能够促进邻近省域经济增长。从我国高等教育服务贸易现状来看，高等教育服务贸易规模存在显著逆差，可以通过提升高等教育服务质量、改进来华留学学费定价策略（张正秋，2018）、提高高等教育服务贸易出口的直接经济收益，拉动经济增长。

二是人力资本积累效应。在经典文献中，舒尔茨（1962）、尼尔森和菲尔普斯（1966）以及罗默（1986）等都认为，高等教育能够促进人力资本的增加。高等教育产生的高水平人力资本，不仅能直接影响经济增长（姚先国和张海峰，2008），而且可以通过科技创新等间接影响经济绩效（纪雯雯和赖德胜，2018；李子联，2020）。高等教育不仅依赖于本国的学校教育途径获得，还能够通过开放市场中的高等教育服务贸易获得，高等教育服务贸易是培养国际人才的重要渠道（王耀辉等，2021）。新增长理论和新贸易理论认为，人力资本是连接技术进步与经济增长的中间环节，特别是人力资本的外部性和累积门槛能够决定各国贸易模式、技术进步和长期经济增长的变化。随着经济增长由粗放型向集约型模式转变，人力资本存量对经济增长的影响正在逐渐减弱（李德煌和夏恩君，2013）。随着经济增长阶段发生变化，相比于人力资本存量，人力资本结构的升级对经济增长质量的影响更加显著（袁富华等，2015；江三良和侯缓缓，2021）；人力资本结构升级能够推动高水平人力资本增加，进而带动技术结构升级与之匹配（阿科鲁姆和齐利博蒂，2001），动态促进经济增长。李航敏（2014）认为，高等教育服务贸易进口的人力资本积累效应主要体现在出国留学人员和留学归国人员中，他们所具有的学术影响力、先进管理理念、前沿知识和技术能够对经济增长发挥重要作用。对于发展中国家而言，人力资本积累效应有助于促进其与发达国家之间的交流，提升发展中国家的科技和经济水平，带动发展中国家的经济增长（陈韶光和袁伦渠，2004）。当前，我国需大力吸引高水平的留学人员归国，提高海外人才利用效率，充分发挥留学归国人员对于技术创新的促进作用（陈怡安，2014），促进经济长期增长。

2. 基于贸易投资视角

一是货物贸易促进效应。高等教育服务贸易带动了留学生的跨国流动，使高水平人力资本在国际频繁流入和流出，构成了复杂的社会网络，显著降低了国际货物贸易的交易成本和机会成本，降低了信息不对称带来的风险，显著提升了双边货物贸易规模，产生货物贸易效应（蒙英华和孔令强，2007；赵永亮，2012；魏浩和陈开军，2015；杨汝岱和李艳，2016）。高等教育服务贸易的货物贸易促进效应可以从以下三个方面进行归纳：其一是留学生能够减少语言和文化交流壁垒，有助于降低双边国家的交易成本（古德，1994；黑德和里斯，1998；费尔波马尔，2010；劳赫，2001；孔勃等，2003）。留学生能够充分发挥跨文化沟通的优势，留在当地参加就业或成为移民（陆菁等，2019），作为沟通的中介进入高等教育服务贸易进出口国双边社会网络。芦林堃等（2020）以 2003—2016 年“一带一路”共建国家的面板数据为样本，验证了来华留学教育能够显著促进中国的货物贸易出口。其二是留学生能够加强信息沟通，有助于降低交易风险（劳奇，1999；波茨，1999）。马里纳（2013）采用英国在籍学生、毕业生移民以及校友数量等数据验证了高等教育服务贸易形成的人员网络对国际货物贸易的促进作用。陈基平等（2019）基于 2000—2012 年间移民与贸易数据进行研究，结果发现，国际移民流入对双边国家之间的货物贸易和服务贸易都产生了显著的促进作用。魏浩等（2020）利用 2003—2013 年我国省际面板数据实证研究发现，国际人才的流入对我国进口货物贸易的影响十分显著，特别是对中西部地区贸易进口、一般贸易进口和资本技术密集型商品进口的影响更为显著。留学生形成的社会人员网络，能够增强交流和信任，减少投机和违约行为的发生，提高双边货物贸易效率（格雷夫，1993）。其三是留学生能够产生新的需求偏好，有助于扩大货物贸易规模。魏浩等（2020）利用全球 131 个国家或地区的数据，验证了移民偏好机制和移民信息机制能够共同促进双边国家货物贸易出口的增长（劳奇和特林达德，2002；魏浩和袁然，2020）。瓜达卢普等（2013）实证研究发现，西班牙和意大利的移民人数与国际货物贸易规模之间存在正相关关系。魏浩等（2015，2020）先后基于中国和美国跨国流动的人才数据验证了国际劳动力流入对于人员接收国的货物进出口贸易具有显著的促进作用，但从语言一致性、地理距离等非经济因素视角，和从出口方式、地区分布、产品结构等经济因素视角的分析结果来看，这种促进作用存在着显著的异质性（魏浩，连慧君，2020；魏浩，陈开军，2015）。

二是投资促进效应。推动生产要素在国际流动是经济全球化最本质的内容（张幼文，2015），文献研究表明，在发展中国家实施 OFDI 的过程中，文化距离和制度距离等非经济因素正在发挥着越来越重要的作用（巴克马等，1996；哈夫里奇克，2013）。与货物贸易促进效用类似，高等教育服务贸易能够通过缩短文化距离、降低交易成本、降低政治风险，促进 OFDI 规模扩大（简·奈特，2002；普特和斯特拉特，2010；郭苏文，黄汉民，2010；内斯特连科，2016）。汪洋（2020）运用 2003—2017 年 40 个共建“一带一路”国家的面板数据研究表明，来华留学教育能够缩短双边国家文化距离，对 OFDI 产生积极的促进作用；其中，文化距离促进 OFDI 的中介效应具有显著的国别异质性，在与中国文化差异较大和制度约束较弱的东道国，文化距离的中介效应更明显（许连和和李丽华，2011；袁海东和朱敏，2017）；此外，文化距离对 OFDI 的促进作用还存在一定的门槛效应（綦建红，2012）。巩雪和熊峰（2018）通过构建常数替代弹性（Constant Elasticity of Substitution，CES）效用函数分析认为，来华留学教育能够对东道国产生社会网络效应，扩大中国对东道国的 OFDI 规模。留学生前往高等教育服务贸易出口国接受教育，获得专业知识和跨文化沟通技能，回国后能够通过消费偏好机制、信息沟通机制提升双边沟通效率、降低交易成本和违约风险，提升出口国的 OFDI 效率（拉森等，2002）。康斯坦丁和田（2010）通过对非洲领导人数据的实证分析发现，不论是回归母国成为“海归”，还是留在东道国作为移民，留学生都对 OFDI 具有促进作用。此外，高等教育服务贸易还能够推动双边人员和资本流动，建立起良好的双边市场和制度环境，为高等教育服务贸易出口国进行 OFDI 提供良好的基础（郑莹等，2015；汪洋，2020）。

3. 基于技术进步视角

一是技术创新效应。人力资本具有更好的技术水平和创新能力，能够显著促进技术创新（西科恩等，2005；琼斯和罗默，2010），从而对经济产出产生促进作用。教育产生的人力资本与技术创新的关系密切，两者可以相互替代，作用于经济产出（杜育红和赵冉，2018）。高等教育服务贸易对技术创新的效应依托于其产生的人力资本积累效应，人力资本能够通过“干中学”和“知识溢出”效应带动产业部门的技术创新（罗默，1990）。加纳拉吉等（2008）通过实证研究发现，留学生规模对美国的专利申请量和教育机构的专利获奖量具有十分显著的促进作用。詹尼弗等（2010）利用1940—2020年美国各州的面板数据证明，留学生对专利申请量具有显著促进作用。高等教育服务贸易所带来的人力资本能够充分发挥自身优势，通过提升人力资本存量、与本土人才之间进行自愿技术转移和非自愿技术扩散，提升技术创新水平，进而对经济增长产生促进作用（布奇，2014；阿扎姆，2017；溪达安里亚和图林克，2017；余洁等，2020）。马库斯等（2010）对美国高校的研究发现，博士留学生能够显著提升科研成果量，对技术研发和科学研究具有促进作用。李明（2019）的研究表明，来华留学生能够普遍产生技术创新效应。余洁等（2020）的研究发现，高等教育服务贸易出口对经济增长还存在空间溢出效应，且与区域创新存在显著的交互效应，技术创新是高等教育服务贸易出口对经济增长的中介机制。

二是产业结构升级效应。相关文献主要聚焦在人力资本促进产业结构升级的效应上，较少有文献从高等教育服务贸易角度直接切入。人力资本结构推动经济增长的促进作用体现在对产业结构升级上（郭继强，2005；靳卫东，2010；刘智勇等，2018），高等教育形成的人力资本集聚，主要通过改变要素丰裕程度和自主创新能力两种途径提高生产率，从而影响产业结构升级（周启良和范红忠，2021），即产业结构升级的完成需要与之匹配的人力资本结构来配合（张桂文和孙亚南，2014）。此外，人力资本能够促进相关产业或者部门的规模报酬递增，直接决定产业结构升级的效率（潘德，2003），推动产业结构不断优化。与技术创新效应类似，人力资本对产业结构转型升级长期具有显著的空间溢出效应，生产要素在产业间流动和重新配置的过程中，人力资本结构优化对产业结构调整具有明显的空间溢出效应（林春艳等，2017）。此外，人力资本积累、技术创新和产业结构升级三者之间有着密切的联系，技术创新对产业结构升级具有显著的推动作用（林毅夫，2013；周明生和陈文翔，2020），而产业结构升级也能够调整人力资本结构，不断增加高水平人力资本在资本总量中的比重（阿齐默鲁，2002）。

另外，高等教育服务贸易还能够在非营利性的市场上产生影响效应，如对民主、人权、政治、寿命、平权、社会福利、环境、幸福感等方面产生影响（麦克马洪，2010）。王哲（2011）、李航敏（2014）都在研究中对高等教育服务的文化效应和社会效应进行了分析。高等教育服务贸易的文化效应包括科研国际化、学生国际化和教师国际化，其社会效应体现在培养高端人才、创建教育品牌和提升国际影响力等方面（王伟伟，2018）。

在前述基础上，结合研究主题，本书对高等教育服务贸易和经济增长做出概念界定，特别是根据中国高等教育服务贸易的现状，从定义、形式、测算指标等方面对本书的研究边界进行界定。

第四节　高等教育服务贸易的概念界定

高等教育服务贸易作为服务贸易的一个分类，遵循国际服务贸易的一般原则，是一个经济学概念，而非教育学或社会学概念。国内外学者基本采用了GATS对于教育服务贸易和教育类型的划分作为划定高等教育服务贸易的主要标准和依据。GATS规定了WTO成员的各项权利和义务，为国家政府、地区政府和授权行使权力的非政府机构合理使用GATS下的各项规则提供了指导。从高等教育服务贸易的角度，为了顺利开展相关领域的贸易活动，成员国需要遵守以下原则。

1. 最惠国待遇原则。这是GATS中最基本的一项原则，GATS第2条第1款规定："关于本协定涵盖的任何措施，每一成员对于任何其他成员的服务和服务提供者，应立即和无条件地给予不低于其给予任何其他国家类似服务和服务提供者的待遇。"最惠国待遇并不是绝对无条件的，GATS为本条规定制定了一系列的例外条款。一是豁免最惠国待遇原则。这是影响最大和使用频率最高的例外条款，根据《关于第2条豁免的附件》规定，豁免行为的采用不受实质性限制，最长期限为10年。除此之外，还包括边境贸易例外、经济一体化例外等原则。

2. 国民待遇原则。GATS第17条第1款规定："对于列入减让表的部门，在遵守所规定的任何条件和限制的前提下，所有成员在影响服务提供的措施方面给予其他成员的服务和服务提供者的待遇，不低于其给予本国类似服务和服务提供者的待遇。"国民待遇是从货物贸易领域借鉴至服务贸易领域的基本原则，但是由于服务贸易无形化的特点，在实际操作中，与市场准入原则的区别并不明显。

3. 市场准入原则。成员需要对协议下的其他成员开放自己服务贸易市场，使其具有公平进入的机会。

除了上述，还有透明度原则、逐步自由化原则、发展中国家更多参与原则等常见原则，但在高等教育服务贸易领域，各国对市场开放持谨慎态度，整体来看，发达国家的开放程度高于发展中国家。

此外，每个成员国需要向 WTO 提出在服务贸易过程中具体承诺减让表（Schedule of Specific Commitments on Services），减让表需要对市场准入情况、国民待遇要求等限制条件进行说明。整体来看，发达国家的开放态度最为积极，发达国家教育质量较高，教育资源过剩，热衷于通过开放的教育市场将过剩的教育能力转化为经济利益，进一步提升本国的自由贸易规模。

GATS 的市场准入和国民待遇条款不是直接被各成员国执行的，各成员国在条款规定的内容中，通过谈判，对具体需要承担的市场准入和国民待遇条款进行规定和限制。承诺减让表就是对上述承诺的服务部门所承担的义务进行说明的文件材料。在服务贸易中，各国的限制主要表现在两个方面：一是市场准入，即外国服务是否能进驻本国的市场，在组织服务活动中是否能跟本国的部门一样获得相同的待遇；二是国民待遇，即外国的工作人员是否能够进入本国工作，需要遵守的规章制度和限制。如果一国政府在承诺减让表中做出了规定，就从法律意义上规定了所有执行的市场准入和国民待遇措施，如有违反，将通过争端解决机制进行处理。

WTO 于 2001 年 3 月 28 日发布了 GATS 下各国承诺减让指引[1]，文件对承诺的类型进行了说明，包含水平承诺（Horizontal Commitments）、部门承诺（Sector-Specific Commitments）和承诺的不同程度。承诺中，各国需要对市场准入或者是国民待遇的限制条件进行描述，分别为没有限制（Full Commitment），记作“NONE”；条件限制（Commitment with Limitations），记作“Unbound except for”；不作承诺（No Commitment），记作“UNBOUND”；技术获取不承诺（No Commitment），记作“Unbound due to lack of technical feasibility”和特殊情况（Special Cases）。表 2-3 列举了中国、美国、欧盟（含英国）、澳大利亚、日本的减让承诺情况。在承诺减让表中，各国需要分别对服务所属部门、每一种贸易形式的市场准入和国民待遇限制作出承诺。

[1] Guidelines for the Scheduling of Specific Commitments under the General Agreement on Trade in Services（GATS）[EB/OL].Available at http：//i-tip.wto.org/services/default.aspx.

表 2-3 各主要国家高等教育服务减让承诺情况 [1]

国家	教育部门	服务方式	市场准入限制	国民待遇限制
中国	高等教育（CPC923）	跨境交付	不作承诺	不作承诺
		境外消费	没有限制	没有限制
		商业存在	将允许中外合作办学外方获得多数拥有权	不作承诺
		自然人流动	除水平承诺中内容和下列内容外，不作承诺： 外国个人教育服务提供者受中国学校和其他教育机构邀请或雇佣，可入境提供教育服务	资格如下： 具有学士或以上学位； 且具有相应的专业职称或证书，具有2年专业工作经验
美国	高等教育（除飞行教育）	跨境交付	没有限制	
		境外消费	没有限制	
		商业存在	没有限制	
		自然人流动	除水平承诺外不作承诺	
欧盟（含英国）	高等教育（CPC923）	跨境交付	法国需具备法国国籍，第三国可以授权设立和运行教育机构	意大利：授权颁发学历的提供者必须具备意大利国籍
		境外消费	没有限制	没有限制
		商业存在	英国、意大利：颁发学历或学位需要经过测试并向国会提议 希腊：对授学位的教育机构不作承诺	没有限制
		自然人流动	除法国、立陶宛，其他不作承诺	除水平承诺外不作承诺
澳大利亚	高等教育（CPC923**）（含私人高等教育）	跨境交付	没有限制	没有限制
		境外消费	没有限制	没有限制
		商业存在	没有限制	没有限制
		自然人流动	除水平承诺外不作承诺	除水平承诺外不作承诺
日本	高等教育（CPC9231，CPC9239）	跨境交付	不作承诺	不作承诺
		境外消费	不作承诺	不作承诺
		商业存在	正式教育机构必须由学校法人设置	除水平承诺外不作承诺
		自然人流动	不作承诺	不作承诺

[1] 根据 WTO 网站公布数据整理。具体参见：http：//i-tip.wto.org/services/default.aspx.

相对于其他服务贸易领域来说，教育服务是承诺减让国最少的部门之一，截至 2000 年，只有 25 个国家承诺放开了高等教育服务。栾信杰（2002）整理了我国“入世”所做减让承诺，分析结果可知，我国对跨境支付态度谨慎，对商业存在有明确限制，但对境外消费（出国留学或者接收来华留学生）不做限制，有限制性地开放教育服务市场。库尔特（2002）从 OECD 国家针对 GATS 的减让承诺分析认为，由于各国态度差异较大，一方面高等教育和成人教育会成为教育自由贸易的主体；另一方面建立高等教育国际质量标准框架并非易事，教育政治化的风险需要提前防范。

一、高等教育服务贸易的定义

本书认为，高等教育服务贸易是指国家（地区）之间出于经济目的，依据 GATS 有关规定和本国减让承诺，在一定区域内组织的高等教育服务出口和进口活动。高等教育服务贸易的“商品”是教育服务，这种教育服务的交易活动主要依托于人员或信息在不同国家之间的流动或传递来实现。在高等教育服务贸易过程中，高等教育服务的流动方向与学生的流动方向是相反的。高等教育服务贸易出口是指一国接受外国留学生到本国学习的过程，留学生接收国为出口国；高等教育服务贸易进口是指一国派出学生到其他国家学习的过程，留学生派出国为进口国。近年来，随着全球经济格局调整，高等教育服务贸易的流量和流向都发生了变化。当前全球留学网络关系已经发展成为以美国、中国为双核心的拓扑结构，中国、澳大利亚等成为新的区域中心，区域化成为全球留学网络的一个重要趋势（侯纯光等，2020）。各国的教育服务竞争力高低是决定高等教育服务贸易流向的重要原因。

二、高等教育服务贸易的形式

高等教育服务贸易在中国分别以在线教育、留学教育、中外合作办学和引智工作这四种形式呈现，其中，以留学教育的规模和影响最为显著。留学教育又分为来华留学教育和出国留学教育两部分，两者相互联系，通过不同的作用机制促进了经济增长。

本书选取规模最大、影响最显著的留学教育代表高等教育服务贸易，从出口和进口两个角度分析中国高等教育服务贸易对经济增长的影响。在境外消费的形式中，高等教育服务贸易对象主要以高等教育机构中的学生为主；

在实践中，高等教育服务贸易过程主要体现为学生通过各类渠道前往不同国家参加国际合作交流项目。从我国高等教育国际化发展实际来看，我国主要是通过接收来华留学生到高等教育机构进修的方式，输出高等教育服务；通过组织或是自愿出国留学的方式，输入高等教育服务。上述是本书界定高等教育服务贸易出口和进口的基础，也是相关统计数据的主要依据。

三、高等教育服务贸易的测算指标

在实际统计中，因口径不尽一致，有关高等教育服务贸易的贸易额数据缺失严重，文献多选用留学教育人员数量表示贸易规模。参照文献做法，本书选用来华留学生[1]数量代理中国高等教育服务贸易出口规模，用出国留学人员和留学归国人员数量代理中国高等教育服务贸易进口规模。特别需要指出的是，留学归国人员是本国通过高等教育服务贸易进口形成的人力资本，为了更加准确地识别这部分人力资本促进经济增长的作用，本书将在典型事实和实证检验的分析中选用我国高新技术产业开发区中的留学归国人员数量代表中国高等教育服务贸易的进口规模。

第五节　经济增长的概念界定

根据文献内容，本书界定经济增长为一国产出的增加，它受到一国物质资本积累、人力资本积累、货物贸易和 OFDI 规模的影响。在实证检验中，本书分别使用国内生产总值增长率和人均国内生产总值指标代理经济增长。

第六节　本章小结

本章对高等教育服务贸易与经济增长的相关文献进行了梳理，并对高等教育服务贸易和经济增长这两个核心概念进行了界定，为本书后续研究提供了基础。

现有文献对高等教育服务贸易、经济增长的分类研究比较充分，但对高

---

[1] 本书所选用的来华留学生人数来源于教育部历年《来华留学生简明统计》。

等教育服务贸易影响经济增长的文献较为有限。高等教育服务贸易[1]兼具公益性和商品性的双重属性。各国开展高等教育服务贸易的动因各不相同，发达国家多被经济利益驱动，而发展中国家则是以弥补本国教育资源短缺、引进先进技术为目的。各国高等教育服务贸易的规模和流向主要受到经济、政策、文化、教育质量等多重因素的综合影响。经济增长是指一国产出的增加，其在各国具有显著的阶段性特征。中国的经济增长模式正在由依靠要素投入的粗放型增长方式向主要依靠技术进步的集约型增长方式转变，开展高等教育服务贸易对驱动中国经济长期增长具有重要意义。此外，学者多从资本积累角度、贸易投资角度和技术创新角度对高等教育服务贸易影响经济增长的机制进行探讨，鲜有文献直接研究高等教育服务贸易对经济增长的影响及作用机制。

现有文献较为全面地对高等教育服务贸易的内容进行了研究，但是仍存在以下不足：

第一，现有研究多集中在高等教育服务贸易出口影响经济增长的研究中，从进口侧对经济增长的研究较少。我国是高等教育服务贸易逆差国，通过开展高等教育服务贸易形成的人力资本主要集中于进口侧而非出口端；此外，我国正处于经济增长转型的关键时期，亟须探索由人力资本和技术创新驱动的集约型经济增长路径，高等教育服务贸易进口对此的贡献更加显著。现有研究内容有失平衡。

第二，现有文献未明确对高等教育服务贸易进口和出口影响经济增长的机制进行区分。囿于数据可得性，文献主要从来华留学生方面，即高等教育服务贸易出口角度讨论了其对货物贸易、OFDI、技术创新等方面产生的影响，未从出口端和进口端分别研究高等教育服务贸易影响经济增长的作用机制。

第三，现有文献对高等教育服务贸易效应的研究方法比较单一。在对高等教育服务贸易效应的研究中，现有文献主要采用引力模型进行面板数据的多元回归进行分析，鲜有从时间序列和空间分布角度对该问题的具体分析。

---

[1] GTAS 中涉及的教育服务贸易概念专指国际教育服务贸易，即国家间的服务贸易形式，不包含国内教育服务贸易。因此，本书后续如无特意提及国内教育，所列教育服务贸易均指代国际教育服务贸易。

总体来说，高等教育服务贸易对经济增长的影响研究仍有较大挖潜空间，本书将从上述几方面着手，尝试对该主题研究做出边际贡献。

此外，本章还对高等教育服务贸易和经济增长的概念进行了界定。高等教育服务贸易是指国家（地区）之间出于经济目的，依据 GATS 有关规定和本国减让承诺，在一定区域内组织的高等教育服务出口和进口活动。在高等教育服务贸易的四种形式中，以留学教育为体现形式的境外消费是最主要的方式，本书用留学教育人数代理高等教育服务贸易。高等教育服务贸易出口是指一国通过接受外国留学生到本国学习的过程，留学生接收国为出口国；反之，留学生派出国为进口国。本书使用国内生产总值（GDP）相关指标代理经济增长。

第三章

高等教育服务贸易对经济增长影响的理论分析

一般来说，高等教育服务贸易是双向开展的，一国既是进口国，也是出口国。各国开展高等教育服务贸易的动因不同，经济发展阶段有所差异，形成的高等教育服务贸易特征差别较大，对各国经济增长的影响也不尽相同。本章将分别从出口和进口两个视角对高等教育服务贸易影响经济增长的作用机制进行理论分析。

本章第一节将对相关的经典理论进行阐述，分析本书研究的理论基础。第二节将分别从出口和进口角度展开，构建一个两国理论模型和一个四部门理论模型，从出口和进口分别论证高等教育服务贸易影响经济增长的作用机制，得出高等教育服务贸易出口通过货物贸易和 OFDI 促进经济增长、高等教育服务贸易进口通过技术创新和产业结构升级促进经济增长等 7 个理论假设，为实证检验提供基础。第三节将对本章内容进行总结和评述。

第一节　理论分析基础

一、比较优势理论

作为国际贸易的经典理论，比较优势理论是高等教育服务贸易的理论基础。比较优势理论认为，各国资源禀赋和优势条件不同，依据各自的比较优势进行分工和交换，能够使贸易双方共同获利，这是开展国际贸易的前提条件。高等教育服务贸易是一种特殊的商品贸易，它受到历史渊源、发展动因、经济环境等要素影响，具有显著的国别异质性。高等教育服务质量较高的国家，能够充分发挥其在教育环境、师资水平、教育理念等方面的比较优势，与具有比较劣势的国家开展贸易，两国从贸易中共同获利，促进经济增长。

一般来说，发达国家具有较好的教育资源和市场基础，形成了良好的高等教育服务品牌，能够提供较高质量的高等教育服务，处于开展高等教育服务贸易的比较优势地位。大多数发展中国家教育资源普遍欠缺，高等教育水平较低，处于比较劣势的地位。发达国家之间的高等教育服务贸易一般是双向的，彼此既是主要出口国，也是主要进口国，进出口贸易往来较为频繁；发达国家在与发展中国家的高等教育服务贸易中，是主要的出口国。发达国家之间的高等教育服务贸易，主要由教育服务特征差异化形成的贸易需求所驱动，贸易结构相对平衡。但是，发达国家和发展中国家之间的高等教育服务贸易，主要是由高等教育质量差异和教育资源不均带动的，贸易结构失衡，因此，大部分发展中国家长期处于高等教育服务贸易逆差状态。

高等教育服务贸易出口国接收各国留学生前来学习，为本国创造直接和间接的经济收益。一方面，留学生支付学费和生活费，购买高质量的高等教育服务，使用教育设施和师资资源，为高等教育服务贸易出口国提供了直接经济收益，拉动了出口国的经济增长；另一方面，留学生完成学业后，形成人力资本积累，带动货物贸易和 OFDI 规模扩大，驱动经济增长。高等教育服务贸易进口国派出学生出国留学，通过提升人力资本获取经济收益。留学生和家长因支付学费、生活费等费用，会产生一定的经济成本，短期内，对本国造成一定的经济损失和人才流失；但是从长期来看，由于知识存在溢出效应，高等教育服务贸易进口形成的人力资本，能够改变进口国的技术结构和产业结构，提高全要素生产率，提升经济福利水平，促进经济增长。

二、契约理论

新制度经济学认为，交易需要通过契约这一微观制度来完成。在现实交易中，尽管能够通过效用函数计算最优结果，但由于存在经济人的有限理性、交易费用不为零、信息不对称等问题，就可能导致交易过程中意外事件的增加，双方获取准确信息和制定精准方案所需要消耗的交易成本也会相应增加，最终，可能增加履约风险，降低交易成功率，从而造成福利损失。

在各国之间的贸易往来中，无论是货物贸易，还是服务贸易，都存在交易成本。这不仅是因为交易双方存在投机主义行为，而且由于交易双方对环境因素的生疏和变化所产生的不可预期，特别是信息不对称、交易双方相互信任度较低、文化距离较大等问题的存在，都可能使交易成本居高不下。

高等教育服务贸易的开展，显然能够降低由上述原因所产生的交易费用。因为高等教育服务贸易会带动大规模的人员流动，特别是以留学教育为代表的学生跨境流动。人员流动无疑会增强不同国别人员之间的相互信任、信息交流和沟通，而且由于留学生在出口国接受专业学习的同时，会接受出口国语言和文化教育，逐步熟悉出口国的社会经济环境，产生跨文化理解和沟通能力。结束学习进入就业市场后，留学生能够为出口国和进口国之间的沟通起到桥梁作用，在推动人员交往、信息交换、文化理解、市场融合等方面促进双边国家的合作与交流。此外，参与高等教育服务贸易的留学生，不但在学习中提升了知识水平和专业技能，而且熟悉了双边的市场环境，从而为双方建立良好的经贸关系提供了信息沟通机制和履约保障机制。显然，高等教育服务贸易能够通过降低交易费用推动双边贸易规模的扩大和 OFDI 的增加，进而推动经济增长。

三、知识溢出理论

最具代表性的知识溢出理论是罗默的知识溢出模型。罗默在他构建的知识溢出模型中，认为新的知识具有两种性质不同的用途：一是专业化知识用于新产品生产，并受到专利保护，因而具有完全的排他性，但可以使相关企业收益增加，从而推动经济增长；二是新的知识能够增大知识存量，即实现知识积累，构成一般知识，而一般知识具有外部经济性即具有溢出效应，因此可以使整个经济体实现技术进步，进而推动经济增长。

在开放经济条件下，知识溢出的范围更加广阔，因而能够产生比在封闭经济模式下更大的效应，对经济增长产生的效应也更显著。在知识经济时代，包含高新技术的知识资源成为重要的经济驱动力，知识是各个国家获得竞争优势最重要的资源。对发展中国家来说，知识积累能够提升技术水平、加快工业化进程，推动经济高速增长，使其不断缩短与发达国家之间的差距。发展中国家要获得更多的知识，实现知识积累，在很大程度上都需要通过高等教育服务贸易实现。发展中国家通过进口发达国家的教育服务，即派出留学生到经济发达国家学习和接受培训，可以获取高水平的知识和技术，并通过知识溢出效应，推动本国的技术进步，进而推动经济增长。

显然，高等教育服务贸易能够产生知识溢出效应。留学生在出口国接受专业知识的教育和培训后，会形成人力资本，并且会形成与国内教育不同类型的人力资本。无论是何种类型的人力资本，均能通过知识溢出效应即知识扩散，对所在国的人力资本规模和水平提升产生积极作用，实现所在国的人力资本积累，最终推动经济增长。

需要进一步说明的是，在罗默模型中，并没有规定新知识生产函数所具有的规模报酬性质。他认为，在知识生产中，当现有的投入品被复制两倍时会导致新的知识被发现两次，而不是增加两倍，这时就会出现规模报酬递减；但是，如果研发人员能够相互有效合作，充分利用固定设施，在资本和劳动投入增加两倍的情况下，知识的产出就可能增加两倍以上，这时就可能出现规模收益递增。显然，高等教育服务贸易为规模报酬递增提供了可能性。因为通过高等教育服务贸易，如果能够促进不同国家之间研究人员有效的国际合作，就可能实现双边经济以更高的速度增长，并带动和促进发展中国家的经济转型。

四、人力资本理论

在人力资本理论中，最具代表性的理论是卢卡斯的人力资本积累模型。Lucas 把资本分为有形资本和无形资本两种类型，并且把劳动分为纯体力的原始劳动和具有一定知识或劳动技能的人力资本两种类型（卢卡斯，1988）。在卢卡斯模型中，一个国家的经济增长或总产出的增长取决于现有的技术水平、存量资本，包括一般（原始）劳动和人力资本从事劳动的时间和人力资本的外溢效应。而人力资本的产出水平则取决于现有的人力资本和用于学习的时间，包括在校学习时间和接受培训的时间。在卢卡斯建立的“干中学”模型中，认为专业化的人力资本还可以通过“干中学”获得。但是，如果单纯依靠“干中学”的方式，人力资本总体水平只能以十分缓慢的速度提高。卢卡斯认为，只有学校教育和脱产学习才能最有效地提高一般知识水平。同时，若将“干中学”思想贯穿于学校教育中，也可以通过学校教育形成专业化的人力资本。显然，卢卡斯模型最大限度地反映了经济发达国家经济持续高速增长以及与不发达国家具有巨大收入差距的原因。

毋庸置疑，高等教育服务贸易能够有效地提高一个国家的人力资本和专业化人力资本的水平，这通常是通过两个途径实现的：一是到出口国学习的留学生，他们在经济发达或相对发达的国家接受高等教育，当他们完成学业后，如果继续留在出口国就业，就会成为出口国的人力资本，增加出口国的人力资本积累；二是留学归国人员在完成高等教育学业后，返回进口国即留学生派出国，则会增加进口国的人力资本积累。人力资本存量的增加，还会进一步通过人力资本的溢出效应实现更大规模的人力资本积累，进而在更大范围内推动技术进步和经济增长。

此外，通过开展高等教育服务贸易，还有可能通过改善人力资本结构推动经济增长。这不仅是因为教育资源在不同国家之间的分布很不均匀，而且是由于世界各国在经济发展水平、制度和文化方面存在明显差异，并且在高等教育方面也是各具特色。在此情况下，各国通过高等教育培养出来的学生在知识结构、技能结构、认知能力等方面就会存在较大差异。如果留学生完成学业后归国就业，就会通过人力资本溢出和知识溢出效应改善本国的人力资本结构，并有可能逐渐改善本国的产业结构，进而通过结构变迁推动经济增长。

第二节　理论分析模型

高等教育服务贸易对经济增长既能产生直接影响，又能产生间接影响。如图 3-1 所示，直接影响体现在：在高等教育服务贸易出口过程中，留学生支付学费和生活文化消费成本，为出口国带来贸易所得，形成直接的经济收益，促进出口国经济增长；间接影响体现在：高等教育服务贸易出口和进口均能形成高水平的人力资本，分别通过降低交易成本和知识溢出效应对货物贸易、OFDI、技术创新、产业结构升级等产生影响，间接促进经济增长。

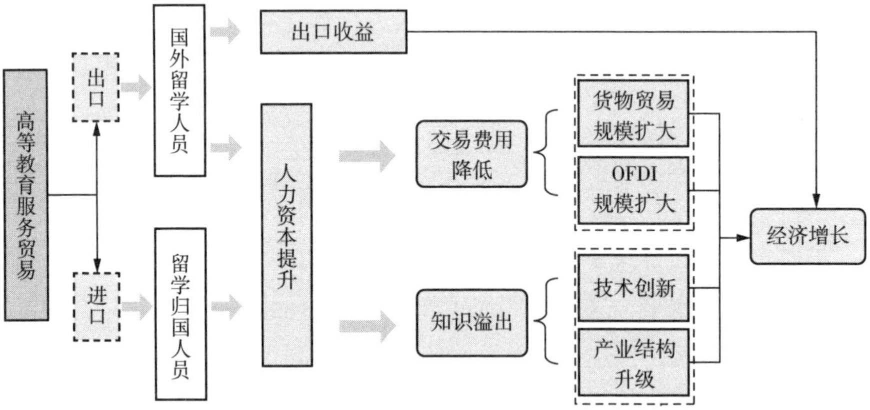

图 3-1　高等教育服务贸易影响经济增长的作用机制示意图

本书在理论模型部分，主要对间接影响的机制进行分析论证；在现状分析和实证检验中，将通过调研测算和计量估计两种方式，分别对直接影响和间接影响进行实证检验。

各国的经济发展阶段各不相同，通过高等教育服务贸易影响经济增长的作用机制有所差异，本书将分别从出口和进口两个角度分析其对经济增长的影响机制，并构建理论模型推导机制过程。根据前文分析，境外消费是高等教育服务贸易最主要的形式，下文将以境外消费中的留学生流动作为高等教育服务贸易进出口的体现方式。其中，一国的高等教育服务贸易出口是指外国留学生流入本国，一国的高等教育服务贸易进口是学生从本国流出到其他国家。

一、高等教育服务贸易影响经济增长的机制分析

（一）基于出口视角的机制分析

如图 3-2 所示，高等教育服务贸易出口对经济增长的影响主要有两种渠道：高等教育服务贸易出口产生的直接收益，促进经济增长；高等教育服务贸易出口通过促进人力资本提升，拉动经济增长。

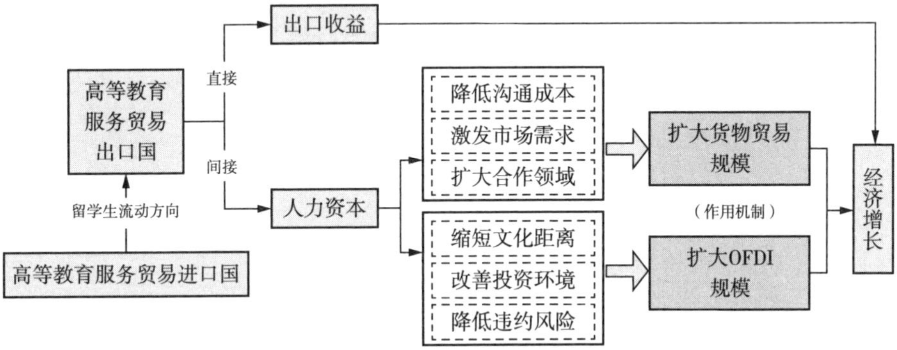

图 3-2 高等教育服务贸易出口影响经济增长的作用机制示意图

首先，高等教育服务贸易出口能够获取直接经济收益，促进本地经济增长。高等教育服务贸易出口国接受留学生前来学习，学生在出口国接受教育期间，需要支付学费和生活费，并产生教育、金融、旅游、娱乐等消费需求，刺激当地市场需求，创造更多的服务贸易出口收益，直接促进本地经济增长。

其次，高等教育服务贸易出口能够提升人力资本水平，间接带动经济增长。来到高等教育服务贸易出口国学习的留学生通过专业学习和文化培训，形成了具有较高专业素养和跨文化沟通能力的人力资本。一部分留学生在出口国就业，作为出口国的人力资本积累下来；另一部分留学生返回进口国就业，形成进口国的人力资本。留学生熟悉出口国的市场规则、消费者偏好和

文化习惯，能够准确识别出口国的市场需求，在双边贸易和投资过程中发挥重要的沟通作用，推动双边贸易投资规模扩大，促进经济增长。高等教育服务贸易出口间接带动经济增长的机制主要表现为以下两方面：

1. 扩大双边货物贸易规模

第一，降低双边沟通成本。留学生通过熟练掌握双边语言和文化沟通方式，能够为两国的经贸合作提供有益的帮助，有效增加双边贸易组织效率，深化交流程度，为开展货物贸易合作提供基础。与此同时，人员跨国流动能够促进信息交换，为双边国际贸易的开展提供行业或官方信息，精准定位需求，大大提升双边货物贸易的合作水平，有效降低双边贸易的成本。

第二，激发双边市场需求。参与高等教育服务贸易活动的个人，会将生活消费、文化消费和娱乐消费等偏好带入高等教育服务贸易出口国，同时也有可能受到所在国影响，消费偏好发生变化，将新的消费偏好带回高等教育服务贸易进口国。人员流动跨度时间越长，越能够带动异国需求偏好的消费，丰富市场产品种类，激发新的市场需求，形成特色产品供给，扩大双边贸易规模。

第三，扩大贸易合作领域。教育合作是带动双边合作的先行策略，教育交流发挥着重要的外交功能，是服务双边经济发展的优质选择。开展高等教育服务贸易能够促进双方高水平人才的流动，共享学术科研成果，促进金融服务、交通旅行、文化交流等多领域合作，形成基础稳定、互惠共赢的合作关系，创造出更加广阔的贸易市场和合作领域。

2. 扩大 OFDI 规模

第一，缩短文化距离。文化距离是影响国际经济交往的重要因素，高等教育服务贸易是缩短文化距离的重要渠道。跨境接受高等教育服务的留学生，能够利用熟练的外语和跨文化沟通能力，有效降低双边信息传输和处理成本。规模越大、来往越频繁的人员流动，越能够缩短双边文化距离，挖掘市场消费需求和偏好，正确理解和使用金融、贸易政策与规则，加强有效信息往来，降低信息不对称造成的成本支出和损耗，推动 OFDI 在市场中准确获取标的，提升 OFDI 成功率，进而促进经济增长。

第二，改善投资环境。高等教育服务贸易出口形成的人力资本，能够有效增强双边国家市场信息交换频率，为东道国吸引投资提供良好的市场环境和制度环境。通畅的双边交流机制能够增强信息交换，帮助东道国了解国际市场环境，促进其改善基础设施建设、交通通达性、国际语言普及率和金融支付条件等软硬件环境，形成对 OFDI 较强的吸引力，提升投资成效。此外，良好的投资环境还能增强对留学生的吸引力，形成高等教育服务贸易与 OFDI 互相促进的良性循环。

第三，降低违约风险。双边经贸关系体现在国家层面、企业层面、民间层面等几个不同的层次上，高等教育服务贸易有效促进了民间交流，间接提升了企业之间的投资交流，最终密切了国家之间的合作关系，为扩大 OFDI 规模提供了顶层支撑。随着高等教育服务贸易合作深入，双边国家通过有关部门的政策对接，能够达成双边或区域合作协定，在制度和法律层面形成共识，有效减少不确定性，以国家信用背书，增强双边合作信心，形成长期良性的互动机制，降低违约风险。

（二）基于进口视角的机制分析

图 3-3 所示，高等教育服务贸易进口对经济增长的影响主要依托于人力资本提升效应，出国留学和留学归国人员形成高水平的人力资本，能够在经济社会各领域通过开展学术研究、创业实践和商业服务等活动传播先进知识和理念，加速知识溢出，推动技术进步和知识创新，引致产业结构升级，进而推动经济的稳定增长。

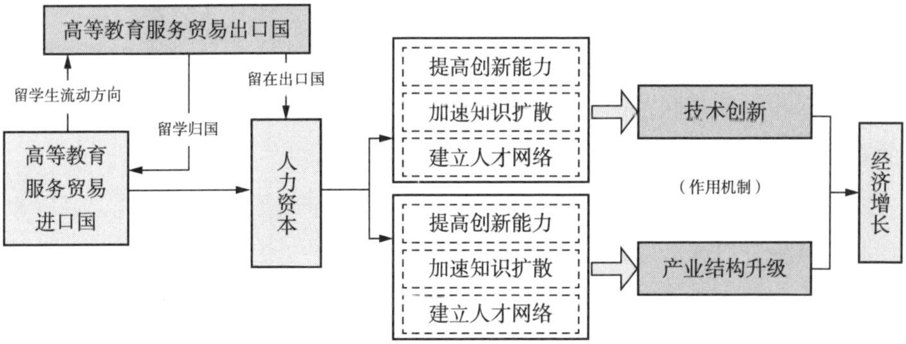

图 3-3　高等教育服务贸易进口影响经济增长的作用机制示意图

高等教育服务贸易进口促进经济增长的机制具体体现在以下两方面：

1. 推动技术创新

人力资本主要通过知识创新、技术吸收与扩散两种渠道影响技术创新。首先，人力资本是创造知识（包含技术）的主体，创造知识的过程能够产生溢出效应，作用于其他个体和社会组织，有效地提升整个社会的生产率，进而促进经济增长。其次，人力资本，特别是高水平的人力资本能够发挥高能力、高素质的人才特征，提升技术吸收与扩散的速度和质量，更好地学习和转化先进技术和理念，进而诱发技术结构升级来促进经济增长。人力资本质量一般由不同教育程度来体现，接受了高水平教育的人力资本占比不断上升，没有接受高水平教育的人力资本占比不断下降的过程是经济增长动力转换、经济发展模式转型的必然结果。一国或地区通过调整优化人力资本结构，促进各类型人力资本协调发展，使初级人力资本比重逐步下降，高级人力资本比重逐步增加，以不断满足经济社会发展对高素质人力资本需求的过程就是人力资本结构高级化。高等教育是高水平人力资本积累的主要方式，高等教育服务贸易的发展能够推动人力资本结构高级化，从而进一步促进技术结构升级，具体体现在以下几个方面。

第一，提高创新能力。学生出国留学，在国际化的教育机构接受先进知识培训和教育，与世界不同地域和文化背景的学者交流，习得前沿知识，提升专业技能，开拓国际化视野，建立批判性思维，提升综合国际竞争力，成为高质量国际化人才。随着人力资本不断积累，人力资本结构中的国际化人才比重不断增加，知识溢出效应更加凸显，创新环境得到改善，创新能力得到提升，进而提高技术创新水平，促进技术结构升级。

第二，加速知识扩散。高等教育服务贸易进口带来了人才在国际的大规模流动，在国际搭建起互相交错的人才网络，促使高级人力资本集聚，扩大知识共享和信息互联范围，形成系统性的知识创造和技术创新区域，为知识的有效扩散和技术的快速传播提供了基础。

第三，建立国际人才网络。以出国留学和留学归国人员为依托，高等教育服务贸易进口国能够建立起专业人才的跨国网络，为先进技术的创造和传播提供沟通成本低、对接效率高、融合程度高的路径。特别是留学归国人员回到高等教育服务贸易进口国后，能够将国际市场的理念和技术传播到进口国的生产和研发部门，不断推进国内市场与国际市场对接融合，加快知识溢出，促进技术创新。

2. 推动产业结构升级

内生增长理论认为，人力资本能够通过提升全要素生产率促进经济增长，而产业转型升级往往与全要素生产率的增长紧密联系在一起。产业结构升级主要是指人力资本、技术等生产要素在产业发展的动态配置中不断提升的动态过程。人力资本结构高级化与产业结构升级之间存在紧密的互动关系，这种互动关系较好地诠释了人力资本促进产业升级的路径。

首先，人力资本结构高级化带来的技术结构升级，能够对产业结构升级起到关键作用。高水平人力资本逐步替换了低水平人力资本，人力资本的向下兼容性不断为各产业结构中的技术升级提供了人力资本支撑，推动低技术向高技术甚至是尖端技术演进，这种演进过程也伴随产业逐步由劳动密集型向知识密集型转变，传统产业得到进一步发展，新兴产业出现，进而推动了产业结构升级。

其次，人力资本结构高级化带动的技术创新具有溢出效应。在产业发展初期，产业聚集有助于资源共享和信息流动，能够进一步促进复杂技术研发，为产业发展提供动力；之后，技术创新的扩散效应逐渐显现，技术的空间溢出效应凸显，带动了区域产业集群发展，整体上促进了产业结构升级。

最后，人力资本结构高级化能够促进要素分配的合理化。人力资本结构的高级化过程亦是人力资本收入水平提升的过程，收入水平的提升是通过消费和投资两种渠道带动经济增长的“马车”。一方面，个体消费能力增强，消费观念改变，消费偏好更加多元，更加注重消费质量的提高，需求侧的改变衍生出对创新的更高要求，为企业提供新的投资方向，引致产业结构升级。另一方面，高水平人力资本在推动投资时，会更加注重提升资本的使用效率，改善投资结构，促进高技术行业和新兴产业的快速发展，加快产业结构升级进程。

高等教育服务贸易进口对产业结构升级的作用主要表现为以下几方面。

第一，加速产业转型。留学归国人员除了进入传统行业就业外，还能够利用留学期间培养的创新意识和跨文化沟通能力，与具有相似背景的群体建立社会网络联结，进入高素质高水平的人才网络，在推动联合研发、资源开发等方面形成突出优势，持续接收和使用国际市场信息，进而营造良好的营商环境，不断改善传统优势产业，创建和发展新型业态，加速产业转型。

第二，优化产业发展环境。留学人员在两国之间流动，能够直接刺激金融、教育、娱乐、旅游等服务产业发展，创建开放的人才竞争机制，推动产权保护等制度规范的建立和完善，不断优化产业发展环境。通过实行国际化发展战略、吸引国际化高水平人才，能够不断提升高等教育的国际化水平和城市开放程度，加大高等教育服务贸易对改善产业环境的积极影响，加快产业结构升级进程。

第三，催生新兴产业。留学归国人员返回高等教育服务贸易进口国进入劳动力市场的规模在不断增长，为进口国经济发展提供了大量具有国际化知识结构的人力资本。掌握了先进理念和技术的留学归国人员，发挥自身优势，通过创业或是就业，推动了各产业与国际市场接轨，向知识和技术集约化方向演进，不断催生新兴产业，丰富产业业态，加速进口国的产业结构升级，进而促进经济增长。

二、高等教育服务贸易影响经济增长的理论模型

（一）基于出口视角的理论模型

依据前文分析，留学生能够在高等教育服务贸易出口国和进口国之间起到促进沟通交流的作用，通过降低交易成本，扩大货物贸易和 OFDI 规模，从而拉动经济增长。为了说明这一作用机制，本节建立了一个双边国家模型，分析论证了高等教育服务贸易出口的经济增长效应。

1. 模型设定

假设 A 国向 B 国出口商品和服务。A 国出口一篮子消费品至 B 国，记作 M，M 的构成符合不变替代弹性函数：

$$M=\left(\sum_{i=1}^{n} m(i)^{\rho}\right)^{\frac{1}{\rho}}, \quad 0<\rho<1 \qquad \text{式（3-1）}$$

其中，$m(i)$ 表示 A 国第 i 种出口商品的数量，即 B 国第 i 种进口商品的数量；n 表示所有出口商品的种类数；ρ 表示 B 国对一篮子商品多样性的偏好程度。当 ρ 无限趋近于 0 时，差异化消费趋势越明显；当 ρ 无限趋近于 1 时，商品间接近完全替代。令 $\sigma=\frac{1}{1-\rho}$ 表示一篮子出口商品之间的替代弹性。

此外，B 国还将消费一部分本国生产的产品，记作 C，B 国的效用函数用柯布 - 道格拉斯（Cobb-Douglas）函数形式可以表示为：

$$U=M^{\alpha}C^{1-\alpha} \qquad \text{式（3-2）}$$

令 B 国的国内物价为 P，进口商品 $m(i)$ 的出口价格是在 A 国基本产品

价格 $p(i)$ 基础上，加乘一个交易成本系数 t 得到的，记作 $m(i)\cdot t$。这里，交易成本系数 t 表示因为贸易壁垒或者是贸易摩擦产生的交易成本，它会受到多种因素的影响，比如双边地理距离产生的运输成本、语言差异产生的沟通成本、文化差异造成的信息不对称或是产品偏好引起的供求不一致等。在 A 国接受高等教育的留学生，经过学习和生活，学习了 A 国文化和语言，能够在 A、B 两国的沟通和交流中发挥重要的辅助协调作用，有效降低双边谈判的交易成本，增进两国之间的交流和往来，为扩大双边货物贸易规模起到推动作用。

在 B 国的效用函数中，为了实现效用最大化目标，制定预算约束为：

$$P\cdot C+\sum_{i=1}^{n}p(i)\cdot t\cdot m(i)=Y \qquad 式（3\text{-}3）$$

其中，Y 为 B 国的国民总收入。

2. 模型求解

B 国在预算约束内遵循成本最小化的原则，确定每一种商品的进口量，用公式表达为：

$$\min_{m(i)}\sum_{i=1}^{n}p(i)\cdot t\cdot m(i)$$

$$\text{s.t.}\quad M=\left(\sum_{i=1}^{n}m(i)^{\rho}\right)^{\frac{1}{\rho}} \qquad 式（3\text{-}4）$$

求解式（3-4）的一阶条件可以得到边际替代率等于价格比率：

$$\frac{m(i)^{\rho-1}}{m(j)^{\rho-1}}=\frac{p(i)}{p(j)} \qquad 式（3\text{-}5）$$

进而，对进口商品 i 来说，可知：

$$m(i)=\left(\frac{p(i)}{p(j)}\right)^{\frac{1}{\rho-1}}m(j) \qquad 式（3\text{-}6）$$

在将式（3-5）代入式（3-3）的约束等式中，就能够得到对于进口补偿商品 j 的需求函数：

$$m(j)=\frac{p(j)^{\frac{1}{\rho-1}}}{\left(\sum_{i=1}^{n}p(i)^{\frac{\rho}{\rho-1}}\right)^{\frac{1}{\rho}}}M \qquad 式（3\text{-}7）$$

根据上述，B 国的进口总成本函数可以表示为：

$$\sum_{i=1}^{n} p(i) \cdot t \cdot m(i) = \sum_{i=1}^{n} p(i) \cdot t \cdot \frac{p(i)^{\frac{1}{\rho-1}}}{\left(\sum_{i=1}^{n} p(i)^{\frac{\rho}{\rho-1}}\right)^{\frac{1}{\rho}}} M = \left(\sum_{i=1}^{n} p(i)^{\frac{\rho}{\rho-1}}\right)^{\frac{\rho-1}{\rho}} \cdot t \cdot M \quad \text{式（3-8）}$$

如果定义 A 国出口这一篮子商品的基本价格指数为：

$$P^m = \left(\sum_{i=1}^{n} p(i)^{\frac{\rho}{\rho-1}}\right)^{\frac{\rho-1}{\rho}} \quad \text{式（3-9）}$$

那么，B 国进口总成本就是 $P^m \cdot t \cdot M$，是产品价格指数与商品篮子的乘积。进而可知，使 B 国效用函数式（3–2）在预算约束式（3–3）下最大化的问题变形为：

$$\begin{aligned} &\max_{M,C} = M^{\alpha} C^{1-\alpha} \\ &\text{s.t.} \quad P \cdot C + P^m \cdot t \cdot M = Y \end{aligned} \quad \text{式（3-10）}$$

由此可得

$$M = \frac{\alpha Y}{P^m \cdot t} \quad \text{式（3-11）}$$

由一般分析可知，在 A 国接受高等教育服务的留学生，在降低双边贸易沟通成本的同时，还能够促进 A、B 两国市场信息的交流，使 A 国更容易获取 B 国市场偏好、市场结构等信息，为 A 国向 B 国进行 OFDI 提供了直接帮助。这种信息交换机制的建立，能够有效缩短两国之间的文化距离，降低摩擦系数 t 值，推动 A 国对 B 国进行 OFDI 规模的扩大。留学生使得双边沟通效率提升、信息透明度提高，因而降低了双边履约风险，增加了企业的投资信心和对东道国的信任度，为更大规模的合作项目提供了可能性，有效促进了经济增长。

假设 OFDI 占比 B 国产出的固定份额，表示为 $Y = \beta \cdot OFDI^{\zeta}$，那么，对于出口国 A 来说，当出口量占比 A 国总产出的份额为 μ，根据式（3–11），A 国的最优出口量就可以表示为：

$$\mu Y^m = \frac{\alpha \beta \cdot OFDI^{\zeta}}{P^m \cdot t} \quad \text{式（3-12）}$$

Y^m 表示 A 国的总产出。利用上述分析，构建一个关于 A 国交易成本的模型：

$$t = Stu_{ite}^{-\gamma_1} Control^{-\gamma_2} C^{-\gamma_3} \quad \text{式（3-13）}$$

其中，Stu_{ite} 代表高等教育服务出口规模，$Control$ 代表一系列影响产出的因素，比如金融环境、基础设施建设水平、开放程度、投资水平等，C 是一个常数项。引入了交易成本之后，根据本章前述交易成本理论的分析可知，OFDI 为一个关于交易成本的减函数，即 $OFDI=OFDI(t)$，如果文化距离缩短、交易成本降低，就会促进对外直接投资规模扩大。特别地，对于本书的论题，高等教育服务贸易出口规模的扩大，能够降低交易成本，从而扩大 OFDI 规模。将式（3–13）代入式（3–12），可知：

$$\mu Y^m = \frac{\alpha\beta OFDI(t)^{\zeta}}{P^m \cdot Stu_{ite}^{-\gamma_1} Control^{-\gamma_2} C^{-\gamma_3}} \qquad 式（3–14）$$

等式两边各自取对数后，可得：

$$\ln Y^m = \ln\frac{\alpha\beta}{\mu P^m} + \zeta \cdot \ln OFDI(t) - \gamma_1 \cdot \ln Stu_{ite} - \gamma_2 \cdot \ln Control - \gamma_3 \cdot \ln C \qquad 式（3–15）$$

从式（3–14）中能够看出，高等教育服务贸易出口能够直接影响双边货物贸易和对外直接投资规模，进而在式（3–15）中对 A 国经济增长产生影响。

3. 结论与假设

高等教育服务贸易出口，能够通过降低交易成本，促进双边货物贸易规模和出口国对进口国 OFDI 规模的扩大。留学生在双边国家之间建立了一套信息交换和沟通机制，这种机制对降低文化差异和沟通成本起着至关重要的作用：首先，通过降低信息沟通成本，货物贸易成本有效降低，在进口国消费者效用最大化约束下，商品需求增加，从而扩大了货物贸易规模，增加了货物贸易出口国的贸易所得，促进了高等教育服务贸易出口国经济增长。其次，通过留学生沟通渠道，高等教育服务贸易出口国能够获取进口国的市场信息，降低可变成本份额，为投资企业创造良好的外部环境，降低履约风险，提升企业投资积极性，从而促进出口国经济增长。据此，本书提出以下假设：

H1：高等教育服务贸易出口能够促进经济增长。

H2：高等教育服务贸易出口能够通过扩大双边货物贸易规模促进经济增长。

H3：高等教育服务贸易出口能够通过扩大 OFDI 规模促进经济增长。

（二）基于进口视角的理论模型

留学教育是一项能够提升参与者人力资本积累的投资活动。一国进口高等教育服务，即派出学生参加留学教育，接受出口国的教育培训，能够直接提升学生的知识水平和技术能力，提升人力资本水平。一部分留学生留在出口国继续深造或是进入当地劳动力市场，成为出口国人力资本直接积累下来；另有一部分学生回到进口国进入劳动力市场，弥补了进口国参与高等教育服务贸易造成的人力资本流失。

依据前文分析，人力资本能够带动技术创新和产业结构升级，推动以技术创新驱动的质量型经济增长，是经济可持续增长的重要动能。本书借鉴罗默（1990）的做法，建立了一个四部门的理论模型，推导分析了高等教育服务贸易进口通过人力资本积累效应促进经济增长的作用机制。

1. 模型设定

在构建的四部门模型中，分别包含最终品生产部门、中间品生产部门、研发部门和教育部门。教育部门是培养人力资本的部门，教育部门形成的人力资本能够输出到研发部门和最终生产部门作为要素投入；研发部门能够形成知识给中间品生产部门，从而创造出丰富多样的中间品，作为资本品输出到最终品生产部门。对此，分别设定各部门产出模型。

（1）最终品生产部门

假设，最终品需要有人力资本的劳动力和多样的中间品共同参与生产，中间品的样式编号分布在区间［0，A］，则最终品的生产函数可以用 Cobb-Douglas 函数形式表示为：

$$Y = H_Y^{1-\alpha}\int_0^A x_j^{\alpha} d_j \qquad \text{式（3-16）}$$

其中，x_j 是第 j 个中间品，H_Y 是投入于最终品生产的总人力资本，其占总人力资本比例为 μ，即 $\mu = \frac{H_Y}{H}$，则 1−μ 是总人力资本中向研发部门输出人力资本的比例。如果记 L 为总人口，那么向最终品生产部门输出的人口应当为 L_Y（$L_Y = \mu L$），h 为个体平均人力资本水平，则有 $H = Lh$，$H_Y = L_Y h = \mu L h$。

假设，最终品生产部门是完全竞争的，将最终品视为计价物，给定投入要素的价格，其中，劳动力工资为 w，中间品价格为 $\{p_j\}$，最终品生产部门要决策投入多少生产要素才能使得产出最大化：

$$\max_{x_j, L_Y} (L_Y h)^{1-\alpha}\int_0^A x_j^{\alpha} d_j - wL_Y - \int_0^A p_j x_j d_j \qquad \text{式（3-17）}$$

求解式（3–17），可以得到最终品生产部门对于中间品的反需求函数：

$$p_j = \alpha(L_Y h)^{1-\alpha} x_j^{\alpha-1} \qquad \text{式（3–18）}$$

（2）中间品生产部门

中间品生产部门从研发部门购买生产中间品所需要的知识，同时获得生产和销售中间品的垄断权，最终获得垄断地位，并输出到最终品生产部门。这里假设，每种中间品仅由一家中间品的厂商生产出来，生产原材料和生产技术的投入是 1∶1。给定原材料的价格 r，中间品厂商追求利润最大化的问题可以表述为：

$$\max_{x_j} p_j x_j - r x_j \qquad \text{式（3–19）}$$

通过优化问题的一阶条件，可以得到：

$$\frac{d_{p_j}}{d_{x_j}} x_j + p_j - r = 0 \qquad \text{式（3–20）}$$

将式（3–19）的中间品及需求函数代入式（3–20），则可知：

$$x_j = \left(\frac{r}{\alpha^2}\right)^{1/(\alpha-1)} (L_Y h) \qquad p_j = \frac{r}{\alpha} \qquad \text{式（3–21）}$$

由上述可知，每一种中间品的产量和价格都是一定的，统一令 $x_j = x$，那么所有中间品生产部门生产的产品之和即为经济体总资本 K：

$$\int_0^A x_j d_j = K \qquad \text{式（3–22）}$$

因此，有 $X = \frac{K}{A}$，X 是每一种中间品的数量之和。将其代入最终品生产函数式（3–16），能够得到：

$$Y = AH_Y^{1-\alpha}\left(\frac{K}{A}\right)^{\alpha} = K^{\alpha}(AH_Y)^{1-\alpha} \qquad \text{式（3–23）}$$

这里假设储蓄率外生为 s[1]，资本折旧率为 δ，那么总资本的运动方程

---

[1] 这里也可以引入家庭部门将储蓄率内生，不会改变最终结论。

将为：

$$\dot{K} = sY - \delta K \qquad \text{式（3-24）}$$

再设，人均产出 $y = \frac{Y}{L}$，人均资本 $k = \frac{K}{L}$，则式（3-23）变为：

$$y = \frac{K^{\alpha}(A\mu Lh)^{1-\alpha}}{L} = k^{\alpha}(A\mu h)^{1-\alpha} \qquad \text{式（3-25）}$$

n 是人口增长率，可以得到人均资本 k 的运动方程为：

$$\dot{k} = sy - (\delta + n)k$$

$$\dot{k} = sk^{\alpha}(AH_Y)^{1-\alpha} - (\delta + n)k \qquad \text{式（3-26）}$$

最终可知人均资本的增长率 g_k 为

$$g_k = \frac{\dot{k}}{k} = s\left(\frac{Auh}{k}\right)^{1-\alpha} - (\delta + n) \qquad \text{式（3-27）}$$

（3）研发部门

中间品是由研发部门设计和创造的，中间品的样式和数量等同于研发部门的创意数量[1]，创意数量的增加能够反映知识和技术的积累程度。假设在 t 时刻的创意存量为 A（t），假设创意的数量增量服从

$$\dot{A} = OH_A^{\lambda}A^{\phi} = \theta((1-\mu)Lh)^{\lambda}A^{\phi} \qquad \text{式（3-28）}$$

其中 θ 是一个参数，λ 表示投入研发部门的人力资本 H_A 对知识创造的影响弹性，$0<\lambda<1$ 源自人口 L 的聚集效应和平均人力资本代表的知识创造能力。ϕ 是创意存量对其增量的弹性，即创意的增量越大，越能产生更多的溢出效应。如果 $0<\phi<1$ 说明已有的创意能够提升当前研究效率，如果 $\phi<0$ 说明已有创意对于研究的突破具有阻碍作用，$\phi=0$ 说明两种力量相互抵消，创意的增量独立于已有的创意。通常的经济状态下 $0<\phi<1$，即创意具有跨时正向溢出效应。创意 A 的增速反映了研发部门的创新效率，在模型中也是整个经济体的技术进步率：

---

[1] 创意，表示研发过程中所需要的知识。

$$g_A=\frac{\dot{A}}{A}=\theta((1-u)Lh)^{\lambda}A^{\phi-1}$$ 式（3-29）

（4）教育部门

人力资本由教育部门培养产生，在教育开放环境下，人力资本的形成包含接受国内教育和留学教育两种渠道，分别用 h_n 和 h_o 表示，假设社会平均人力资本是这两种人力资本混合构成的，用 Cobb-Douglas 函数形式表示为：

$$h=h_0^{\beta}\mathrm{h}_n^{1-\beta}$$ 式（3-30）

从而得到社会平均人力资本的增速：

$$g_h=\beta g_{h_0}+(1-\beta)g_{h_n}$$ 式（3-31）

在平衡增长路径（Balanced Growth Path）下，各种变量的增长率均为常数。故，要使式（3-27）中人力资本增长率为常数，就应当使 $\frac{Auh}{k}$ 为常数，那么就会有：

$$g_h=g_A+g_h$$ 式（3-32）

再由式（3-25），人均产出增长率与人均资本增长率相等：

$$g_y=\alpha g_k+(1-\alpha)(g_A+g_h)=g_A+g_h$$ 式（3-33）

由式（3-29）可知，技术进步率 $(Lh)\lambda/A^{1-\phi}$ 保持为一个常数，那么可知：

$$\lambda(g_L+g_h)=(1-\phi)g_A$$

$$g_A=\frac{\lambda(g_h+n)}{1-\phi}$$ 式（3-34）

上述说明，除了人口增长，推动经济增长的根源在于人力资本水平的增长，即通过国内外教育推动人均产出的增长：

$$g_y=\frac{\lambda(g_h+n)}{1-\phi}+g_h=(1+\frac{\lambda}{1-\phi})g_h+\frac{\lambda n}{1-\phi}$$ 式（3-35）

最后，引入教育部门中由两种教育方式形成的社会平均人力资本的增速，上式变化为，将式（3-31）代入式（3-35），能够得到：

$$g_y = (1+\frac{\lambda}{1-\phi})[\beta g_{h_0} + (1-\beta) g_{h_n}] + \frac{\lambda n}{1-\phi} \quad \text{式（3-36）}$$

上述表明，国内外培养的人力资本都能够对技术进步起到促进作用，因此，除了要继续完善国内的教育体系外，还应当注重从国际教育市场中，通过高等教育服务贸易获取高水平的人力资本。本书聚焦在留学教育形成的人力资本上，分析高等教育服务贸易形成的人力资本影响经济增长的作用机制，特别是从教育部门形成的人力资本通过发挥知识溢出效应，提升研发部门的生产效率，提高全要素生产率，进而促进产出增加，实现经济增长的过程。

2. 结论与假设

一国通过进口高等教育服务，即派出学生前往高等教育服务质量较高的国家留学，获得高水平人力资本，增加人力资本存量，优化人力资本结构。其中，留学归国人员接受了高水平教育，形成了与接受国内教育人员不同类型的人力资本，带动了进口国技术结构和产业结构变化，进而带动经济增长。随着留学归国人员规模不断扩大，人力资本结构不断优化，产业结构升级进程加速，拉动了经济可持续增长。据此，本书提出以下假设：

H4：高等教育服务贸易进口能够促进经济增长。

H5：高等教育服务贸易进口能够通过技术创新促进经济增长。

H6：高等教育服务贸易进口能够通过产业结构升级促进经济增长。

此外，由模型分析可知，由于知识存在正的外部性，知识存量对其增量的弹性 ϕ 的存在说明，人力资本带来的技术创新可能存在着更广泛的溢出效应，对此，本书再提出假设：

H7：高等教育服务贸易进口能够通过技术创新促进经济增长，这种促进作用存在着空间溢出效应。

第三节　本章小结

高等教育服务贸易对经济增长既能产生直接影响，又能产生间接影响，本章主要就间接影响的作用机制进行了理论分析。

首先，比较优势理论解释了高等教育服务贸易产生的基础，说明了高等教育服务贸易参与国不同的获益方式；契约理论中的交易费用理论，对高等教育服务贸易出口通过扩大货物贸易和 OFDI 规模影响经济增长的机制进行了解释；知识溢出理论解释了高等教育服务贸易进口通过技术创新和产业结构升级影响经济增长的作用机制；人力资本理论解释了高等教育服务贸易如何从增加人力资本存量和改变人力资本结构两方面提升人力资本水平，进而推动经济增长。

接着，本章从进口国和出口国两个角度，建立了两个理论模型，分别阐释了高等教育服务贸易影响经济增长的理论逻辑，并推导了上述作用机制，最后，得出了 7 个理论假设，为实证检验提供了基础。高等教育服务贸易出口，即来到本国读书的留学生，能够通过降低交易成本、激发双边市场需求和扩大贸易合作领域，扩大双边货物贸易规模；通过缩短文化距离、加强信息交流和降低违约风险，扩大双边 OFDI 规模，进而促进增长。高等教育服务贸易进口，即出国留学人员和留学归国人员，能够通过提高创新能力、加速知识扩散和建立国际人才网络促进技术创新；还能够通过加速产业转移、优化产业发展环境和催生新兴产业，诱发产业结构升级，促进经济增长。此外，由高等教育服务贸易进口视角的理论模型分析可知，由于知识存在正的外部性，研发部门的创意存量对其增量具有弹性，因此，技术创新对经济增长的促进作用可能存在空间溢出效应。对此，本书进一步考虑检验高等教育服务贸易进口对经济增长的空间溢出效应和传导机制。

第四章

中国高等教育服务贸易与经济增长的典型事实

本章第一、二节分别介绍了中国教育服务贸易的发展历程及承诺情况。第三节将对我国高等教育服务贸易的典型事实进行分析。第四节将对我国经济增长的有关典型事实进行分析。第五节将从出口和进口两个角度，对我国高等教育服务贸易影响经济增长的典型事实进行分析。第六节将对本章内容进行归纳和评述。

第一节　中国教育服务贸易发展历程

中国近现代教育对外开放可以追溯到19世纪鸦片战争后，以“师夷长技以制夷”为指导思想，清政府推行洋务运动，开始实施留学计划，选派幼童前往美国和欧洲国家学习西方先进的科学技术。

国内学者主要是以几个阶段为主要时间节点，以高等教育对外交流与合作为主要内容探讨高等教育进出口的发展趋势。

改革开放以来，我国高等教育对外开放的局面进一步打开，高等教育对外开放的政策几经变革。根据学者研究，大致分为以下几个阶段。

第一阶段是新中国成立初期（1949—1965年）。新中国成立时，我国面临全新的国际政治格局，具有正式外交关系的国家仅有29个。我国进行教育交流的国家主要集中于苏联等国家，美国等西方国家对中国采取的敌视政治政策也极大影响了中西方教育交流的开展。此外，当时在国外的留学生共有约5096人，他们是在1949年之前通过各种方式出国留学的，为了加快推进新中国建设，动员和争取留学人员回国参与建设是十分重要的工作，加快向东欧等国家派遣留学生并且做好底数摸排、建立管理政策，与苏联等国家开展科学技术、任务哲学等各方面的深入合作，逐步建立起外国留学生来华学习的管理政策，为迎接改革探索提供基础准备。随着中苏关系陷入紧张局面，我国与苏联和其他东欧国家的教育交流与合作一度发生倒退；但随着中法建交，我国与其他西方国家在教育交流领域的政策逐渐改善。1961年，中共中央在对国家科委、教育部和外交部提出的《关于今后一个时期的留学工作的意见》批复中明确表示：“留学生工作，在加速我国社会主义建设、赶上世界先进科学技术水平的历史任务中，是一项非常重要的工作，也是外事工作的一个组成部分，对加强同兄弟国家的友好团结和其他国家的文化交流有着重要意义。”[1]来华留学生的政策开始出现多极化拓展，逐渐开始实施接受来自除苏联和东欧社会主义国家以外的留学生来华学习，留学生的总量显著增加，为我国高等教育的双向流动打开了新的局面。此外聘请外国专家和派出中国教师的政策和项目，也在这一阶段后期逐渐明确。

第二阶段是停滞和恢复发展期（1965—1977 年）。“文化大革命”期间，一方面我国同苏联关系进一步恶化，但 1972 年美国总统尼克松访华和中国恢复在联合国的合法席位后，中国的国际地位得到了提升，对外形象和影响力得到了恢复，为后续高等教育对外交流合作的修复奠定了基础。1972 年以后，因“文化大革命”而中断的学生、专家和教师交流逐渐恢复，留学教育赢得了新的政策和舆论环境，我国的留学生政策趋于开放和务实[2]。1975 年，教育部恢复成立，特设外事局负责教育的对外交流工作，主要以“外事无小事，事事报中央”和“一事一议、一事一报”为工作模式。

第三阶段是改革开放初期（1978—1992 年）。改革开放将我国发展方向聚焦到经济建设上来，良好的外交政治格局和历史条件也为我国高等教育对外交流和合作的恢复和重启创造了条件。公派出国留学人员仍是这一时段的重点。据教育部统计，1978—1987 年，国家公派留学人员总数增长至 2.4 万余人，单位公派留学人员总数为 2.2 万余人，合计 4.6 万余人，年均 4200 余人，超过了改革开放起始期提出的公派目标。1981 年 10 月国务院批准了《关于一九八二年选拔出国留学生人员计划的请示报告》，明确单列出“要发挥各有关部门和各级政府的积极性，在教育部的统一组织下，有条件的，可自行对外联系，广开渠道，加快派出速度”。1981 年以来，教育部发文《关于做好留学人员回国工作的通知》《关于出国留学的本科大学生继续在国外学习问题的请示》《关于自费出国留学的暂行规定》，对公派出国留学人员回国、继续在外深造和自费出国留学的有关要求做出了进一步明确。1984 年提出了“对自费出国留学，要坚决大胆放开。”除上述人员的管理政策逐步完善，高等教育组织机构之间的交流合作规模日趋稳定，有领导、有计划

---

[1] 李滔．中华留学教育史录［M］．北京：高等教育出版社，2000.

[2] 陈兴德．从“过渡舟楫”到“基本方略”——新时期我国留学政策的回顾与展望［J］．科学学与科学技术管理，2009，30（7）：186-190.

地把科学技术比较发达的各个国家的教材引进来[1]。但是，1983 年以后，公派滞留人员情况比较严重，政府先后以建立博士后流动站、改革留学回国人员就业分配政策，创设科研启动经费以及表彰制度等方式吸引留学回国人员。第一波“留学热潮”出现，国家在相关政策上张弛有度、松紧结合，较多地使用行政政策手段，运用政策和法规把控教育活动的发展节奏。

第四阶段是教育改革新时期（1993—2006 年）。市场经济条件下，公派留学和高等教育国际化的步伐进一步加快，专业程度进一步提升，高等教育对外开放政策走上了法治化、专业化正轨。1995 年建立“国家留学基金管理委员会”，进一步规范出国和来华留学生的各项管理工作，公派留学改革全面展开，以“个人申请、专家评审、平等竞争、择优录取、签约派出”的原则推进。自费留学政策发生调整，相关保障政策陆续出台；进一步吸引在外留学人员回国服务；高等教育政策不断完善，适应大规模来华留学生教育需要；1995 年国家教委颁布了《中外合作办学暂行规定》，中外合作办学成为热点，并得到迅速发展。中国于 2001 年加入 WTO，教育服务贸易的发展得到了新的契机。陈爱娟等（2004）研究认为，我国教育服务贸易逆差突出，留学人员回国数量少，教育市场的国际化竞争白热化，亟须通过政策改革加强教育服务贸易管理[2]。

第五阶段是对外开放新阶段（2007—2020 年）。2007 年起，国家通过《关于进一步加强引进海外优秀留学人才工作的若干意见》和“长江学者奖励计划”“春晖计划”等形式吸引海外人才回归服务，来华留学生迅猛增长，留学生专业已覆盖到全部学科领域。方宝等（2016）对近 15 年高等教育来华留学生的变化趋势进行了实证和理论分析，数据分析显示，来华留学生人数显著增长，汉语言专业长期占据主导，文、医、工、经、管人员规模日益壮大，学历生比例上升。整体来看，留学教育市场份额不高，高层次学生比例偏低[3]。2016 年，教育部发布《推动共建“一带一路”教育行动》，设立中蒙、中坦、中埃

---

❶ 于富增．教育国际交流与合作史［M］．海口：海南出版社，2001.

❷ 陈爱娟，任晓燕，潘敏娟．开放环境下的我国教育服务贸易发展对策［J］．国际贸易问题，2004，000（12）：19-23.

❸ 方宝，武毅英．高等教育来华留学生的变化趋势研究——基于近十五年统计数据的分析［J］．高等教育研究，2016，37（2）：19-30.

和中印尼等 13 个专项奖学金，积极优化高等教育服务地区结构[1]。这些都为高等教育服务贸易高质量发展，提升“留学中国”吸引力提供了切入点。进入新时期，世界经济逆全球化趋势明显，我国高等教育服务贸易受到金融风险和不确定性影响，存在高等教育国际化程度仍然落后、长期逆差等问题。应当以加快发展服务贸易业，继续增加开放度和融入度来推动高等教育服务贸易的发展，充分重视区域化打造高等教育服务贸易示范体系，突破逆全球化困境，加强外资和金融流动性管理风险防控[2]。整体来看，经济全球化、区域发展一体化以及高等教育国际化等因素会进一步加剧全球留学教育的持续扩张[3]。

表 4-1 来华留学生有关政策规定

年份	政策名称	发布机构
1979	《外国留学生工作试行条例》	教育部、外交部、文化部、公安部
1980	《教育部关于外国留学生入中国高等院校学习的规定》	教育部
1985	《外国留学生管理办法》	国家教委、外交部、文化部、公安部、财政部
1989	《关于招收自费外国来华留学生的有关规定》	国家教委
1993	《关于自费出国留学有关问题的通知》	国家教委
2000	《高等学校接受外国留学生管理规定》	教育部、外交部、公安部
2010	《留学中国计划》	教育部
2016	《关于做好新时期教育对外开放工作的若干意见》	中央办公厅、国务院办公厅
2017	《学校招收和培养国际学生管理办法》	教育部、外交部、公安部
2018	《来华留学生高等教育质量规范》	教育部

数据来源：根据王立勇等（2019）、陈昌贵等（2010）资料整理。

中国的改革采取了一种“可以试验”的方式进行[4]。“先试点、后推广”是我国改革开放以来形成的一条重要发展经验。2016 年 2 月，国务院发布了《服务贸易创新发展试点方案》，相继在天津、上海等省区市启动了服务贸易创新发展试点，为服务贸易的扩大发展试验可推广的政策经验[5]。高等

[1] 王立勇，马光明，王桐．中国教育服务贸易七十年：成就、经验与未来发展对策［J］．国际贸易，2019（11）：4-11.

[2] 刘冷馨．逆全球化下高等教育服务贸易发展的趋势与建议［J］．宏观经济管理，2019（6）：77-83.

[3] 孙少勤，邱斌．如何塑造来华教育服务贸易新优势——基于“一带一路”视角的分析［J］．国际贸易，2017（10）：56-62+67.

[4] 吴敬琏．当代中国经济改革教程［M］．上海：上海远东出版社，2016.

[5] 詹小琦，林珊．中国服务贸易高质量发展研究［J/OL］．亚太经济，2020（4）：109-118+151［2020-09-14］.https：//doi.org/10.16407/j.cnki.1000-6052.2020.04.011.

教育服务贸易也在服务贸易试验区的探索实践中，获得创新发展。

第二节 中国教育服务贸易承诺情况

在GATS框架下，高等教育服务贸易的主要特征体现在其可交易的商品属性中，但是教育的天然准公共物品特征是不可忽视的。与其他国家一样，中国在申请加入WTO时，对教育服务的承诺也是比较谨慎的，一方面希望通过进入多边体系加快自由化贸易进程，另一方面需要通过合理利用规则，保护教育独立性，减少过度市场化给教育本身和国家主权带来的损害。对GATS规则的认知和应用还在逐步探索中，了解并理解教育服务在开放进程中的复杂性和矛盾性，才能更好地制定贸易政策，逐步有序地实现国内市场的国际化演进。

2001年12月11日，我国正式成为WTO成员。根据入世提交的法律文件，我国应遵守相关贸易承诺，与WTO成员方积极开展谈判，促进多边贸易体系发挥应有功效。根据附件9:《服务贸易具体承诺减让表第2条最惠国豁免清单》规定，教育服务贸易需同时遵守水平减让承诺和具体减让承诺，具体内容如下。

一、中国服务贸易的水平承诺相关内容

1. 在中国，外商投资企业包括外资企业（也称外商独资企业）和合资企业，合资企业又分为两种类型：股权式合资企业和契约式合资企业。依照中国法律、法规及其他措施订立的设立“契约式合资企业”的合同条款，规定诸如该合资企业经营方式和管理方式以及合资方的投资或其他参与方式等事项。契约式合资企业的参与方式根据合资企业的合同决定，并不要求所有方均进行资金投入。我国的合作教育服务将以契约式的合作机构为主要形式，并不要求参与者全部进行资金投入。

2. 允许外国企业或教育服务机构在中国设立代表处，对设立分支机构不作出承诺。

3. 以教育服务使用为目的的土地使用期限最长为50年。这与国内相关教育机构土地使用的时限是一致的。

4. 对在我国领土内已经设立的代表处、分公司和子公司的经理、高级管

理人员和专家等高级雇员，作为公司内部的调任人员临时调动，应允许其入境首期停留 3 年；对于上述机构雇佣的类似人员，应当按照合同条款给予最长 3 年的居留许可；对于其他不在中国领土内常驻、不从中国境内获取报酬、但从事相关服务内容的其他服务销售人员入境期限为 90 天。

以上水平承诺减让的内容适用于各类型教育服务贸易活动。

二、中国教育服务贸易具体减让承诺内容

在水平减让承诺的基础上，我国分别对不同类型的教育服务在四种服务提供方式中的活动进行了承诺。

1. 我国的教育服务不包括特殊教育服务，如军事、警察、政治的党校教育。

2. 我国的初等教育服务（CPC921）中不包含九年义务教育中的初等教育和中等教育。

3. 英语语言培训属于其他教育服务（CPC929），列入我国教育服务。

4. 我国对跨境支付下的市场准入和国民待遇都不作承诺。按照目前的承诺，我们在跨境支付下的远程教育等教育形式方面具有较大的自主权，可以根据相关服务贸易的发展情况灵活设计有关政策要求。

5. 我国对境外消费下的市场准入和国民待遇均没有限制，即不采取任何限制措施，鼓励自由发展。这是当前我国高等教育服务贸易规模最大的服务贸易形式，可拓展和挖掘的资源空间巨大，也是未来能够发挥更大影响作用的服务贸易形式。

6. 我国在商业存在方面，仅允许中外合作办学的形式存在，且允许外方获得多数拥有权，但对于国民待遇不作承诺。

7. 在自然人流动方面，还要求外国个人教育服务提供者，只有受中国学校和其他教育机构邀请或者雇佣时，才可以入境提供教育服务，且入境人员须具有学士或以上学位、具有相应的专业职称或证书、具有 2 年专业工作经验。

8. 在市场准入和国民待遇方面，我国保留了对于外资企业从事教育服务的审批权限，即我国教育部将依据有关中外合作办学的流程在限期内对中外合作办学申请进行评价审批，相应地，在其通过审批后，相关企业才能够依法实施执行。

9. 在 WTO 议定书中，我国保留了对于重要产品和服务实行政府定价和

政府指导价的权力，其中，对于教育服务承诺减让中的初等教育、中等教育、高等教育以及部分中外合作办学项目实行政府定价。

三、中国教育服务贸易承诺减让情况评析

从我国教育服务的承诺条款，以及第二章中各国教育服务承诺条款的对比可知，发展中国家和发达国家对于教育服务开放的态度和战略是不同的。

对于发达国家来说，其教育体系完整、师资力量充足、教育质量较高，在教育服务贸易市场中占据着主导地位，能够通过制定教育服务标准和规则实现对整个教育服务市场的影响。对比发展中国家而言，教育服务贸易的产品质量和管理水平尚待提升，加入多边贸易体系一方面确实能够帮助其推进国际化进程，但是也让发展中国家陷入了被动开放的境地。我国的教育服务水平仍然有限，但教育规模庞大，因此，在教育服务开放中需把握平衡原则。具体来说：

1. 在开放中保护。我国的教育服务承诺是在开放基础上，结合教育的特殊性质考虑而做出的。在开放和保护的相互平衡中，确保我国教育发展的进程不受国际市场强烈冲击，增强教育服务竞争力的培育速度，保证我国各类教育在符合科学规律的基础上实现正常发展。

2. 有差别的保护。我国教育服务的保护不是“一刀切”的行为，而是对保护领域、保护条件、保护方式进行了明确规定的保护，使保护措施能够精准起到扶持特定教育服务领域的发展，而不损害其他领域参与国际竞争的权利。国家义务教育和特殊服务教育涉及国家基本战略方针的实施，将其排除在教育服务之外是对国家治理秩序的有效维护。

3. 阶段性保护。目前我国执行的服务贸易承诺减让表是 2001 年中国加入 WTO 时的承诺条件，条款的内容将根据中国教育服务和全球服务贸易市场的发展变化而做出相应调整，给予新贸易形势下出现的贸易对象及时进行规定，对于已经产生功能变化的元素及时给予约束调整。

4. 积极的保护。我国实施教育服务承诺减让的初衷和目的是发展教育服务贸易，提升我国教育服务水平，增强教育服务国际竞争力，更好地发挥教育服务对经济发展和社会进步的促进作用。因此，我国将积极参与多边和双边谈判，通过合理和互惠的方式稳步推进教育服务贸易的国际合作。

四、GATS 对中国高等教育服务贸易的影响

GATS 对各国的影响存在较大不确定性，与各国的高等教育政策有关[1]。在 GATS 框架下讨论高等教育服务贸易的发展不是一个全新的课题，除了探讨 GATS 条款对于发达国家和发展中国家带来差异化影响之外，虚拟技术的出现也给高等教育的跨境发展带来了新的课题。具体来说，GATS 在以下几方面存在的问题，可能会给我国高等教育服务贸易的发展带来影响。

1. GATS 规则具有不公平性。在国际范围内，支持在 GATS 下运行高等教育服务的有发达国家政府及其他营利性的教育机构，而一些非营利的国际组织并不支持。学者对于高等教育服务的属性问题争论不休，如果将其定义为公共产品，那么就不应当将其纳入 GATS 的限制范围，然而越来越多的区域贸易协定和多边贸易协定都将教育当成一种可交易的商品，教育的流动被迫受到了贸易规则的影响和规制。发达国家具有实现市场自由化更为充足的动机，GATS 在对服务贸易自由化进行管理的同时，有可能会威胁政府对教育的主权与文化安全。我国是典型的发展中国家，在高等教育服务贸易中处于较为被动的地位，贸易逆差问题严重，高等教育尚未完全具备对接国际市场的准备，然而，随着各类短期国际交流项目的增长，国内公立高等教育体制被动加速开放，人才培养方案设计、课堂教学实施等方面效率较低、效果差强人意，高等教育国际化成效不佳，甚至成为主体教学体系的负担，难以获得重视和可持续规划发展。

2. GATS 为各国提供了差异化发展空间。简・耐特（2011）[2]认为，“处理贸易协定的相关问题及影响，对高等教育界来说是一个较新的政策问题，贸易谈判代表在教育服务方面的经验并不丰富……”，“服务贸易总协定是一项崭新的、未经验证和不断发展的协定。”对于不同国家来说，推动高等教育服务贸易的动因是多元的，教育服务的输入国可能更重视增加交流机会或竞争平台，培养或吸引高水平人才以补充稀缺人力资本；而输出国则更加注重成本收益分析，希望通过差异化的服务产品获取更多利益。GATS 应该

---

[1] 王哲.《服务贸易总协定》框架下的高等教育国际化研究［D］.东北财经大学，2011.

[2] ［加］简・奈特.激流中的高等教育——国际化变革与发展［M］.刘东风，陈巧云，译.北京：北京大学出版社，2011.

为不同国家提供适当的监管框架和战略，以满足不同国家发展的需求。在GATS条件下，我国开展高等教育服务贸易的初衷正在从加大国际交往向获取更多的经济利益转变，在留学生教育方面，政府逐渐下放学费定价权限，各高校能够根据成本补偿方法进行合理定价；同时，除了公立高等学校，更多市场主体参与产业竞争，有利于提升高等教育服务贸易供给质量。例如，我国对跨境交付并未作出承诺，随着在线教育的需求扩大，我国或将制定相应的制度规则，对现有减让承诺进行调整，以更好发展此服务贸易形式。

第三节　中国高等教育服务贸易的典型事实

新中国成立至改革开放前，我国留学教育发展缓慢，累计来华留学生8000余人，主要以政治交流和文化沟通为主的人员流动；派出各类留学人员18000余人[1]，主要以公派留学为主。加入WTO后，高等教育服务作为一项独立的服务贸易项目在我国发展起来。进入21世纪以来，我国高等教育服务贸易规模日益扩大，出国留学和来华留学人员快速增长，有效促进了人力资本积累，在推动对外货物贸易和投资规模扩大、促进技术创新和产业结构升级等方面产生了重要影响，对中国经济增长发挥了不可替代的作用。

中国高等教育服务贸易主要体现为在线教育、留学教育、中外合作办学和引智教育四种形式。我国在线教育的开发程度不高，贸易规模和收益还存在着较大的增长空间。中外合作办学的核心任务是要“引进外国优质教育资源”[2]，贸易伙伴主要为美国、英国等高等教育服务质量较高的发达国家。自然人流动在我国的规模较小，在组织形式和规模上与其他几种形式差距较大，这与我国教育服务水平不高、教育国际竞争力不高有直接关系。留学教育是我国开展高等教育服务贸易的主要形式，也是高等教育服务贸易产生经济影响最显著的领域，本书主要以留学教育为研究目标，分析我国高等教育

---

[1] 原高等教育部留学生管理司和《百年潮》2008年第11期的统计数据。

[2] 《教育部关于当前中外合作办学若干问题的意见》(2006年)对此有明确规定：引进的外方课程和专业核心课程应当占中外合作办学项目全部课程和核心课程的三分之一以上，外国教育机构教师担负的专业核心课程的门数和教学时数应当占中外合作办学项目全部课程和全部教学时数的三分之一以上。这就是中外合作办学工作常提到的“四个三分之一”原则，这是对中外合作办学设置工作的具体规定，能够对评审、监管起到量化评价的作用。

服务贸易对经济增长的影响。

一、中国高等教育服务贸易概况

留学教育主要分为来华留学和出国留学教育两类。根据本书第2章概念界定所述，本书将选用来华留学生人数代理高等教育服务贸易出口规模，用出国留学人数和留学归国人数代理高等教育服务贸易进口规模。为了更加准确地识别高等教育服务贸易进口形成的本国人力资本，分析这部分人力资本促进我国经济增长的作用，本书在实证检验时将选用留学归国人员数据代理高等教育服务贸易进口规模。本章在分析高等教育服务贸易出口和进口的典型事实时，也将同时就留学归国人数数据进行说明。

（一）贸易规模

根据教育部统计数据，我国留学教育规模巨大，发展迅速。改革开放以前，留学教育规模较小，多为公派留学性质[1]；改革开放以后，出国留学人员累计达656.06万人，来华留学生人数约为500万人。如图4-1所示，20世纪90年代以后，出国留学和来华留学人数均呈现快速增长趋势。

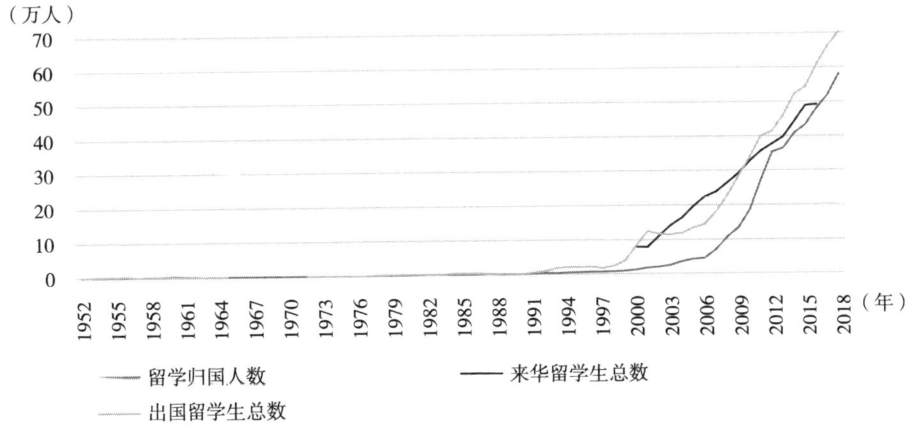

图4-1 我国留学教育人数统计（1952—2018年）

数据来源：历年《来华留学生简明统计》[2]，教育部国际合作交流司、国家统计局。

---

[1] 因统计数据缺失，暂无1966—1971年出国留学人数数据，暂无2002年之前来华留学生人数数据，暂无1966—1973年留学归国人员数据。

[2] 来华留学生数据年限为2002—2018年。

进入21世纪以来，留学归国人数逐步增加，2008年以后快速增长。除2005—2009年外，我国出国留学人员数量大于来华留学生人数，留学教育呈现逆差。2010年，我国加入WTO，中国对外开放程度进一步加大，教育开放程度持续提升，出国留学人数快速增长，由2009年的22.93万人迅速增至2010年28.47万人，增速为24.16%，出国留学人数超过来华留学生总数。2010年以后，出国留学人数增速持续加大，来华留学人数增速平缓，留学教育人员逆差逐步扩大。此外，留学归国人员始终保持快速增长，与出国留学人数变化趋势保持基本一致。

（二）贸易结构

从高等教育服务贸易出口来看，来华留学生规模受政策影响比较明显。2005年，受到教育部留学生扩招政策的影响[1]，来华留学人员数量增长较快，比2004年增加3.02万人，增幅为27.28%。此后，在一系列配套政策的影响下，来华留学生人数持续快速增长，2009年达到23.82万人；此后，来华留学生规模虽仍在增长，但增速低于出国留学人员增长速度，留学教育进出口逆差持续扩大。

从高等教育服务贸易进口来看，我国出国留学和留学归国人员规模均不断扩大。1978—2019年，我国各类出国留学人员累计达656.06万人，其中165.62万人仍在国外进行相关阶段的学习或研究，490.44万人已完成学业；其中，423.17万人在完成学业后选择回国就业，占已完成学业人数的86.84%。2013年以来，平均每年留学归国人员占同期出国留学人员比例超过80%，规模巨大。

[1] 2005年胡锦涛总书记在出席“联合国成立六十周年首脑会议发展筹资高级别会议”时宣布：中国将在今后三年内增加对发展中国家特别是非洲国家的相关援助；中国将在今后三年内为发展中国家培训培养3万名各类人才，帮助有关国家加快人才培养；温家宝总理在“联合国教科文组织第五届全民教育高层会议”上提出：“从2006年起，我们将把中国政府奖学金名额增至每年1万人次，并适当提高资助标准”，充分体现国家领导人对促进和发展来华留学事业的重视。国家采取了一系列留学生扩招政策：（1）拓来华留学新渠道。2005年，教育部与有关企业合作，将共同设立来华留学奖学金，为探索扩大来华留学生规模、提高教育层次开拓新渠道。（2）完善专家咨询机制。2005年，为保证医科来华留学生教育质量，成立了全国医学（西医）专业来华留学生教育专家工作组。（3）进一步优化来华留学环境。在2004年9月1日在全国启用来华留学信息管理系统以后，2005年教育部在全国范围内进一步推广此信息系统。（4）继续推进来华留学生教育管理干部培训制度。（5）积极做好宣传工作。（6）加强留华毕业生工作。详情见教育部官方网站：http://www.moe.gov.cn/srcsite/A20/moe_850/200602/t20060206_77808.html.

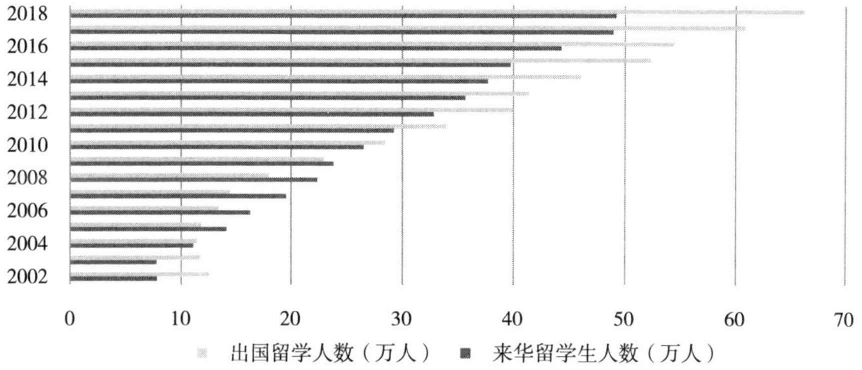

图 4-2 我国出国留学和来华留学人数对比统计（2002—2018[1]年）

数据来源：历年《来华留学生简明统计》，国家统计局。

留学归国人员是我国教育服务贸易进口积累的人力资本，他们具有国际化的知识结构和素质能力，在进入就业市场后，增强就业市场的竞争活力，提高人力资本水平，改善人力资本结构，促进企业技术创新，催生新兴产业。但是，在留学归国人员中，高学历水平的人员占比不高，博士及以上层次人员回国创业或就业的意愿不强，高等教育服务贸易进口提升人力资本水平的作用发挥得还不够充分。

（三）主要贸易伙伴

对比我国高等教育服务贸易人员规模和贸易总额，美国、英国、澳大利亚、日本是我国出国留学教育的主要目的国，是我国高等教育服务贸易进口的主要贸易伙伴；韩国、美国、日本、泰国、俄罗斯等是来华留学生的主要生源国，是我国高等教育服务贸易出口的主要贸易伙伴。此外，印度、越南、巴基斯坦、印度尼西亚、哈萨克斯坦也是我国高等教育服务出口的重要贸易伙伴。本节将对我国与美国、英国、澳大利亚、日本和韩国等主要贸易伙伴开展高等教育服务贸易的情况进行分析。

1. 中美高等教育服务贸易情况

美国是世界上最大的高等教育服务贸易出口国，根据美国国际教育协会（Institute of International Education，ⅡE）统计数据，2019 年，美国留学生总数为 107.55 万人，占美国高等教育人数比例为 5.5%，近 10 年以来，留

---

[1] 囿于数据可得性限制，本书仅列举 2002—2018 年有关数据。

学生人数波动上升。

亚洲是美国最大的生源地区，如图 4-3 所示，美国留学生的生源国主要是中国、印度、韩国等国，仅中国和印度的赴美留学生总数就超过了美国留学生总人数的一半；沙特阿拉伯、加拿大、越南等国的留学生规模相近，占比美国留学生总数在 3%~4%。

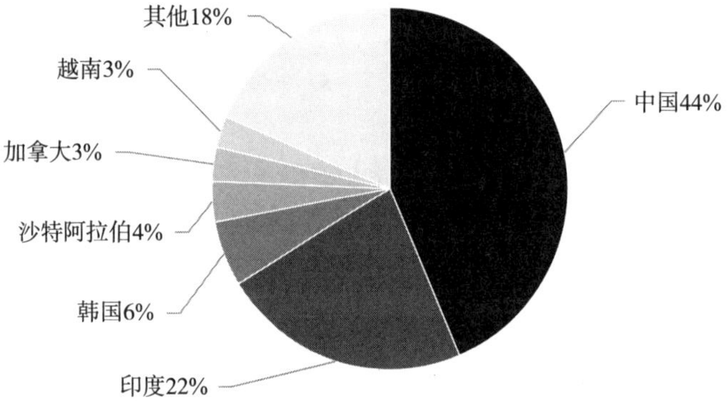

图 4-3　美国留学生生源国分布情况

数据来源：美国ⅡE《2020 开放门户报告》。

中国是美国最大的留学生生源国，中国对美国高等教育服务贸易长期呈现逆差。如图 4-4 所示，2003—2018 年，中国赴美留学生人数持续增长，2018 年，中国前往美国的留学生人数为 36.95 万人，是 2003 年的近 6 倍。同期，美国来华留学生人数缓慢增长，2013 以来，呈现波动下降的趋势，2018 年，美国来华留学生人数约为 2.1 万人，较 2017 年下降了 12.19%，远低于中国赴美留学生人数，中国对美国高等教育服务贸易逆差持续显著。

2. 中英高等教育服务贸易情况

根据 OECD 发布的《教育概览（2020）》有关数据显示，英国是继美国之后最大的高等教育服务贸易出口国，占据了 OECD 国家高等教育留学生市场 10% 的份额，每年约有 43.6 万名各国学生到英国留学。

亚洲国家是英国主要的生源国。如图 4-5 所示，英国留学生的生源国主要是中国、印度、美国、尼日利亚和巴基斯坦等国，中国和印度生源留学生总数就超过了英国留学生总人数的一半。OECD 高等教育数据统计显示，英国研究生教育阶段的留学生比例高于本科教育阶段，高等教育服务的价格较高，仅次于卢森堡、美国和瑞典，高于 OECD 国家的平均水平。[1]

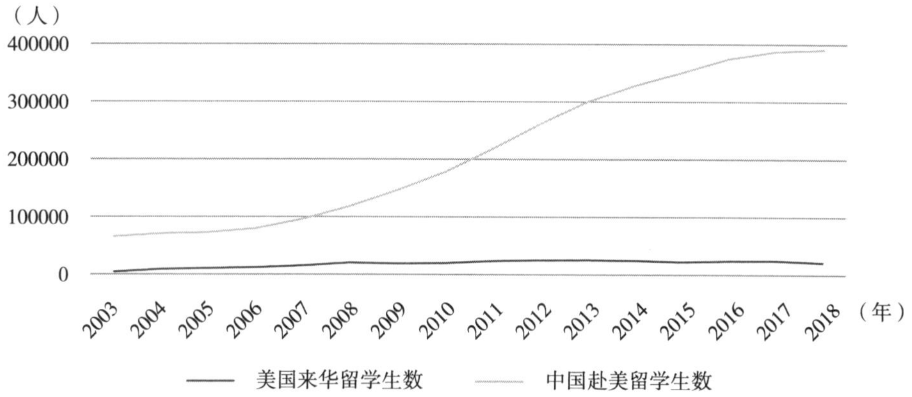

图 4-4　中美留学生人数统计（2003—2018 年）[2]

数据来源：历年《来华留学生简明统计》，教育部国际合作交流司；美国Ⅱ E《2020 开放门户报告》。

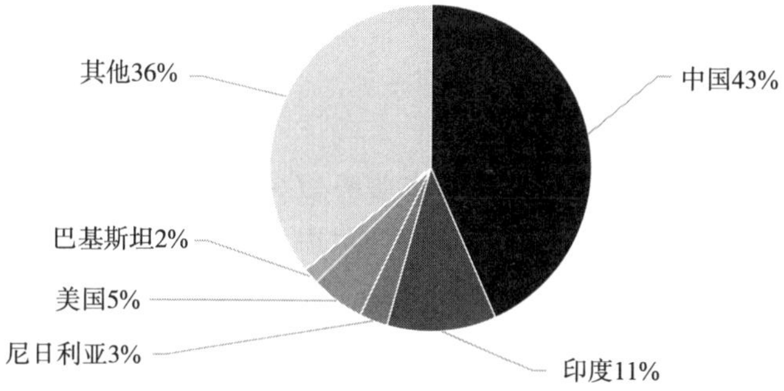

图 4-5　英国留学生生源国分布情况

数据来源：《2021 英国学生签证统计报告》。

中国是英国最大的留学生生源国，中国对英国高等教育服务贸易持续逆差。如图 4-6 所示，2010 年以来，中国前往英国留学生人数稳步增长，2018 年，中国赴英留学生人数达到 17.82 万人，占当年英国留学生总数的近 40%，是 2010 年的 2.5 倍。同期，美国来华留学生人数缓慢增长，2017 年以来呈现下调趋势，2018 年，英国来华留学生人数为 6415 人，约为 2010 年的 2 倍，但 2013 年以来增速缓慢，与中国前往英国留学的人数相比差距

[1] OECD《2020 教育概览》，英国分册。

[2] 教育部公布的《来华留学生简明统计》数据最早年份为 2003 年，因此，本书选取了 2003—2018 年中国赴美留学生与美国来华留学生人数进行对比分析。

甚大，中国对英国高等教育服务贸易逆差显著。

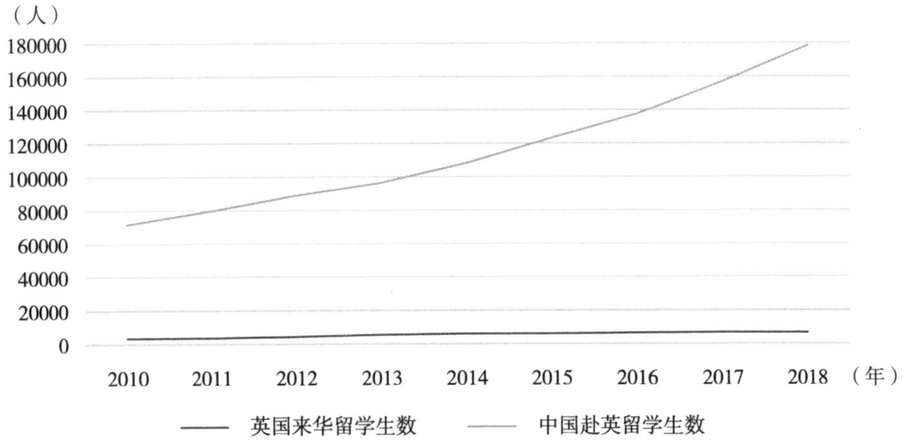

图 4-6　中英留学生人数统计（2010—2018 年）❶

数据来源：教育部国际合作与交流司，2010—2018 年《来华留学生简明统计》。WTO Data，WTO I-TIP 数据库。

3. 中澳高等教育服务贸易情况

澳大利亚是世界主要的高等教育服务贸易出口国，学生国际化程度为 27%，在 OECD 国家中位居第二，仅次于卢森堡，排在新西兰、英国和瑞士之前。❷根据澳大利亚联邦教育、技能和就业部公布的数据，2002—2019 年间，共有 289.58 万名留学生前往澳大利亚留学，留学人员规模稳步增长。2019 年，前往澳大利亚留学的人员总数约为 95.68 万人，比 2018 年增长了 9.7%，比过去五年的平均水平增长了 10.3%。

如图 4-7 所示，澳大利亚留学生的生源国分布较为分散，主要是中国、印度、美国、韩国、马来西亚等国家。1994—2019 年，中国赴澳大利亚留学生累计 58.81 万人，占比总体约为 20%；印度赴澳大利亚留学生累计 32.23 万人，占比总体约为 11%，美国、韩国、马来西亚、巴西等国赴澳大利亚留学生占比比较接近。

---

❶ 中国赴英留学生数据可得年限为 2010—2018 年，因此，本书选取了该阶段中国赴英留学生与英国来华留学生人数进行对比分析。

❷ Department of Education，Skills and Employment，Australian Government.Research Snapshot September 2020［R］. Available at https：//internationaleducation.gov.au/research/Pages/Data-and-Research.aspx.

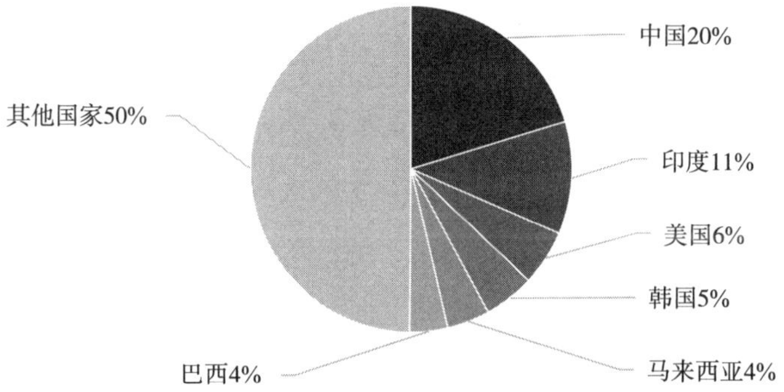

图 4-7　澳大利亚留学生生源国分布情况

数据来源：澳大利亚教育、技能和就业部网站。

中国是澳大利亚最大的留学生生源国，中国对澳大利亚高等教育服务贸易呈现长期逆差。如图 4-8 所示，2013 年以来，中国前往澳大利亚留学生人数平缓增长，2018 年，中国赴澳留学生人数达到 14.33 万人，是 2013 年的 1.63 倍。同期，澳大利亚来华留学生人数增长十分缓慢，2018 年，澳大利亚来华留学生人数为 4058 人，仅比 2013 年增加约 500 人，与中国前往澳大利亚留学人数相差较大，中国对澳大利亚高等教育服务贸易逆差严重。

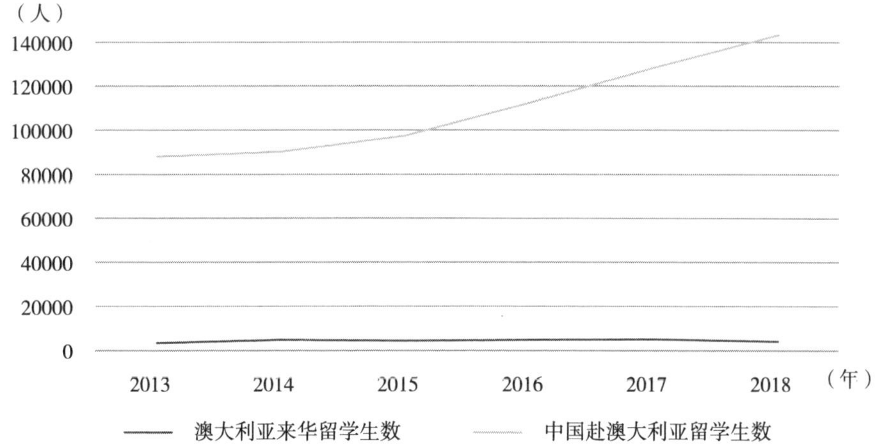

图 4-8　中澳留学生人数统计（2013—2018 年）[1]

数据来源：教育部国际合作交流司历年《来华留学简明统计》；WTO Data。

[1] 中国赴澳大利亚留学生数据可得年限为 2013—2018 年，因此，本书选取了该阶段中国赴澳大利亚留学生与澳大利亚来华留学生人数进行对比分析。

4. 中日高等教育服务贸易情况

近年来，日本大力实施高等教育国际化策略，通过引进国际人才应对人口生育率低增长的现实问题，是世界高等教育服务贸易的主要出口国。根据Study in Japan网站[1]公布的数据，日本留学生人数逐年快速增长，2019年，日本留学生总数达到31.22万人，较前一年增长4.43%，约是2011年[2]的2倍。

日本90%以上的留学生来自亚洲国家。如图4-9所示，日本留学生的主要生源国是中国、越南、尼泊尔、韩国等国，其中，中国留学生占比总数约为40%，是日本最主要的高等教育服务贸易进口国，越南留学生占比略低于中国，尼泊尔、韩国等国家留学生占比均低于10%。

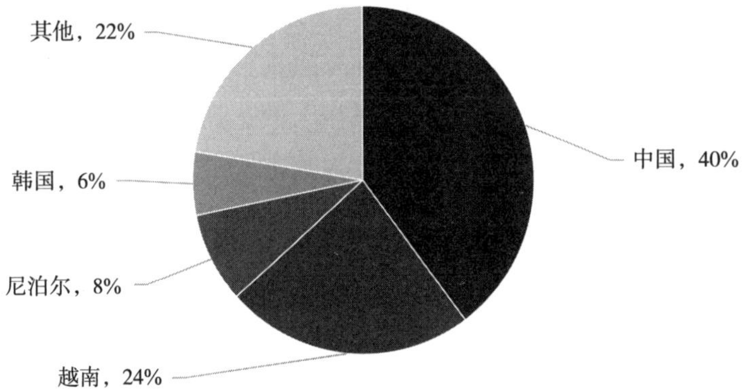

图4-9 日本留学生生源国分布情况

数据来源：学在日本网站（Study in Japan），2019。

中国是日本最大的留学生生源国，如图4-10所示，留日学生总数在近5年持续增长，2018年达到11.5万人，较前一年增长7.17%，约为2004年的1.5倍。但是，日本来华留学生人数持续下降，2018年仅为1.15万人，较2004年规模缩小了约40%。中国对日本高等教育服务贸易保持逆差，2016年以来，随着来华留学人数减少、赴日学生人数增加，逆差进一步加剧。

---

❶ Study in Japan是日本政府授权，由独立行政法人JASSO（Japan Student Services Organization，日本学生支持组织）与日本书部省、外务省合作运营的网站，主要为赴日留学的国际学生提供信息支持。https：//studyinjapan.go.jp/en/.

❷ 2011年，日本修订了相关法律，变更了留学生统计口径，将参加语言项目的学生纳入留学生统计范围。

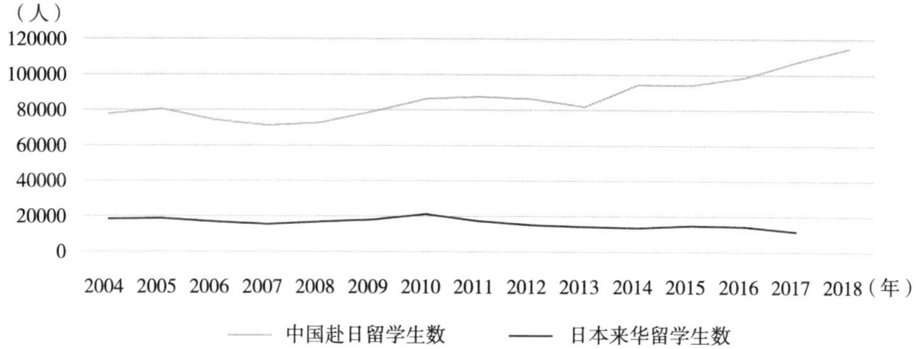

图 4-10 中日留学生人数统计（2004—2018 年）[1]

数据来源：教育部国际合作交流司历年《来华留学简明统计》；Study in Japan，2019。

5. 中韩高等教育服务贸易情况

韩国是世界高等教育服务主要的进口国。韩国自 20 世纪 60 年代开始面向全世界招收留学生，21 世纪以来，韩国政府和相关教育机构越来越重视留学教育事业对经济发展的重要促进作用[2]，韩国的高等教育服务贸易规模迅速扩大[3]。如图 4-11 所示，2008 年以来，韩国出国留学人数持续上升。受到全球经济增长周期性变动影响，2011 年，韩国出国留学人数呈现波动下降趋势，但出国留学生规模始终大于赴韩留学生规模，韩国高等教育服务贸易整体呈现逆差。

韩国出国留学生的主要目的地为亚洲和北美洲国家。如图 4-12 所示，美国和中国是韩国最主要的高等教育服务贸易出口国，两国接收的韩国留学生总和占韩国全部留学生人数的约 50%。澳大利亚、日本、加拿大、英国等世界高等教育服务贸易出口国也是韩国留学生的目的国，其接受的韩国留学生人数占韩国出国留学生总数的比例均低于 10%。赴韩国留学的学生主要生源国为中国、蒙古国、越南、日本和美国，从 2008 年至 2022 年，这五

[1] 中国赴日本留学生数据可得年限为 2004—2018 年，因此，本书选取了该阶段中国赴日本留学生与日本来华留学生人数进行对比分析。

[2] 1972 年 8 月成立韩国教育开发院，它是韩国政府资助的中央级独立自治的教育综合研究和开发机构，由 1973 年 3 月颁布的《韩国教育开发院育成法》予以确认，促进教育领域改革经验的国际交流是其重要使命之一。2001 年，韩国教育开发院首次公布了《大学全球化和外国留学生招生方案》。2004 年，确立“Study in Korea Project”确立扩招留学生计划。

[3] 沈厦润 . 中韩高等教育服务贸易与经济增长［D］. 对外经济贸易大学，2015.

国留学生总数始终占在韩留学生总数的 75% 以上。

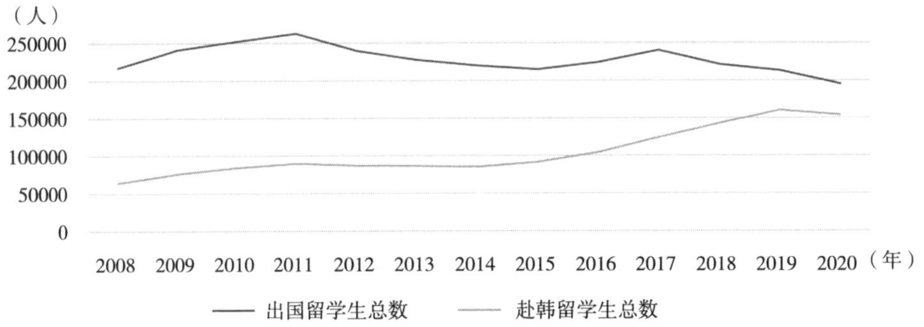

图 4-11　韩国出国留学和赴韩留学人数统计（2008—2020 年）[1]

数据来源：韩国教育开发院。

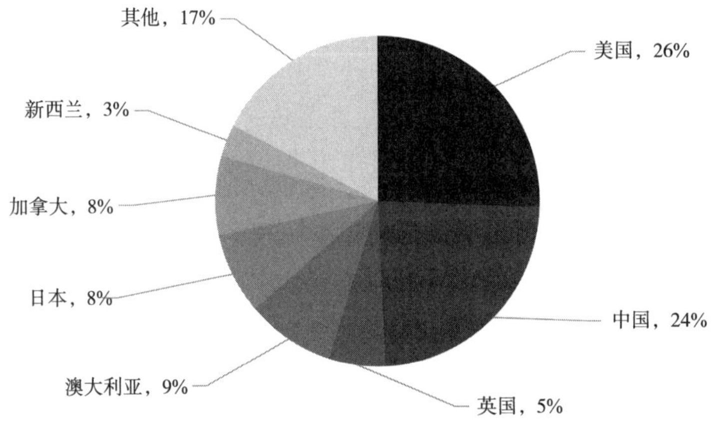

图 4-12　韩国留学生生源国分布情况

数据来源：韩国教育开发院。

中国是韩国最大的留学生生源国。如图 4-13 所示，2017 年及之前，中国对韩国高等教育服务贸易保持顺差。2008 年以来，赴韩留学的中国学生规模波动增长，2014 年，中韩两国正式签署了自由贸易协定（Free Trade Agreement，FTA），此后，赴韩留学人数快速增长，2017 年达到最大值，约有 7.3 万中国留学生前往韩国留学，较前一年增长为 13.38%，实现最快

[1] 韩国教育开发院提供了较为完整的留学教育数据，中国赴韩国留学生和韩国来华留学生数据可得年限为 2008—2020 年。

增长。同期，来华留学生人数增幅不明显。2017 年以后，韩国来华留学生人数快速下滑，最终导致中国对韩高等教育服务贸易逆差，且逆差程度不断扩大。

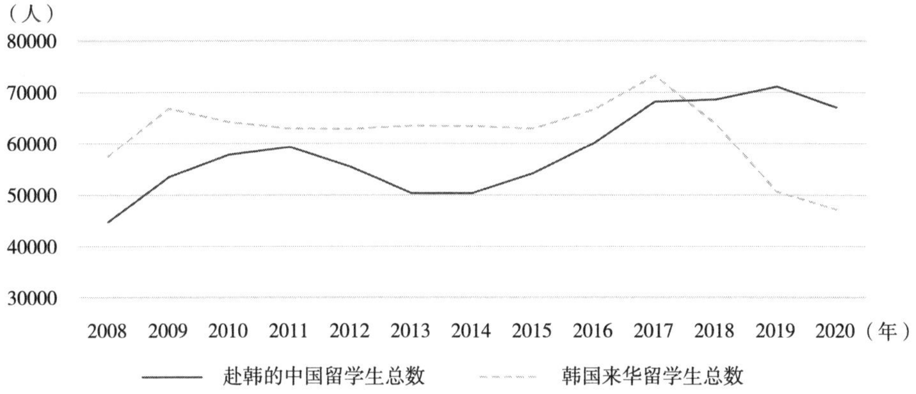

图 4-13　中韩留学生人数统计（2008—2020 年）

数据来源：韩国教育开发院。

二、中国高等教育服务贸易出口的典型事实

发达国家在经济地位、科技实力和高等教育质量等方面占据着突出的竞争优势，通过高等教育服务贸易出口获取了大量外汇、提升了人力资本水平，促进了本国经济发展和综合国力的增强。作为有着悠久国际交流历史的发展中大国，我国高等教育服务贸易出口起步较早，出口形式主要以接收来华留学生为主，但规模相对有限。

（一）来华留学规模

改革开放前，为了满足国家外交工作需要和周边国家教育合作的需求，为友好国家培养人才，国家制定和委派一些学校执行培养任务。1950—1977 年，我国累计接收了来自 72 个不同国家的 9200 多名学生来华留学，主要分布在我国 9 个省市的 35 所学校中。改革开放以后，我国推出了自费来华留学政策，并进一步将管理权限下放到部分高等院校，来华留学生规模初步扩大。1978—1989 年，共计 35336 名学生来华留学，其中自费生 26000 多人，成为来华留学生的主要组成部分。1992 年后，我国进一步调整了留学教育政策，扩大了高等学校办学的自主权，增加了招生规模。21 世纪以来，随着我国经济发展水平提高，经济体量增加，高等教育影响力不断提升，留学吸引力进一步增强，选择来华留学的人员规模逐年增加。

2001 年以来，来华留学生人数快速增长。目前，我国已成为亚洲最大留学目的国，世界第二大高等教育服务贸易出口国。如图 4–14 所示，2018 年，来华留学生总数为 49.22 万人，是 2003 年的 6.3 倍；这些留学生来自世界上 196 个国家和地区，在我国 1004 所高等院校、科研院所和其他机构中参加学习、研修和培训；2018 年，来华留学生达到或超过 500 名的国家和地区有 106 个，这 106 个国家和地区的来华留学生占来华留学生总数的 97%。

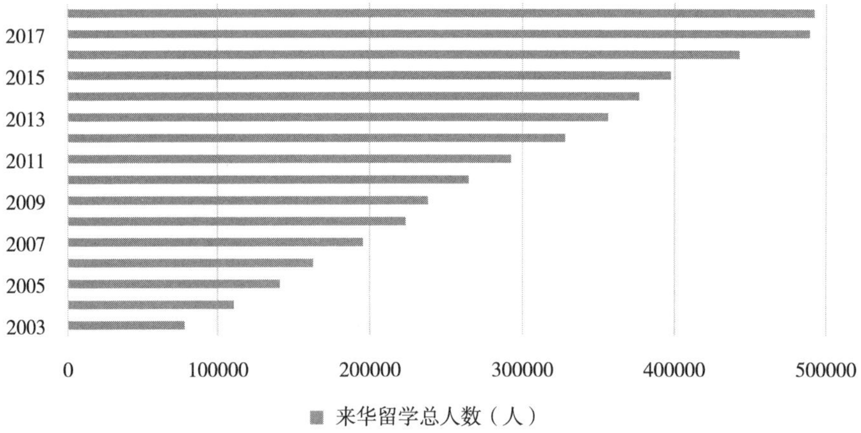

图 4–14　来华留学生人数统计（2003—2018 年）❶

数据来源：历年《来华留学生简明统计》，中国教育部国际合作交流司。

（二）来华留学结构

1. 生源结构

从留学生生源国角度看，亚洲、非洲、欧洲是来华留学生的主要生源国。2018 年，我国前 10 位生源国分别为韩国、泰国、巴基斯坦、印度、美国、俄罗斯、印度尼西亚、老挝、日本和哈萨克斯坦，与 2017 年和 2016 年情况基本保持一致。

2. 学历结构

从来华留学生层次看，高等教育人数增长稳定。如图 4–15 所示，2019

❶ 数据可得年限为 2003—2018 年。

年，我国高等教育在校留学生 33.31 万人，比上年增加 8.13%；高等教育留学生招生人数 17.26 万人，比上年增加 5.17%；高等教育留学生毕业生人数 14.06 万人，其中高等教育授予留学生学位人数 3.3 万人。

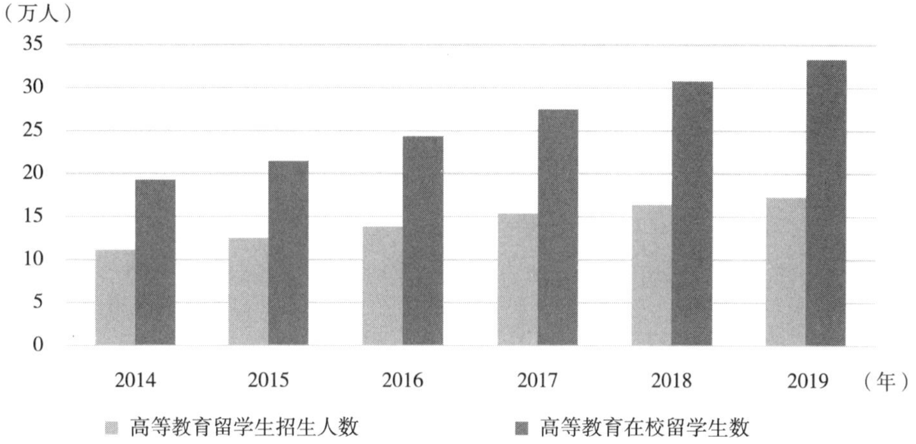

图 4-15 我国高等教育在校和招生留学生人数统计（2014—2019 年）

数据来源：教育部、智研咨询公布数据。

2019 年，我国接受学历教育的外国留学生总计 25.81 万人，占来华留学生总数的 52.44%，比 2017 年增加了 1.66 万人，同比增加 6.86%；硕士和博士研究生共计 8.51 万人，比 2017 年增加 12.28%，其中，博士研究生 2.56 万人，硕士研究生 5.94 万人。

3. 专业结构

从专业结构来看，接受来华留学生的 14 个专业（类）按照招生人数递减排序分别为汉语言、西医、文学、经济、中医、管理、工科、法学、理科、艺术、历史、农科、哲学和教育。其中，汉语言专业接收的来华留学生人数最多，特别是 2013 年以来[1]，汉语言专业招收的留学生人数占比全部来华留学生总数的三分之一。此外，医学、文学、管理学等专业的招生规模持续大于教育、理科等专业，成为来华留学的主要专业选择。汉语言招生人数规模的持续扩大，反映出生源国希望加强与中国沟通合作的意愿，体现出文

[1] 2013 年，我国提出“一带一路”倡议，增强与亚欧非大陆及附近海洋的互联互通，建立和加强各国互联互通伙伴关系。

化沟通对于经济合作的重要意义；其他基础性专业招生规模大于教育、艺术等专业，是由我国高等教育国际化水平不高、具备国际化教学条件的专业不足这一现实情况决定的。

4. 学费来源结构

从学费来源结构来看，奖学金生占比稳定增长，学历生奖学金生占比增长显著。2018 年，来华留学生总数已接近 50 万人，比 2003 年增加 5 倍多；学历生和非学历生的占比分别为 52.4% 和 47.6%，本科生为 16.08 万人，是学历生中占比最高的学生层次。2018 年，共有 6.30 万名来华留学生获得奖学金支持，占比来华留学生总数的 12.8%，总数比 2017 年增长了 7.5%；其中，5.66 万名奖学金留学生为学历生，占当年奖学金留学生总数的 89.9%，非学历来华留学生为 6392 名，占比 10.1%；获得奖学金的学历生汇总，本科生为 1.27 万名，研究生 4.40 万名，分别占比奖学金留学生总数的 20.1% 和 69.7%。

如表 4-2 所示，自费留学生仍是来华留学生的主体，奖学金生的比例

表 4-2　来华留学奖学金生情况统计表（2003—2018 年）

年份	来华留学生总数	奖学金生总数	奖学金生占留学生总数	学历生奖学金生数	学历生奖学金生占奖学金生总数	研究生奖学金生	研究生奖学金生占学历生奖学金数
2003	77715	6153	7.92%	3713	60.34%	1959	52.76%
2004	110844	6715	6.06%	3945	58.75%	2257	57.21%
2005	141084	7218	5.12%	4227	58.56%	2479	58.65%
2006	162695	8484	5.21%	5357	63.14%	3042	56.79%
2007	195503	10151	5.19%	6615	65.17%	3804	57.51%
2008	223499	13516	6.05%	9681	71.63%	5672	58.59%
2009	238184	18245	7.66%	14275	78.24%	8103	56.76%
2010	265090	22390	8.45%	18563	82.91%	10902	58.73%
2011	292611	25687	8.78%	21905	85.28%	13646	62.30%
2012	328330	28768	8.76%	25025	86.99%	16415	65.59%
2013	356499	33322	9.35%	29037	87.14%	19409	66.84%
2014	377054	36943	9.80%	32564	88.15%	23368	71.76%
2015	397635	40600	10.21%	36287	89.38%	27613	76.10%
2016	442773	49022	11.07%	43186	88.10%	33940	78.59%
2017	489172	58572	11.97%	51554	88.02%	40750	79.04%
2018	492185	63041	12.81%	56649	89.86%	43969	77.62%

数据来源：根据历年《来华留学生简明统计》整理得出。

在逐年稳步增长，2018 年，奖学金已经覆盖了 89.86% 学历生群体，其中超过 70% 的学历奖学金生为研究生。2018 年，获得奖学金来华留学的研究生增加到 43969 人，比 2003 年增长超过 20 倍。

三、中国高等教育服务贸易进口的典型事实

我国是多个国家的第一大生源国，是典型的高等教育服务贸易进口国，进口规模逐年递增。近年来，随着我国经济实力的不断提升，对外开放程度持续深入，高等教育国际化程度不断提升，对高质量高等教育服务的进口需求也在不断增加。

（一）出国留学规模

根据教育部统计数据，1978—2018 年底的高等教育阶段出国留学人员总数接近 600 万人次，其中国家公派约占 6%，单位公派约占 4%，自费留学约占 90%。

图 4-16、图 4-17 分别展示了 1995 年以来[1]，我国出国留学和留学归国人员规模以及两者占比情况。1995 年，我国出国留学人员为 2.03 万人，首次突破 2 万人；2019 年，我国出国留学人员总数为 70.35 万人，比上一年度增加 4.14 万人，年增长率为 6.25%，比 1995 年增长了约 34 倍。其中，本科生出国攻读研究生学位、参加各类学位学习项目是出国留学的主要类型。

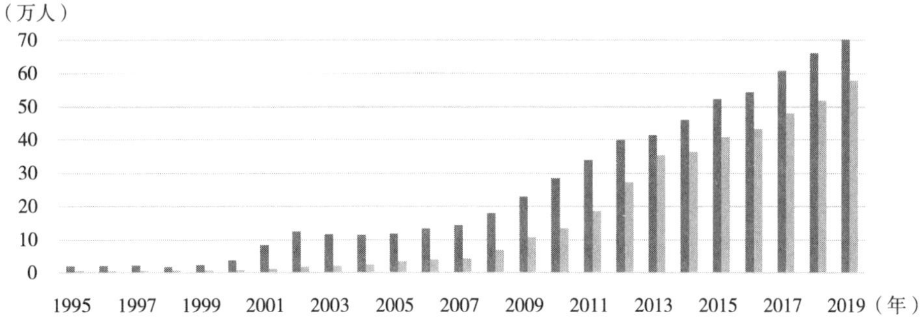

图 4-16　我国出国留学总人数统计（1995—2019 年）

数据来源：国家统计局。

[1] 1995 年之前，出国留学和留学归国人员规模均在 1 万人以下，变化幅度较小。参见图 4-1。

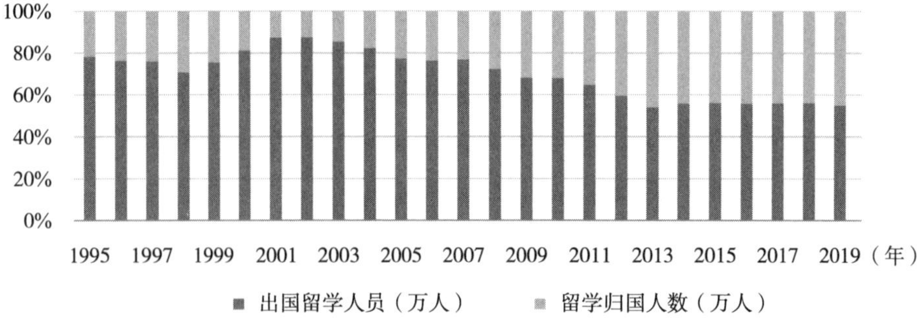

图 4-17　我国出国留学总人数及增长率（1995—2019 年）

数据来源：国家统计局。

1995 年，留学归国人数约 5700 人，占比同年出国留学人数比例为 28%；2019 年，留学归国人员增长为 58.03 万人，比上一年度增加 6.09 万人，增长 11.73%，占比同年出国留学人数比例达到 82%。

（二）出国留学结构

1. 留学目的地

中国留学生的主要留学目的国为发达国家，其中，近一半的中国留学生选择前往美国留学，且留学规模持续扩大；其次为澳大利亚、英国、日本、加拿大、韩国等国。如表 4-3 所示，UNESCO 官网提供的高等教育留学分布数据显示了中国参加高等教育留学学生的去向分布。

表 4-3　中国高等教育留学生去向分布情况（2020 年）

国家	美国	澳大利亚	英国	日本	加拿大	韩国	德国	法国	新西兰	意大利	马来西亚
中国留学生人数	333935	143323	107813	84101	70877	51345	30023	23494	18338	15167	11713

数据来源：UNESCO。

2. 学历结构

从学历分布情况来看，出国留学人员的学历层次不断提高。如表 4-4 所示，以美国为例，2019—2020 年，39.8% 的中国留学生在美国就读本科学历项目，本科生占比较上一学年降低了 0.5%；36.8% 的中国留学生在美国就读硕士及以上学历项目，硕士生占比较上一学年提升了 2.8%。在留学归国人员中，相比本专科和博士学位，具有硕士学位的人员占据主要地位，占比超过

80%；本专科学历人员占比下降明显，博士学历人员占比平稳上升。

表 4-4 中国赴美留学生学历层次分布

教育层次	2018/2019 学年	2019/2020 学年	整体占比	变化率
本科生	148880	148160	39.80%	-0.50%
研究生	133396	137096	36.80%	2.80%
非学位生	17235	15896	4.30%	-7.80%
OPT 学生	70037	71380	19.20%	1.90%

数据来源：Ⅱ E《2020 美国开放门户报告》。

3. 专业结构

从专业选择方面看，中国学生留学专业选择多以就业为导向。商科是中国本科留学生的专业首选，理科、文科次之；工科类专业在研究生及以上层次的留学生中占比较高。随着商科专业留学信号作用减弱、信息技术产业发展加速，STEM[1] 专业对中国留学生的吸引力逐渐增强。以美国为例，工程专业是国际学生人数最多的专业，2018—2019 学年中，工程专业学生数占比达 21.1%，数学和计算机专业就读人数上升了 9.4 个百分点，超过了商科排名第二，占比为 18.6%。中国高等教育服务贸易的主要进口国是美英日澳等发达国家，发达国家 STEM 专业教育质量较高，中国通过进口相关高等教育服务，能够培养更多的高水平人才，为以信息技术驱动的经济增长提供充足的人力资本供给。

4. 学费来源结构

从学费来源结构看，中国出国留学从以公费形式为主转变为自费形式为主。在改革开放初期，为学习先进技术和经验，我国政府通过公派形式选送人员出国留学。随着经济全球化程度不断加深，教育开放水平和人均收入水平提升，越来越多的学生选择出国留学以接受高水平国际教育、丰富个人经历，自费留学形式逐步占据主导地位。2019 年，我国出国留学人数为 66.21 万人，其中，59.63 万人是自费留学，占比约为 90%。自费留学的途径主要有 3 种，即通过留学中介申请出国，自行申请和通过教育机构的交流项目平台出国留学。

---

[1] STEM 专业是指科学 Science、技术 Technology、工程 Engineering 和数学 Mathematics。

第四节 中国经济增长的典型事实

中国经济增长经历了不同的发展阶段，呈现出经济总量总体增长、增长率波动收敛化的总体趋势，如图 4-18 所示。

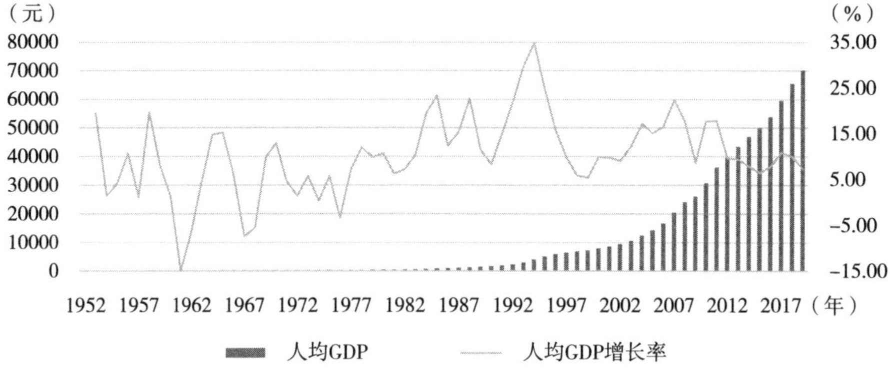

图 4-18 中国人均 GDP 及增长率（1952—2019 年）

数据来源：国家统计局。

根据 GDP 和人均 GDP 总量及增长率变化情况，可以将中国的经济发展划分为不同的阶段进行分析。

1. 新中国成立至改革开放。这一时期，中国正处于新中国工业建设初期，国家实行计划经济体制，进入工业化阶段，经济增长速度较快。这一阶段的经济增长为中国奠定了良好的工业发展基础，成为改革开放的重要基础。

2. 改革开放至 21 世纪初。改革开放政策实施以来，经济增长保持了较快速度的增长，特别是在改革开放初期，经济增长率持续上升，在 1985 年达到阶段峰值。1991 年，随着改革开放不断深入，市场经济体制逐步建立，中国经济呈现了一个新的增长周期，但也出现一些波动变化。1998 年起，经济增长逐步恢复平稳，1999 年，GDP 增长率保持在 7.6%，完成了新的增长周期。

3. 加入 WTO 以来。中国加入 WTO 至 2008 年，经济增长保持了平稳的上升态势，GDP 增长率从 10% 一路提升至 15% 左右，呈现出外向型经济发展的平稳趋势。2008 年，受到国内经济增长周期调整和国际金融危机的多重影响，经济增长率出现了显著下滑；2009 年，GDP 增长率跌落至 9.1%，由此开启了新的一轮经济增长周期。随着中国经济体量的不断增长，人均 GDP 水平和经济增速呈现出“高位平稳型”的新态势，即波动程度下降、波动深度提高、波动幅度缩小、波动高度提升和波动长度延长的特征。

为了对本书主题进行深入研究，本书从高等教育服务贸易与经济增长的整体关系、高等教育服务贸易进出口与经济增长的相关性分别进行了分类分析，从而为分析高等教育服务贸易对经济增长的作用机制提供支撑。

第五节 中国高等教育服务贸易影响经济增长的典型事实

文献研究表明，中国高等教育服务贸易与经济增长之间存在相关关系，这种相关关系受到不同经济发展阶段的影响，显著性有所差别。根据前两节分析，为了深入研究高等教育服务贸易与经济增长的相关程度和作用机制，本节从两者的相关性、出口与经济增长、进口与经济增长三个方面进行典型事实的分析，寻找数据和事实证据，为实证分析提供现实依据。

一、中国高等教育服务贸易与经济增长的相关性分析

如图 4-19 所示，从整体上看，高等教育服务贸易规模与经济增长趋势呈现明显的阶段性相关关系。

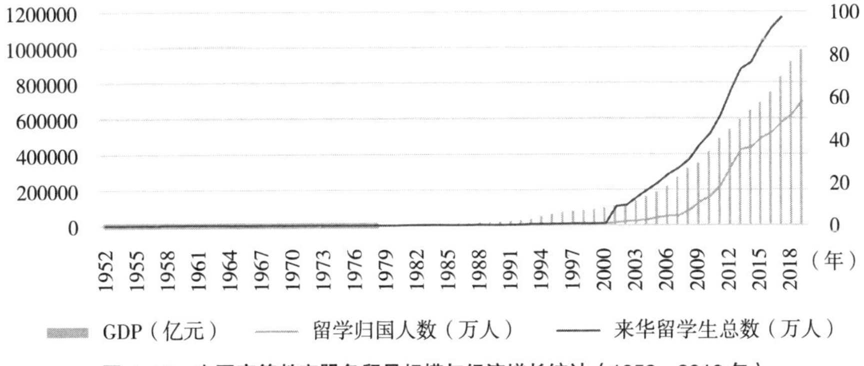

图 4-19 中国高等教育服务贸易规模与经济增长统计（1952—2019 年）

数据来源：国家统计局。

根据数据情况，本节将新中国成立至今划分为三个阶段，对比分析高等

教育服务贸易与经济增长之间的关系。

图 4-20 展示了新中国成立初期至改革开放前，高等教育服务贸易进出口与 GDP 规模之间的相关关系。该阶段来华留学生数据不可得，因此，仅能从图中看出，留学归国人数，即高等教育服务贸易进口规模，与经济增长之间的变化趋势。两者之间呈现无规律的相关关系，GDP 规模呈现波动上涨的趋势，而留学归国人数在 1960 年呈现爆发式增长后，经历了断崖式下跌，直至 1973 年后，出现了微弱增长。这一阶段，国家实行计划经济体制，工业化建设按照国家统一发展规划有序推进，集中回国的留学归国人员为国家建设起到了重要的作用，但由于来华留学和出国留学人员总数有限，从数据变化上无法观察到高等教育服务贸易对经济增长的显著作用。

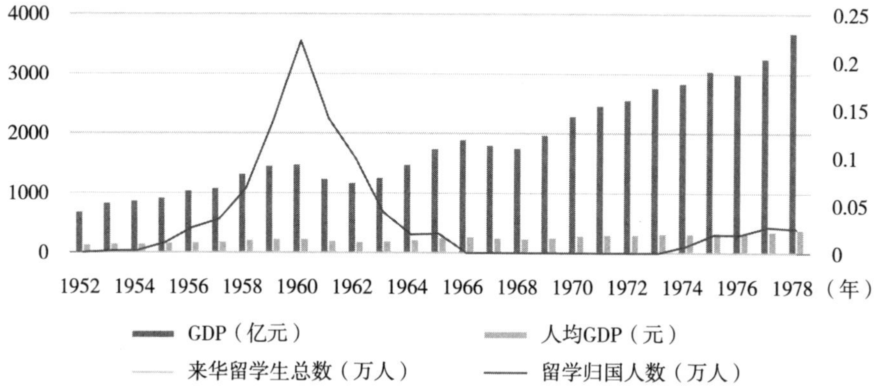

图 4-20　中国高等教育服务贸易规模与经济增长统计（1952—1978 年）

数据来源：国家统计局。

图 4-21 展示了 1978—2000 年，高等教育服务贸易进出口与 GDP 规模之间的相关关系。这一阶段，来华留学生数据依旧缺失，因此，只能从高等教育服务贸易进口角度对上述两者的关系进行分析。在此期间，高等教育服务贸易进口与 GDP 规模呈现出显著的相关关系，两者都显示出平稳上升的趋势。其中，改革开放初期，留学归国人数迎来一个增长高潮，并自 1994 年后，快速增长。随着市场经济体制改革的深入，越来越多的海外留学人员回国寻找发展机会，涌入国内市场，带来了先进的网络信息理念和技术，为中国信息化时代的经济发展提供了人力资本。

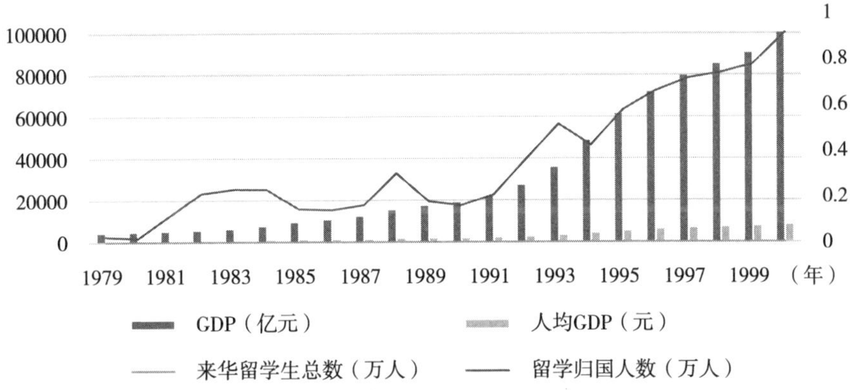

图 4-21 中国高等教育服务贸易规模与经济增长统计（1978—2000 年）

数据来源：国家统计局。

图 4-22 展示了中国加入 WTO 以来，高等教育服务贸易进出口与 GDP 规模之间的相关关系。自 2002 年起，来华留学人数数据可得，因此，能够对高等教育服务贸易进口和出口与经济增长的关系分别进行分析。从图 4-22 可以看出，来华留学生人数呈现平稳增长的趋势，与 GDP 增长趋势保持着高度的正相关关系；留学归国人数持续增加，特别是在 2013 年以来，增速明显，与 GDP 增长也保持了正相关关系。高等教育服务贸易的进口与出口均与经济增长呈现显著的正相关关系，且高等教育服务贸易进口，即留学归国人数，与经济增长的相关关系在近年来愈加显著。

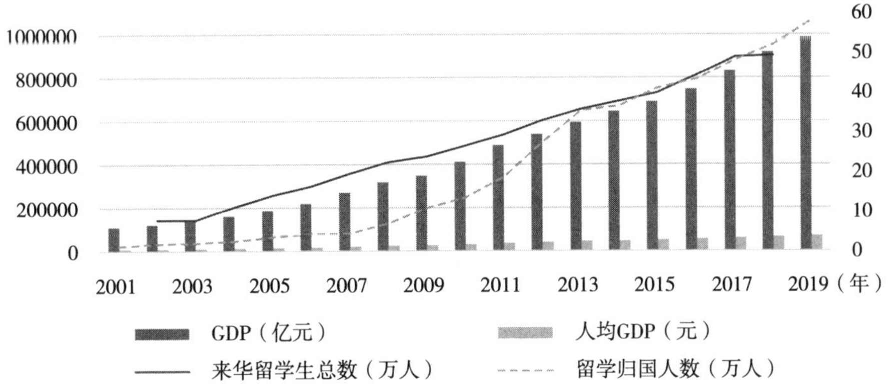

图 4-22 中国高等教育服务贸易规模与经济增长统计（2001—2019 年）

数据来源：国家统计局。

上述分析说明，高等教育服务贸易与经济增长之间存在正向的相关关系，这种相关关系与经济发展阶段有关。随着中国经济对外开放程度的加深，高等教育服务贸易对经济增长的影响逐渐显著，特别是在中国经济增长模式发生转变时期，高等教育服务贸易进口的影响作用体现得更加充分。

为了进一步分析高等教育服务贸易与经济增长之间的相关关系，探究这种相关关系阶段性特征的形成原因，本书将区分出口和进口两个视角，继续对高等教育服务贸易影响经济增长的典型事实进行分析。

二、中国高等教育服务贸易出口与经济增长的典型事实

改革开放以来，我国持续扩大高等教育服务贸易出口，增进与世界各国的沟通联系，密切双边或多边经贸关系，获取直接经济收益，促进人力资本提升，推动贸易投资发展，带动经济增长。

（一）中国高等教育服务贸易的直接经济收益

高等教育服务贸易出口产生的直接经济收益，主要由留学生的学费以及住宿、旅行和其他生活费用构成，对本地国民经济产生直接贡献。银联国际于2017年发布了《2017中国出境留学生消费报告》[1]显示，中国留学生年均消费规模约为3800亿元人民币，其中，学费和日常生活费占比超过80%。中国留学生为留学目的国带来的经济收益是十分可观的。以美国为例，根据OECD《教育概览（2020）》报告分析，留学生每年在美国支付的学费约为45000美元；2020年，中国从美国进口的高等教育服务总额达440亿美元，其中，中国留学生支付的学费约为400亿美元，住宿、生活等其他费用约为40亿美元。

1. 出口直接收益分析

留学教育是高等教育服务贸易出口中占比最高的部分，其带来的直接经济收益是由留学生的学费、生活费、住宿费以及其他消费构成。为了更加准确地计算境外消费产生的额度，国内外学者先后通过分解留学生消费结构、评估消费项目、计算各类支出，从而计算得出高等教育服务贸易出口的主要经济收益。

---

[1] 银联国际发布《2017中国出境留学生消费报告》. 参加银联国际官网：http：//www.unionpayintl.com/cn/mediaCenter/newsCenter/companyNews/2701.shtml.

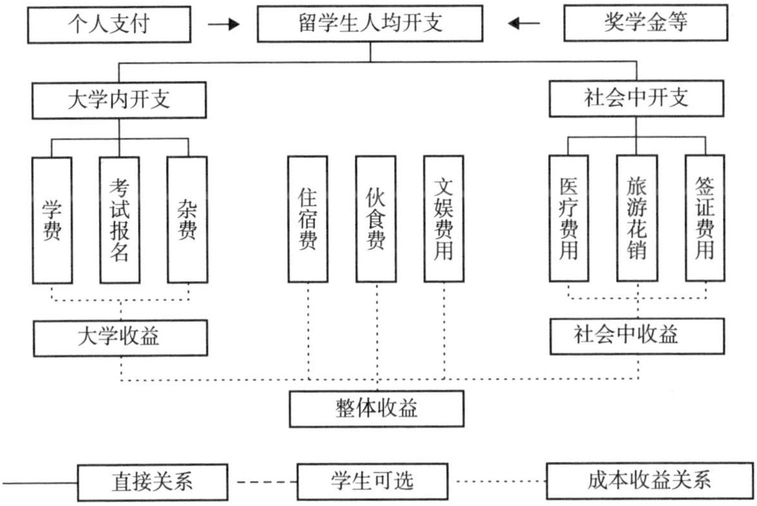

图 4-23　来华留学教育收益构成

图源：张民选（2008）。

张民选等（2008）发现，除了需要支付固定的学费，其余的消费项目是比较类似的，因此可以将留学生的开支按照功能划分为两部分，一部分是与学业支出相关的内容，包括跨境留学所必需支付的学费、注册费、资料费；另一部分是与生活相关的内容，包括住宿费、伙食费、保险费、医疗费、交通费、旅游和社交支出等。前者的花费主要发生在校园及相关地点，而后者发生在所在城市或者所在国的其他城市，因此属于社会支出，基于上述分析，构建了留学生个人消费和留学教育收益构成。李航敏（2014）、王建梁（2015）、王伟伟（2018）等学者都借鉴此结构，采用问卷调查和访谈调研的方式，分别对中国和其他国家的教育出口境外消费服务进行了定量计算。这些收入分别通过财政、税收、利润等方式计入了不同部门的产值，直接体现在 GDP 总额中。

2. 测算方法

根据张民选（2008）的分类方法，中国高等教育服务贸易出口的经济收益，即来华留学生的在华开支主要分为学校费用和生活费用两部分。其中，学校费用可以主要依据不同学校来华留学生的学费价格进行测算，这一指标可以选用样本区域高校的平均学费乘以相应类型的来华留学生人数得出。生活费用的估算较难统一，各地区生活消费水平差异较大，尚未有官方统计对此进行准确计算，在李航敏（2014）省际层面测算的基础上，进一步细化定位留学生所在城市，利用留学生所在省份平均消费水平乘以留学生总人数得出生活费用收益。加总上述两部分收益，即可测算我国高等教育服务贸易出口的直接经济总收益。本书借鉴了李航敏的测算方式，具体方法和公式见附录 A。

3. 数据来源

来华留学生学费标准主要是通过调研和查询形式收集获取。根据教育部公布的自费来华留学收费标准（1997 年修订），文科专业的本科生每学年学费为 14000~26000 元，硕士研究生为 18000~30000 元，博士研究生为 22000~34000 元，短期生根据学习时长学费为 3000~10000 元不等。根据《来华留学生简明统计》，2018 年，全国共有 1004 所院校接收了来华留学生共计 49.22 万人，其中，共有 249 所学校接收的留学生人数超过了 500 人，总计 39.81 万人，占当年来华留学生总数的 80.9%。本书选取上述 249 所高校作为样本院校进行数据统计，用以测算全国来华留学生的学校费用总收益。通过对 249 所样本院校所在城市进行定位，采用 WIND 数据库中城镇居民年消费水平绝对值[❶]进行匹配，用以对样本院校所在城市留学生的生活费用进行测算。此外，对另外 755 所院校所在的城市消费水平进行查询，从而获得相应城市留学生的生活费用总收益。

4. 测算结果分析

（1）来华留学生的总收益情况

2018 年，我国共接收学历生 25.81 万人，非学历生 23.41 万人。经分别对样本院校来华留学生的学校费用和生活费用进行计算，并对其他院校来华留学生费用进行估算，结果显示，2018 年我国来华留学教育出口收益约为 290.83 亿元，用于来华留学教育事业成本约为 33.84 亿元[❷]，总收益约为 256.99 亿元，占比我国当年服务贸易出口总额约为 1.46%[❸]，占比远低于

❶ 为确保数据一致性，本书选用了 2017 年各省城镇居民年消费水平绝对值作为估算标准。

❷ 教育部 .《教育部 2018 年度部门决算》。详见教育部官方网站：http：//www.moe.gov.cn/srcsite/A05/s7499/201907/t20190719_391397.html。

❸ 根据商务部统计，2018 年，我国服务贸易进出口总额为 52402 亿美元，其中，出口总额为 17658 亿美元，进口总额为 34744 亿美元。

旅游、货物运输、电信、计算机和信息服务等行业❶。其中，学费总收益约为96.86亿元，其他消费收益约为194.00亿元，生活费用是学校费用收益的近2倍；学历生的学校费用约为63.98亿元，非学历生的学校费用约为32.88亿元，学历生学费收入约为非学历生的2倍；学历生的生活费用约为97.8亿元，非学历生生活费用约为96.59亿元。全国各省测算结果统计表见附录B。

（2）来华留学生收益地域分布情况

从图4-24分布来看，来华留学生的总收益呈现出地域不平衡性，北京、上海、江苏、浙江、天津、辽宁、广东、湖北、山东总收益均超过了10亿元，位居前9位，而就来华留学生人数来看，排名前8位的省份与总收益排名相同，云南超过了山东，位居第9位。总体来看，北京、上海、天津与东中部发达地区的总收益排名靠前，而甘肃、山西、宁夏、青海、西藏等内陆欠发达地区的总收益较低。

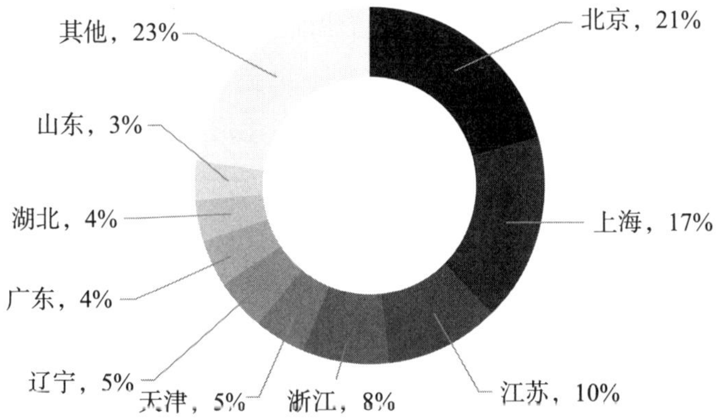

图4-24 高等教育服务贸易出口收益地域分布情况（2018年）

其中，北京来华留学生总收益约为60亿元，占全国总收益的20.63%，位居全国首位；西藏的来华留学生人数和总收益均排在31个省份末尾，总收益仅为全国平均收益水平的0.07%，差异显著。各省市的总收益水平与该地区的经济发展水平和开放程度基本持平。

---

❶ 在全国服务贸易细分行业统计中，未单独列举高等教育服务贸易项。本书测算高等教育服务贸易的收益内容包含了来华留学生对当地文化、旅游、商品等产业的消费贡献，测算值或大于“个人、文化和娱乐服务”项下统计值。

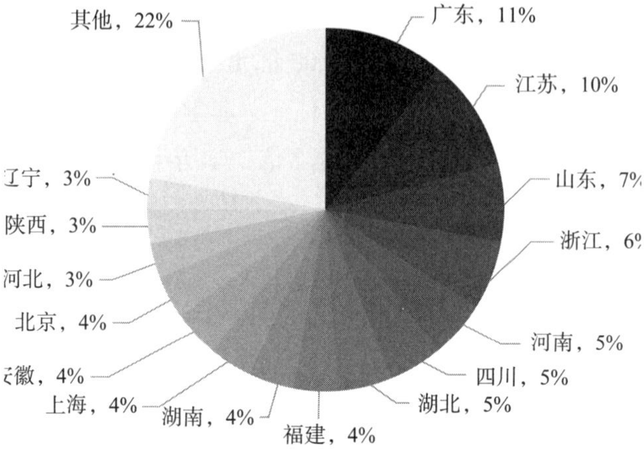

图 4-25　各省市地区生产总值占比情况（2018 年）

数据来源：国家统计局。

对比 2018 年我国各省市地区生产总值占比情况可知，北京、上海高等教育服务贸易出口收益占比分列所有省份前两位，但受到经济体量影响，其在地区生产总值中的占比较低，均为 4%。江苏在高等教育服务贸易出口收益和地区生产总值的占比中均排在前列，占比均为 10%。浙江、辽宁的出口收益占比高于地区生产总值的占比；而湖北、山东出口收益占比低于地区生产总值的占比。此外，对比 2018 年来华留学生收益前 5 位[1]的省份服务贸易出口总额可知，北京来华留学生收益占全年服务贸易出口总额 5.63%，高于辽宁（3.84%）、浙江（2.26%）和上海（1.32%）。上述说明，各省市的经济结构存在显著差异，高等教育服务贸易出口对地区经济增长的贡献度还有较大的增长潜力。

（3）来华留学生生均收益情况

从调研数据和计算结果可以看出，学校费用与学历类型相关性密切，生活费用主要与学校所在地区的经济发展水平相关。整体来看，学历生的学校费用收益高于非学历生，且学历生的学制普遍长于非学历生，因此，来自学历生的生均收入水平高于非学历生的生均收入。从细分类型来看，学历生中学校费用由高至低依次为博士研究生、硕士研究生、本科生，专科生学校费用与本科生基本持平。

[1] 江苏、天津数据缺失。

高等教育服务贸易出口除了能够带来直接的经济收益，还能够带动当地教育、餐饮、旅游、娱乐等文化产业发展，促进当地基础设施建设，提高地区的对外开放度和国际化水平，培育良好的国际化发展氛围，吸引优质的人力资本和物质资本投资，为当地经济可持续增长提供基础。

尽管高等教育服务贸易出口产生了一定的直接经济收益，但占比服务贸易出口和GDP份额仍然较低，对经济增长的直接贡献有限。现阶段，高等教育服务贸易出口的直接经济影响并不是我国持续加大高等教育开放力度的主要原因。高等教育服务贸易形成的人力资本对货物贸易、OFDI、技术创新和产业结构升级产生重要影响，进而间接驱动经济持续稳定增长，因此，下文将进一步就高等教育服务贸易的间接经济影响进行分析。

（二）中国高等教育服务贸易出口与货物贸易

1. 中国高等教育服务贸易出口与货物贸易情况

随着我国国际经贸地位的不断攀升，国内市场开放程度逐步扩大，资金和人员往来更加频繁，我国出口高等教育服务规模逐步扩大，来华留学教育规模增长显著，来华留学生人数持续上升。改革开放前，我国经济相对封闭，货物贸易规模持续低位运行。改革开放后，我国逐步开启了对外贸易发展，随着2001年加入WTO，对外贸易规模进入了增长的新阶段，2013年，我国超越美国成为全球货物贸易第一大国，成为全球经贸的“稳定器”。

图4–26展示了中国加入WTO以来，高等教育服务贸易出口与货物贸易规模之间的变化关系，可以看出，来华留学生人数分别与货物贸易进出

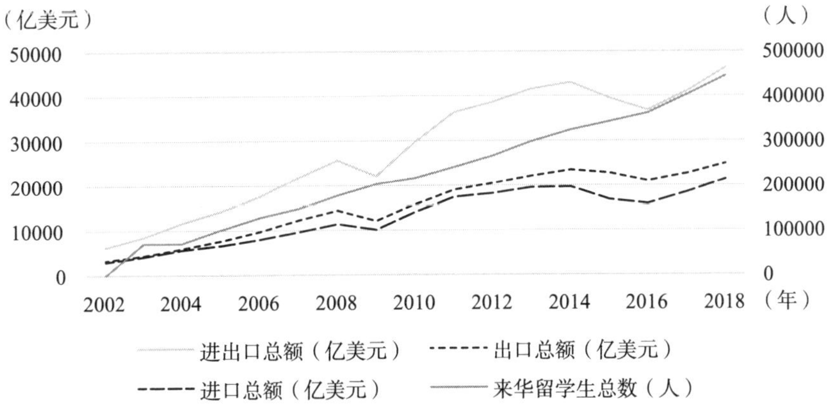

图4–26 来华留学生规模与我国货物贸易总额统计（2002—2018年）

数据来源：国家统计局，《来华留学生简明统计》。

口总额、进口总额和出口总额的变化曲线呈现出一定的相似性。2002 年以来，我国货物贸易进出口规模增长迅猛，2008 年受到经济危机影响、2016 年受到新兴市场国家经济减速影响，货物贸易进出口总额出现下滑，但高等教育服务贸易出口规模增长并未因短期影响出现明显变化。

图 4-27 和图 4-28 分别展示了我国高等教育服务贸易出口与不同货物贸易结构和贸易方式下进出口贸易额的变化关系。

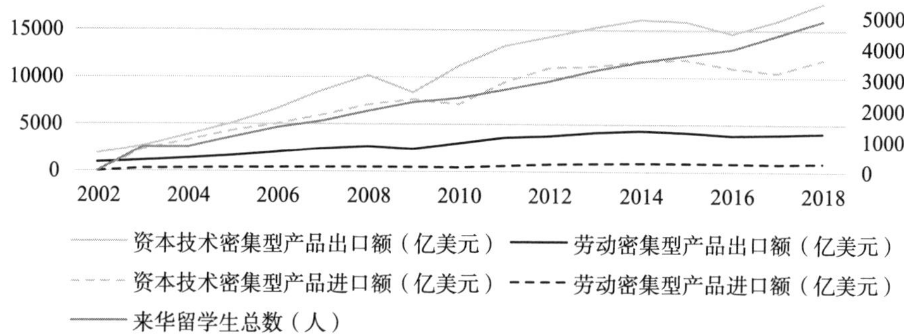

图 4-27　来华留学生规模与不同要素密集度产品贸易额统计（2002—2018 年）

数据来源：国家统计局，历年《来华留学生简明统计》。

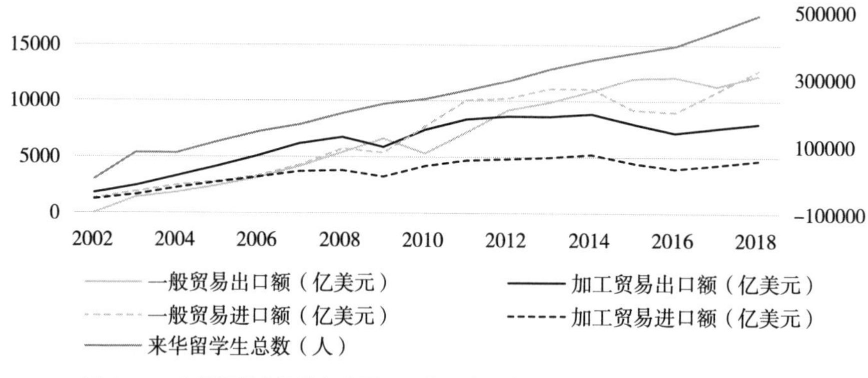

图 4-28　来华留学生规模与我国不同贸易方式出口额统计（2002—2018 年）

数据来源：国家统计局，《来华留学生简明统计》。

从货物贸易结构来看，两类产品的出口贸易额均大于进口贸易额，货物贸易整体为顺差；资本技术密集型产品贸易规模大于劳动密集型产品的贸易规模，是我国货物贸易的主要构成部分。来华留学生规模在整体上与两类产品的进出口额变化趋势保持一致，与资本技术密集型产品进出口额的变化呈现出明显的短期差异性，2009 年和 2015 年，资本技术密集型产品进出口额均有所下降，但是来华留学生规模并未发生明显波动；与劳动密集型产品进出口额变化趋势相似性较高，增长稳定。

从货物贸易方式来看，一般贸易的出口和进口规模交替增长，2018 年，一般货物贸易呈现小幅逆差，而加工贸易出口额稳定地高于进口额，呈现稳定顺差，整体来看，货物贸易呈现顺差；2012 年以后，一般贸易规模持续大于加工贸易规模，但两者整体规模相差不大，这与我国不断调整在全球产业链中的地位、实施出口转型有关。来华留学生规模在整体上与两种贸易方式的进出口额变化趋势保持一致，但与一般货物贸易出口的正相关关系更加明显，与加工贸易进出口规模变化在短期呈现负相关关系。

2. 中国与高等教育服务贸易主要出口对象国的货物贸易情况

中国的高等教育服务贸易出口规模虽然连年增长，但整体来看，仍旧与美国、英国、日本等发达国家存在差距。中国高等教育服务贸易主要出口对象国分布在多个国家，发达国家和发展中国家都是我国重要的留学生生源国。

图 4-29 展示了当前世界各国高等教育服务贸易出口，即留学生流入的网络关系情况，节点大小和连接线多少体现出连接点国家出口高等教育服务贸易的规模。可以看出，美国、英国、加拿大、澳大利亚、法国、日本等欧美发达国家仍旧是主要的高等教育服务贸易出口国；中国与多个国家有连接，但整体来看，高等教育服务贸易出口规模十分有限。从生源结构来看，在 2003—2018 年 67 个来华留学生主要生源国中（该 67 国来华留学生数占比全部来华留学生 90% 以上），共有 27 个亚洲国家和 16 个非洲国家，其中，21 个发达国家[1]，46 个发展中国家[2]。这 21 个发达国家生源留学生与发展中国家生源留学生总数分别为 2104432 人和 2162895 人，两者基本持平。

---

[1] 综合世界银行、国际货币基金组织、联合国开发计划署、美国中央情报局等机构发布的资料来看，当今世界除了以下发达国家剩余的都是发展中国家：英国、爱尔兰、法国、荷兰、比利时、卢森堡、德国、奥地利、瑞士、挪威、冰岛、丹麦、瑞典、芬兰、意大利、西班牙、葡萄牙、希腊、斯洛文尼亚、捷克、斯洛伐克、马耳他、塞浦路斯、美国、加拿大、澳大利亚、新西兰、日本、以色列、新加坡。2021 年 7 月 2 日（日内瓦当地时间），联合国贸易和发展会议在第 68 届贸易和发展理事会会议中通过韩国地位变更案，正式将韩国认定为发达国家。

[2] 朝鲜货物贸易数据缺失，故在本节后续数据分析中，将朝鲜略去。

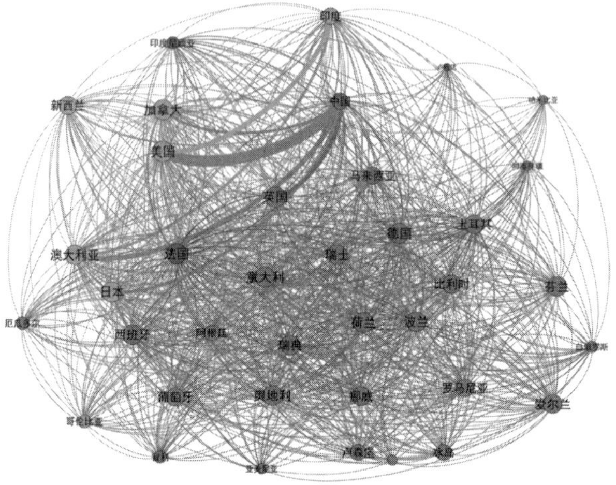

图 4-29　世界留学生流动网络关系

数据来源：UNESCO。

如图 4-30 所示，我国与主要生源国家的货物贸易总额与来华留学生规模具有显著的正相关关系，两者在总体发展方向上保持一致。具体来看，我国与主要生源国家的货物贸易总额波动上升，2008 年和 2016 年受到外部经济环境影响，贸易总额出现小幅下降，但在之后迅速回升。来华留学生人数则保持了平稳上升，这可能与我国高等教育服务贸易出口价格较低、教育文化环境稳定有关，来华留学教育在短期内受外部经济波动的影响不明显。

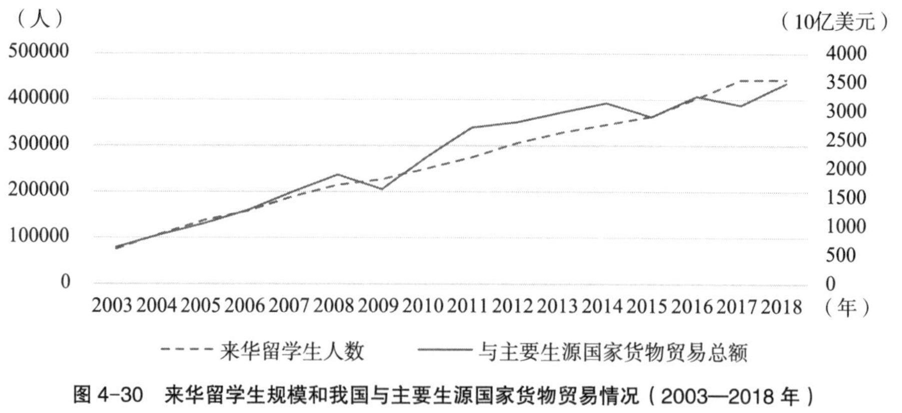

图 4-30　来华留学生规模和我国与主要生源国家货物贸易情况（2003—2018 年）

数据来源：《中国统计年鉴》《来华留学生简明统计》。

从上述分析可知，我国高等教育服务贸易出口与货物贸易规模具有正相关关系，与劳动密集型产品贸易规模和一般货物贸易规模的正相关关系更加显著，与加工贸易规模在短期呈现负相关关系。

（三）中国高等教育服务贸易出口与对外直接投资

1. 中国高等教育服务贸易出口与 OFDI 情况

2003 年以来，我国 OFDI 规模增长迅速，与来华留学生规模变化趋势基本一致，均呈现平稳增长的态势，具有一定的正相关关系，如图 4-31 所示。

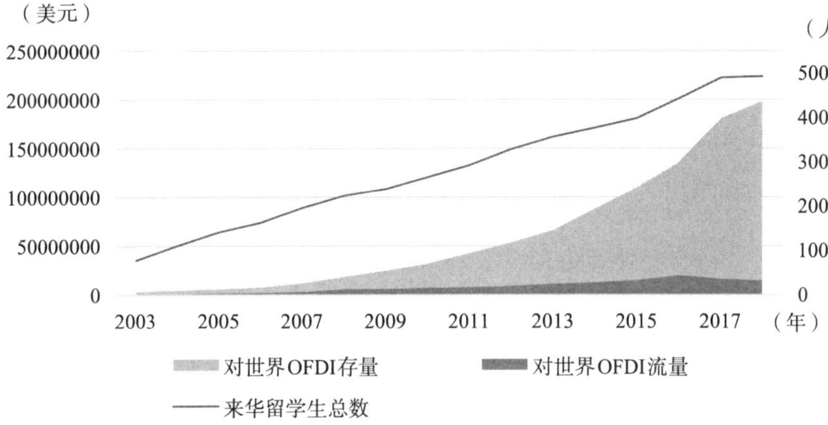

图 4-31 来华留学生规模与我国 OFDI 统计（2003—2018 年）

数据来源：《中国对外直接投资统计公报》《来华留学生简明统计》。

2003 年，我国 OFDI 存量为 332.22 亿美元；2018 年，我国 OFDI 存量达到 19823 亿美元，仅次于美国和荷兰，位列全球第三，约占全球 OFDI 存量的 6.4%，约是 2003 年的 60 倍。对发展中国家 OFDI 存量为 17085 亿美元，占比全部总量为 86.2%。我国 OFDI 存量分布于全球 188 个国家和地区，超过 80% 分布在发展中国家，这与我国高等教育服务贸易出口的主要对象国是一致的。亚洲 OFDI 存量占我国 OFDI 整体超过 60%，主要投资方向为中国香港、新加坡、印度尼西亚、中国澳门、马来西亚、老挝、哈萨克斯坦、韩国等。2018 年，占据我国 OFDI 存量前 20 位的国家和地区分别是中国香港、开曼群岛、英属维尔京群岛、美国、新加坡、澳大利亚、英国、荷兰、卢森堡、俄罗斯联邦、德国、印度尼西亚、加拿大、中国澳门、马来西亚、百慕大群岛、老挝、哈萨克斯坦、瑞典和韩国，与主要来华留学生生源地对比可知，两者有 14 个国家和地区是重合的。

2003 年，我国 OFDI 流量为 28.55 亿美元；2018 年，我国 OFDI 流量达到 1430.4 亿美元，仅次于日本位列全球第 2 位，约占全球 OFDI 流量的 14.1%，约是 2003 年的 50 倍。2016 年以来，我国 OFDI 流量总额持续下滑，2018 年，我国对亚洲 OFDI 流量为 1055.1 亿美元，占比 73.8%，尽管同比下降 4.1%，但亚洲仍是我国 OFDI 流量的主要流向地区。2018 年末，占据我国 OFDI 流量前 20 位的国家和地区分别是中国香港、美国、英属维尔京群岛、新加坡、开曼群岛、卢森堡、澳大利亚、印度尼西亚、马来西亚、加拿大、德国、老挝、越南、阿联酋、瑞典、荷兰、韩国、英国、中国澳门和柬埔寨，与主要来华留学生生源地对比可知，两者有 14 个国家和地区是重合的。

2. 中国与高等教育服务贸易主要进口地区的 OFDI 情况

亚洲、非洲和欧洲国家是来华留学生的主要生源地区，也是我国 OFDI 的重点流向地区。如图 4-32 和图 4-33 所示，我国对世界和亚洲地区 OFDI 存量和流量的增长趋势与来华留学生增长趋势基本一致。我国对世界和亚洲 OFDI 存量的增长较为平缓，但 OFDI 流量变动的波动性较来华留学生增长变化更为明显；亚洲来华留学生规模增长速度低于来华留学生整体增速，相应地，我国对亚洲地区 OFDI 占世界 OFDI 总量的比例略有降低。

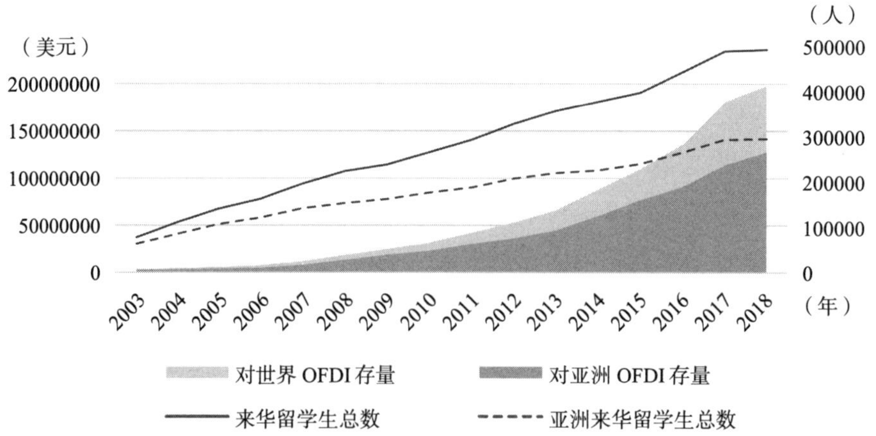

图 4-32　来华留学生规模与我国 OFDI 存量统计（2003—2018 年）

数据来源：国家统计局，《来华留学生简明统计》。

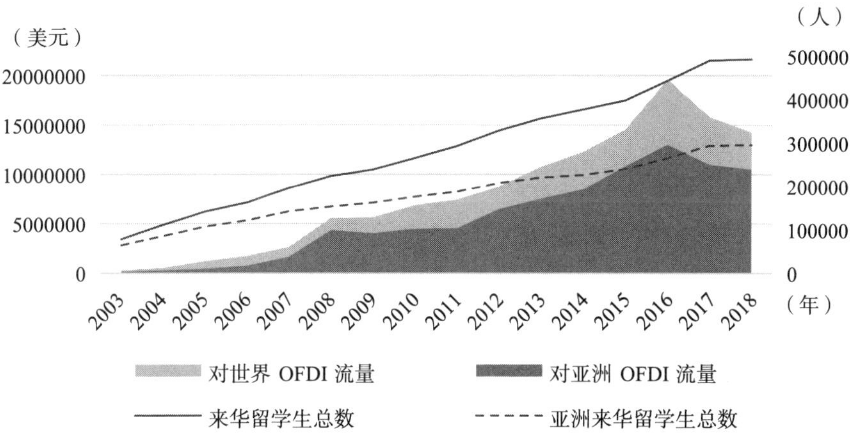

图 4-33 来华留学生规模与我国 OFDI 流量统计（2003—2018 年）

数据来源：国家统计局，《来华留学生简明统计》。

此外，如图 4-34 和图 4-35 所示，非洲地区高等教育服务贸易出口与我国对非洲 OFDI 存量的变化趋势一致性更高，但与我国对非洲 OFDI 流量的变化趋势就有比较明显的差异。我国对非洲 OFDI 流量在 2008 年出现大幅增长[1]，2009 年恢复正常增速，此后，出现波动上涨；非洲来华留学生规模保持了平稳增长，2014 年，受外交政策影响，非洲来华留学生人数增幅明显，2015 年以后，恢复正常增速，始终保持平稳上涨。

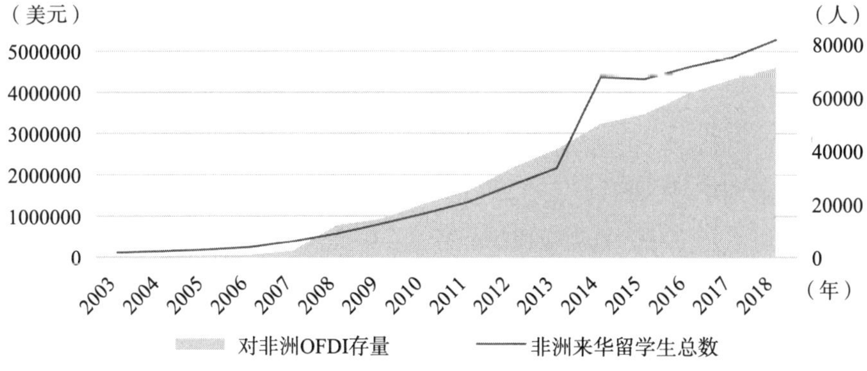

图 4-34 来华留学生规模与对非洲 OFDI 存量统计（2003—2018 年）

数据来源：国家统计局。

---

❶ 2008 年，中国工商银行收购南非标准银行，该特大项目大幅增加了对非洲 OFDI 流量。

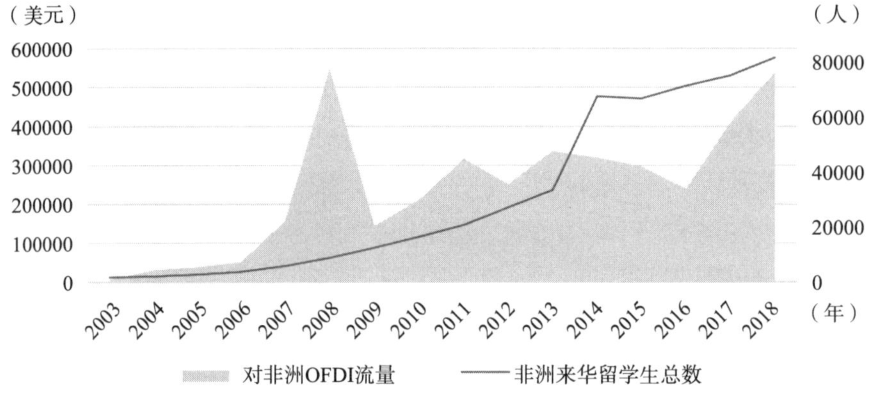

图 4-35　来华留学生规模与对非洲 OFDI 流量统计（2003—2018 年）

数据来源：国家统计局。

此外，虽然欧洲来华留学生的规模基数较大，但中国仍是欧洲高等教育服务贸易的主要进口国。如图 4-36 和图 4-37 所示，欧洲来华留学生总数在 2013 年大幅下滑，后虽有所增加，但增速较低；我国对欧洲 OFDI 存量平稳增长，但 OFDI 流量下降幅度明显，且波动幅度较大，来华留学生规模与对欧洲 OFDI 的整体相关关系不显著。

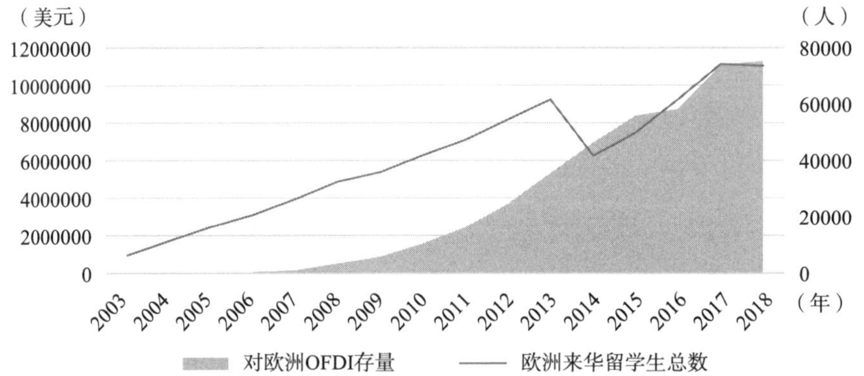

图 4-36　来华留学生规模与对欧洲 OFDI 存量统计（2003—2018 年）

数据来源：国家统计局。

从上述分析可知，我国对亚洲、非洲国家高等教育服务贸易出口与 OFDI 具有显著的相关关系，但对欧洲高等教育服务贸易出口与 OFDI 的相关关系不显著。我国对非洲高等教育服务贸易出口和 OFDI 呈现双增长趋势，对欧洲高等教育服务贸易出口和 OFDI 流量均呈现较大波动。

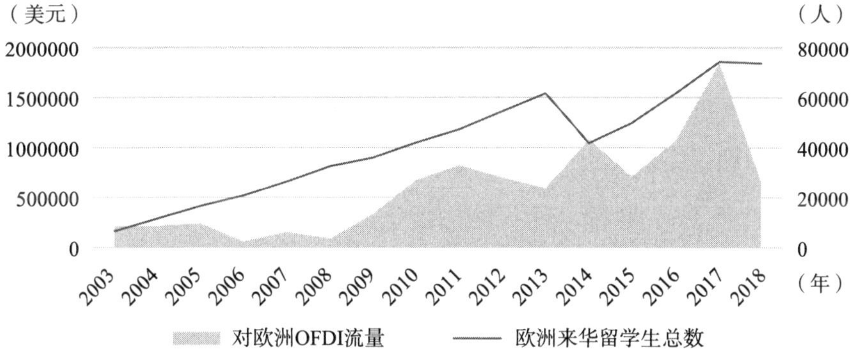

图 4-37　来华留学生规模与对欧洲 OFDI 流量统计（2003—2018 年）

数据来源：国家统计局。

三、中国高等教育服务贸易进口与经济增长的典型事实

高等教育服务贸易进口对于我国经济增长具有十分重要的促进作用。从微观角度看，学生通过出国留学，接受国际化的高等教育，能够获得差异化的教育背景，增强个人的综合素质和竞争力，提升劳动生产率，增加个人收益；从宏观角度看，通过进口发达国家的高等教育服务，能够带动我国高等教育质量提升，实现人力资本积累，有利于促进技术进步和产业结构调整，提高全要素生产率，推动经济增长。

根据前文所述，高等教育服务贸易进口体现为出国留学人员和留学归国人员两部分，他们均能通过知识溢出效应对经济增长产生影响。为准确分析高等教育服务贸易进口通过技术创新、产业结构升级促进经济增长的机制，本节将主要用留学归国人员表示高等教育服务贸易进口进行分析。

（一）中国高等教育服务贸易进口与技术创新

随着我国教育市场逐步开放，高等教育服务贸易进口需求快速增加，在以出国留学教育为主要形式的高等教育服务贸易进口中，我国每年大量留学人员前往美国、澳大利亚、英国、加拿大、日本等国留学，高等教育服务贸易进口规模稳步增长，改革开放以来，我国各类留学归国人员累计达到 656.06 万人[1]。随着中国经济高速发展，就业环境改善，创业机会增加，留学归国人数持续增加，形成了大量具有国际化知识结构的人力资本，对我国

[1] 教育部统计数据。

技术创新和新兴产业发展提供了良好的基础。本节将从规模和分布、技术产值两个角度分析高等教育服务贸易进口与技术创新的典型事实。

1. 高等教育服务贸易进口与技术创新的规模和分布

用留学归国人数代表高等教育服务贸易进口规模，用发明专利申请数代表技术创新水平，通过对比两者的增长趋势，能够发现高等教育服务贸易进口规模与技术创新水平之间存在着显著的正相关关系。如图 4-38 所示，1995 年以来[1]，留学归国人数逐步增加，发明专利申请量也随之稳步增长，两者的变化趋势十分相似，均在小幅波动中持续增长。

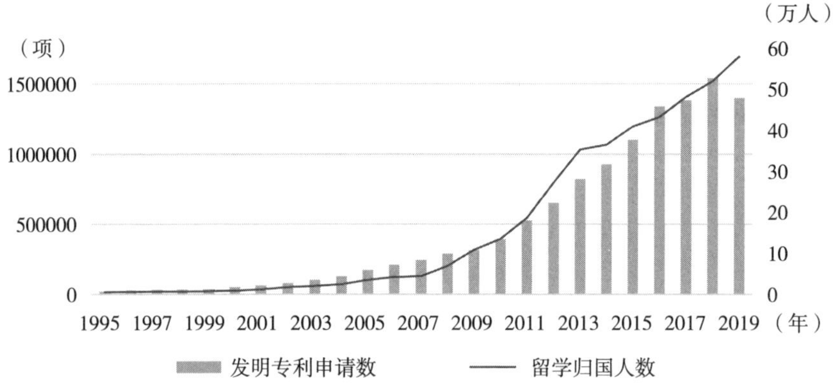

图 4-38　我国留学归国人数与发明专利申请数统计（1995—2019 年）

数据来源：国家统计局。

随着留学归国人员规模不断增加，越来越多的留学归国人员在高新技术行业聚集，各地在高新技术产业开发区就业的留学归国人员数量持续增长。如图 4-39 所示，2014 年，我国出国留学人员为 45.98 万人，留学归国人员为 36.48 万人；其中，留学归国后进入高新技术开发区工作的人员共计 19.11 万人，占比全部留学归国人员总数约 52.37%，该占比持续增长；2019 年，共有 39.74 万人进入各地高新技术产业开发区从事相关工作，占比达到 66.77%。2019 年，留学归国人员增长率（11.73%）高于出国留学人员增长率（6.25%），由高等教育服务贸易进口形成的人力资本正在逐步改变我国传统的人力资本结构。

[1] 发明专利申请数据可得的最早时间。

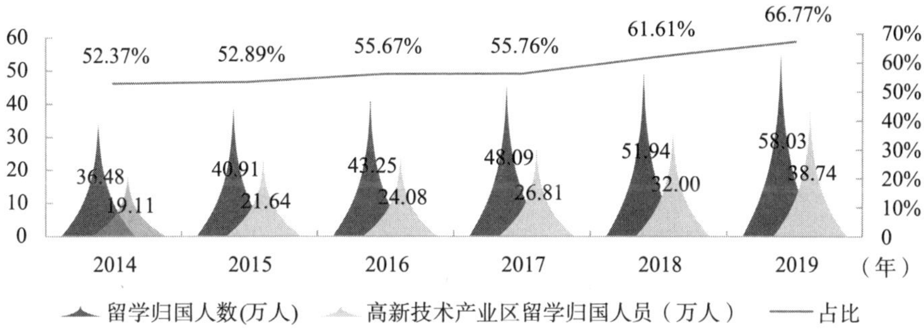

图 4-39 我国高新技术产业开发区留学归国人员统计（2014—2019 年）

数据来源：国家统计局。

图 4-39 展示了 2014 年、2017 年和 2019 年我国高新技术产业开发区内留学归国人员规模和分布变化情况。从时间维度看，留学归国人员总数保持稳定增长，人员总量增幅明显；从空间维度看，北京、上海、江苏、广东始终是留学归国人员选择就业的前四位地区，且留学归国人员聚集程度很高，人员主要聚集在经济较为发达、产业发展比较成熟的省份，说明经济发展水平对高水平人力资本的吸引力度非常显著，我国正在向人力资本驱动的集约型经济模式转变，高等教育服务贸易进口能够为经济增长提供必要的人力资本要素。

从空间分布上来看，高等教育服务贸易进口与技术创新在空间的分布上也具有显著的相关关系。技术创新分布与高等教育服务贸易进口存在相关关系，北京、上海、江苏、广东亦是技术创新密度最高的地区，且随着留学归国人员分布的聚集程度和均衡化分布变化，技术创新密度也相应发生变化。

2. 中国高等教育服务贸易进口与创新产出增长

技术发明成果经转化为生产技术后，能够创造高技术产品，经出口带来直接收益，促进经济增长。

图 4-40 展示了我国留学归国人数与高技术产品出口的变化趋势，可以看到，高技术产品出口额正在逐步增长，2016 年出现短暂下滑后逐步增加；留学归国人数增长速度在 2013 年后超过高技术产品出口，增长迅速。对比图 4-36 可知，高等教育服务贸易进口对技术创新的促进作用主要体现在技术成果的数量上，但技术成果转化为产值的力度还比较欠缺，技术创新对改善出口产品结构的作用强度不够。从上述分析可知，我国高等教育服务贸易

进口与技术创新在规模和空间分布上均呈现正相关关系，且在空间上均呈现出向区域聚集和局部均衡布局的变化趋势。但是，高等教育服务贸易进口与创新产出的相关关系并不显著，这可能与技术创新成果转化不足、创新类型与市场需求的匹配度不高有关。

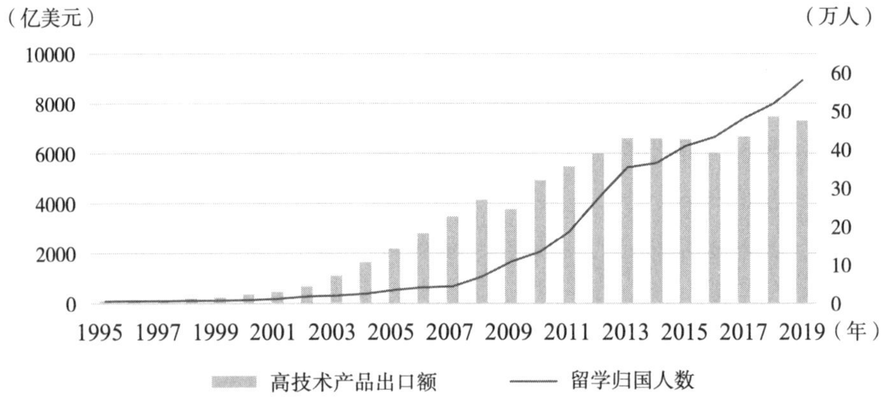

图 4-40　我国留学归国人数与高技术产品出口额统计（1995—2019 年）

数据来源：《中国火炬统计年鉴》，国家统计局。

（二）中国高等教育服务贸易进口与产业结构升级

新中国成立以来，我国社会经济和产业发展经历了漫长的建设过程，其间，高等教育服务贸易进口为产业发展提供了人力资本，有效促进了产业结构升级，推动了经济增长。本节将从产值增加、结构优化、新兴产业三方面分析高等教育服务贸易进口与产业结构升级的典型事实。

1. 中国高等教育服务贸易进口与产业增加值

新中国成立初期，我国外派留学生主要面向苏联和东欧国家，以国家公派形式为主，选派人员出国学习社会主义国家的科学技术，同时，大批在欧美留学人员返回国内参加经济建设。这一时期，高等教育服务贸易规模虽然较小，但留学归国人员对我国工业体系的奠基作出了贡献。朱光亚、邓稼先、钱学森、郑敏哲都是这一时期著名的留学归国人员。改革开放初期，出国留学人员学习专业集中在科技领域，到了 20 世纪 80 年代，更多的留学生选择了经济学、企业管理等专业，这与我国市场化建设进程相关，留学归国人员也进一步向第三产业领域扩散。

图 4-41 和图 4-42 展示了新中国成立以来，高等教育服务贸易进口与

各产业增加值的变化情况[1]。

如图 4-41 所示，新中国成立初期，留学归国人数与各产业增加值的相关关系不显著。1953 年以来，留学归国人数和第二、第三产业增加值均稳步上涨，并在 1960 年达到峰值；之后，留学归国人数持续下降，但第二和第三产业增加值缓慢下降后自 1963 年恢复增长趋势。如图 4-42 所示，改革开放以来，我国各产业增加值稳步增长，第一产业增加值平缓增长，第二

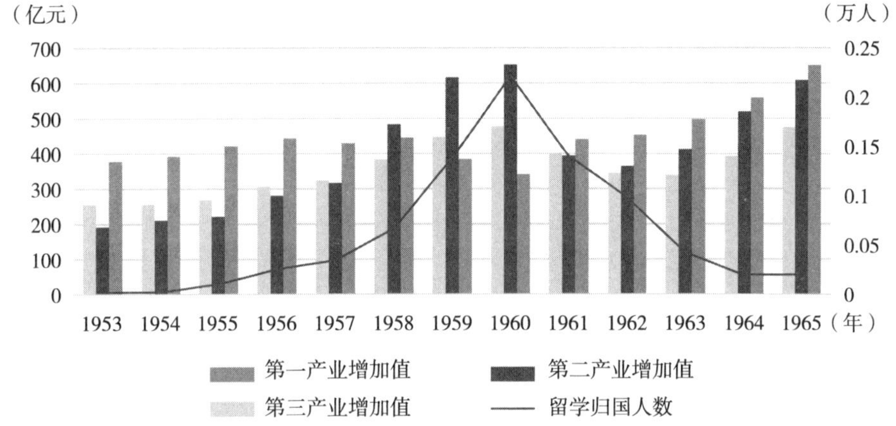

图 4-41　我国留学归国人数与各产业增加值统计（1953—1965 年）

数据来源：《中国火炬统计年鉴》，国家统计局。

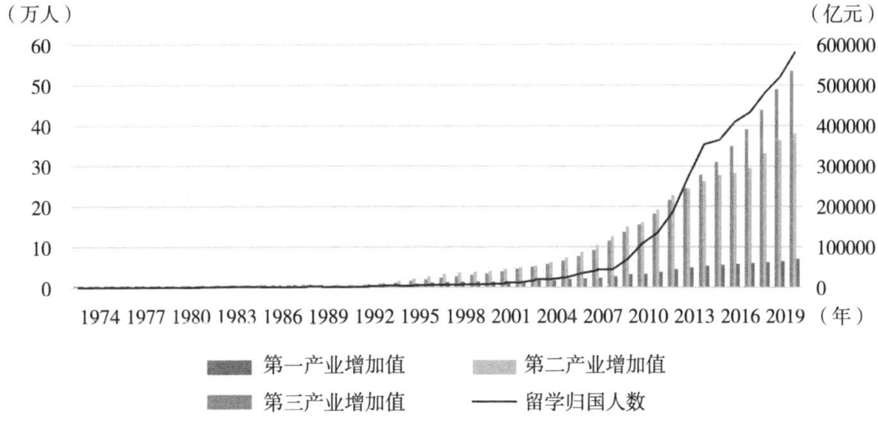

图 4-42　我国留学归国人数与各产业增加值统计（1972—2019 年）

数据来源：《中国火炬统计年鉴》，国家统计局。

[1] 1966—1973 年留学归国人员数据缺失，故此，本书将新中国成立以来分为了 1953—1965 年和 1974—2019 年两个阶段进行分析。

产业增加值增长速度快于第三产业；2012 年，第三产业增加值超过第二产业，并保持快速增长态势。对比同一时期高等教育服务贸易进口规模，可以看出，1992 年以来，留学归国人数增长逐步加快，特别是 2001 年我国加入 WTO 以来，增速加快，直到 2013 年略有减缓。但整体来看，留学归国人数与第二产业和第三产业增加值具有正相关关系，且与第三产业增加值的相关关系增加显著。

2. 中国高等教育服务贸易进口与产业结构

经济发展规律显示，经济增长往往伴随着产业结构高级化或者高度化，即整体产业由第一产业占主导逐步向第二、第三产业占主导转变。改革开放以来，随着国民经济快速增长，三次产业结构也发生了较大的变化，第二和第三产业占比逐步扩大，与高等教育服务贸易进口规模变化显示出一定的相关关系。

如图 4-43 所示，新中国成立初期，留学归国人数与产业结构高级化的相关关系较为显著，自 1953 年以来，先逐步增长，1960 年达到最高之后，逐步下降。但是，根据前文分析，此阶段，留学归国人数与第二和第三产业增加值的变化趋势并不一致，第二和第三产业增加值仍在增加。这说明，1960—1965 年，第一产业增加值的增长速度快于第二和第三产业，导致第二和第三产业增加值占比持续降低，留学归国人数与此阶段的产业结构变化无明显相关关系。

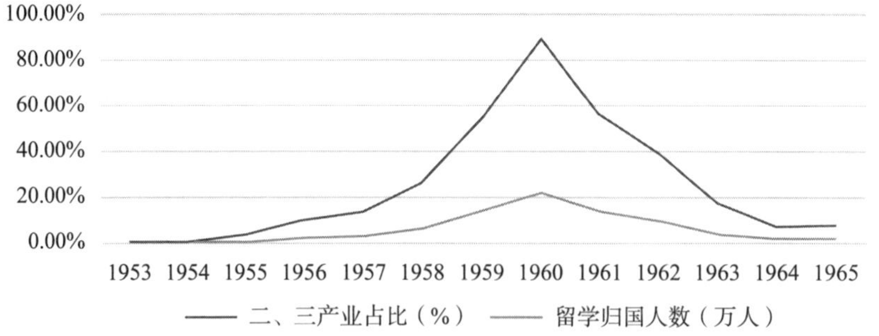

图 4-43 我国留学归国人数与产业结构变化（1953—1965 年）

数据来源：《中国火炬统计年鉴》，国家统计局。

如图 4-44 所示，改革开放以来，我国第二、第三产业增加值占比波动缓慢上升，且自 2007 年以后始终保持在 90% 以上；我国加入 WTO 以后，留学归国人员规模逐步扩大，并在2007年❶以后快速增加，与产业结构向第二、三产业占主导的变化趋势一致。

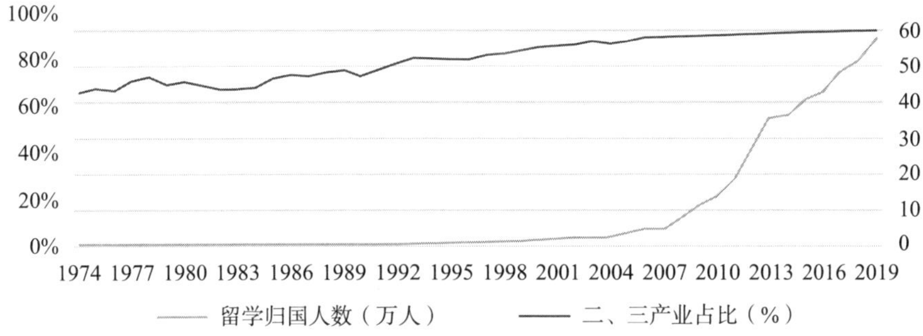

图 4-44　我国留学归国人数与产业结构变化（1972—2019 年）

数据来源：《中国火炬统计年鉴》，国家统计局。

3. 中国高等教育服务贸易进口与战略性新兴产业

2010年以来，战略性新兴产业❷成为新的产业发展方向，带动了以技术创新和信息科技驱动的新型经济增长。随着留学归国人员规模不断增长，进入战略性新兴产业就业的人员数量逐步增加，并在各地高新技术产业开发区内聚集，为技术创新、催生新兴业态提供了人力资本。

如图4-45所示，2014—2019年❸，我国留学归国人数与战略性新兴产业增加值具有较为显著的正相关关系。战略性新兴产业增加值增幅明显，2014年，产业增加值约为48923亿美元，占比GDP比值约为7.6%；2019年，产业增加值增长至113131亿美元，占比GDP比值为11.5%，较2014年增长率为130%。此外，进入高新技术产业开发区留学归国人员与战略性新兴

❶ 2007年起，国家通过《关于进一步加强引进海外优秀留学人才工作的若干意见》和“长江学者奖励计划”“春晖计划”等形式吸引海外人才回归服务，为经济增长提供高水平人力资本。据统计，留学归国人员就业行业主要分布在金融业（18.5%）、信息传输/软件和信息技术服务业（14.0%）和教育业（13.7%）等第三产业，成为我国产业结构升级的重要驱动要素。

❷ 2010年10月10日，国务院下发了《关于加快培育和发展战略性新兴产业的决定》（国发〔2010〕32号），把节能环保、信息、生物、高端装备制造、新能源、新材料、新能源汽车等作为现阶段重点发展的七大战略性新兴产业。

❸ 高新技术产业开发区留学归国人员数据可得时间段为2014年及以后，故此，本书选择了2014—2019年度数据进行分析。

产业增加值的增长趋势保持一致，均保持平稳增加，且留学归国人员增速高于战略性新兴产业增加值的增速。

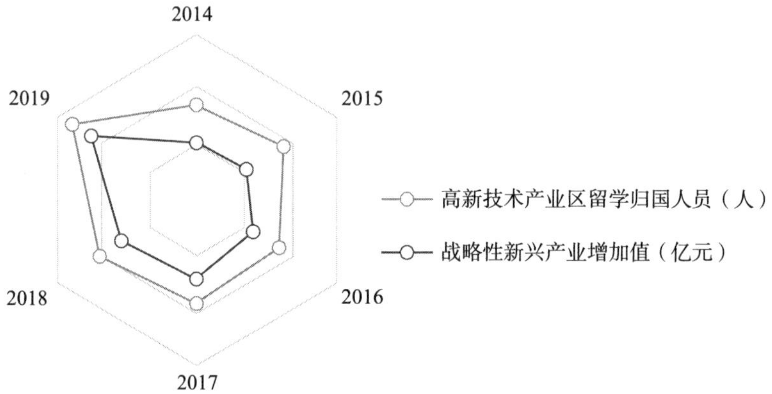

图 4-45　我国留学归国人数与战略性新兴产业增加值统计[1]（2014—2019 年）

数据来源：《中国火炬统计年鉴》。战略性新兴产业增加值根据《中华人民共和国 2019 年国民经济和社会发展统计公报》和国家统计局有关数据计算得出。

从上述分析可知，我国高等教育服务贸易进口与第二产业和第三产业增加值均具有正相关关系，且与第三产业增加值的相关关系更为显著；与产业结构高级化之间存在正相关关系；与战略性新兴产业增加值具有较为显著的相关关系。

第六节　本章小结

本章对中国高等教育服务贸易、经济增长及中国高等教育服务贸易影响经济增长的典型事实进行了分析，进一步说明了高等教育服务贸易与经济增长之间的相关关系，为后续实证研究打下了基础。

高等教育服务贸易的四种形式在我国分别以在线教育、留学教育、中外合作办学和引智工作形式呈现，其中，以留学教育的规模和影响最为显著。留学教育又分为来华留学生教育和出国留学教育两部分，前者为高等教育服

[1] 国家统计局于 2018 年调整了《战略性新兴产业分类（2018）》（国家统计局令第 23 号），有可能导致了 2019 年数据同比波动幅度较大。

务贸易出口，后者为高等教育服务贸易进口，两者相互联系，通过不同的作用机制促进经济增长。

从高等教育服务贸易出口来看，来华留学规模逐年扩大，亚洲、非洲、欧洲是来华留学生的主要生源地区，奖学金生占比稳定增长，特别是学历生奖学金生占比增长显著。从高等教育服务贸易进口来看，出国留学规模持续增长，回国人数显著增加，欧美国家仍是主要留学目的国，自费留学占主要地位。

中国经济增长呈现出显著的阶段性特征，经济增长模式正处在由粗放型向集约型转变的关键时期。

高等教育服务贸易与经济增长之间存在正向的相关关系，这种相关关系体现在直接经济收益、货物贸易、OFDI、技术创新和产业结构升级等不同方面，随着中国经济增长模式发生转变，高等教育服务贸易进口的影响作用体现得更加充分。通过高等教育服务贸易出口收益测算，2018 年，我国来华留学生学校费用和生活费用总收益约为 256.99 亿元，高等教育服务贸易出口对经济增长的贡献空间巨大。我国高等教育服务贸易出口与货物贸易和 OFDI 均具有正相关关系，其中，与劳动密集型产品贸易和一般货物贸易的正相关关系更加显著，与加工贸易在短期呈负相关关系；我国对亚洲、非洲国家高等教育服务贸易出口与 OFDI 具有显著的正相关关系，但对欧洲高等教育服务贸易出口与 OFDI 的相关关系不显著。我国高等教育服务贸易进口与技术创新和产业结构升级均具有正相关关系；与技术创新在规模和空间分布上呈正相关关系，且均在空间上呈现出向区域聚集和局部均衡布局的变化趋势。但是，高等教育服务贸易进口与创新产出的相关关系并不显著，这可能与技术创新成果转化不足、创新技术类型与市场需求的匹配度不高有关；我国高等教育服务贸易进口与第二产业和第三产业增加值均具有正相关关系，且与第三产业增加值的相关关系更为显著，与产业结构高级化之间存在着正相关关系，与战略性新兴产业增加值具有较为显著的相关关系。

第五章

中国高等教育服务贸易出口对经济增长影响的实证分析

本章将主要在第三章出口理论模型的基础上，采用国别层面的面板数据，构建基准回归模型和中介效应模型，对高等教育服务贸易出口影响经济增长的效果和机制进行检验，对假设 H1 至假设 H3 进行验证。

第一节　模型设定与研究设计

一、模型设定

本书借鉴江三良等（2021）有关于人力资本对经济增长质量影响的分析方法，结合前述高等教育服务贸易对经济增长影响的理论分析，综合考虑数据可得性和一致性等因素，构建高等教育服务贸易出口对经济增长影响的计量模型如下：

$$\ln eg_{it} = \beta_0 + \beta_1 \ln stu_{it} + \theta X_{it} + \mu_{it} + u_{it} + \delta_{it} \qquad \text{式（5-1）}$$

在上述模型中，为了消除各变量不同单位带来的异方差问题，所有的绝对值型变量均取对数进行处理。下标 i 代表不同省份和地区（i=1，2，3，…，31），t 是指样本年份（t=2003，2004，2005，…，2018），$\ln eg_{it}$ 代表各省份和地区在 t 时期的经济增长；$\ln stu_{it}$ 代表各省份和地区在 t 时期接收的来华留学生规模，X_{it} 为其他影响经济增长的控制变量，μ_{it} 为个体效应，u_{it} 为时间效应，δ_{it} 为服从独立分布的随机误差项。除了高等教育服务贸易出口规模，经济增长还受到多重因素的影响，本书借鉴文献做法，选取了一系列控制变量加入模型：

$$\begin{aligned}\ln eg_{it} = {} & \beta_0 + \beta_1 \ln stu_{it} + \beta_2 gov_{it} + \beta_3 urb_{it} + \beta_4 \ln mi_{it} + \\ & \beta_5 fdi_{it} + \beta_6 fin_{it} + \beta_7 \ln \mathrm{inf}_{it} + \mu_{it} + u_{it} + \delta_{it} \qquad \text{式（5-2）}\end{aligned}$$

其中，*gov*、*urb*、*mi*、*fdi*、*fin*、*inf* 分别表示地区政府支出规模、城市化水平、市场化程度、外商直接投资水平、金融发展水平和基础设施建设水平。

二、研究设计

本节先用豪斯曼检验确定了需要采用固定效应模型进行估计，并纳入个体和时间虚拟变量，采用双向固定效应模型消除面板数据的异方差和序列相关问题，对式（5-2）进行实证检验，对假设 H1 进行验证。为了克服解释变量的内生性问题，本节还将采用广义矩估计（Generalized Method of Moments，GMM）方法（阿雷拉诺和邦德，1991）与混合普通最小二乘（Ordinary Least Squares，OLS）回归进行对比估计。此外，本节将通过替换变量数据、工具变量法对估计结果进行稳健性检验，并进行异质性分析。

第二节　变量选取与数据说明

一、变量选取

根据上述模型设计，本书选取以下变量进行估计：

1. 被解释变量：eg_{it} 代表经济增长水平，选用人均 GDP 表示。

2. 解释变量：stu_{it} 代表高等教育服务贸易出口规模，用各省份和地区在 t 时期接收的来华留学生人数表示。

3. 控制变量：除了上述，各省市的财政支出水平、城市化水平等都会对经济增长产生影响，因此，本书将相关指标纳入控制变量体系。具体选取：（1）政府支出规模（gov），采用各省政府一般公共预算支出占比地区 GDP 表示；（2）城市化水平（urb），采用各省城镇人口占比总人口表示；（3）市场化程度（$\ln MI$），采用樊纲、王小鲁（2018）测算的市场化指数来表示，为确保数据维度一致，采用指数拟合法补充了 2019 年数据；（4）外商投资水平（fdi），采用外商投资额占比地区 GDP 表示；（5）金融发展水平（fin），借鉴李勇和马芬芬（2021）的做法，用金融机构贷款余额占比地区 GDP 表示；（6）基础设施建设水平（inf），采用人均邮电业务额表示。

4. 工具变量：采用景维民等（2019）的做法，选用解释变量滞后一期和二期作为当期高等教育服务贸易出口的工具变量，这一工具变量既与解释变量相关，也不会对被解释变量产生直接影响，满足工具变量的外生性要求。

二、数据说明

本书选取了 2003—2019 年 31 个省（不含港澳台地区）的省际面板数据，主要来自各省份统计年鉴、WIND 数据库、国家统计局官网、《中国统计年鉴》《中外贸易外经统计年鉴》《来华留学生简明统计》和《中国教育年鉴》。其中，地区进出口总额、外商直接投资总额以及金融机构贷款余额的原始数据均以千美元为计价单位，本书利用各年美元汇率均价进行了统一化处理，美元汇率数据从国家统计局网站获取。本书选用了国家统计局 2011 年有关划分我国经济区域的方法[1]，将数据样本划分为东部、中部、西部和东北四大地区，进行地区异质性分析。

表 5-1　基准回归模型主要变量描述性统计

变量	含义	观测值	均值	标准差	最小值	最大值	属性判断
ln*eg*	人均实际 GDP	527	10.266	0.731	8.218	12.011	—
ln*stu*	来华留学生人数	526	7.053	1.676	1.792	10.319	正相关
gov（%）	政府支出规模	527	0.254	0.188	0.080	1.350	正相关
urb（%）	城市化水平	527	51.725	15.031	0.170	89.600	正相关
ln*mi*	市场化程度	525	1.764	0.454	−2.813	2.408	正相关
ln*fdi*	外商直接投资水平	527	5.582	1.598	1.008	9.509	正相关
fin（%）	金融发展水平	527	1.278	0.463	0.550	2.996	正相关
ln*inf*	基础设施建设水平	527	4.778	1.103	2.654	8.514	正相关

注：因个别数据缺失，部分变量观测值略有减少。

第三节　基于面板数据的基准回归

一、回归结果与分析

首先，豪斯曼检验结果发现，应当使用固定效应模型，因此，分别引入各解释变量，利用时间和个体双固定效应模型，进行基准回归。表 5-2（1）—（7）报告了上述回归结果。（1）仅在回归模型中引入了来华留学生人数进行固定效应模型回归，主要解释变量系数为 0.0788，在 1% 的置信水平上显著，这与预估结果一致，表明高等教育服务贸易出口带来的来华留学生对经济增长具有显著的促进作用，假设 H1 得到验证。但同时，（1）回归模型的解释变量显然是有遗漏和缺失的，经济增长的有关影响因素并未被全

[1] 国际统计局官网：http：//www.stats.gov.cn/ztjc/zthd/sjtjr/dejtjkfr/tjkp/201106/t20110613_71947.htm.

部纳入回归模型，回归结果是有偏差的，不能科学地解释现实情况，有必要引进其他控制变量，再进行回归。表 5-2（2）—（7）逐步将模型设置的控制变量纳入回归，结果显示，来华留学生规模系数逐步略有降低，但系数在 1% 的置信水平上持续显著，说明不论其他因素如何变化，高等教育服务贸易出口对经济增长的促进作用都是十分显著的。通过对比 7 个模型回归结果的拟合优度，可以发现，仅有主要解释变量的模型遗漏了大量解释变量，解释能力受到了比较大的影响，R^2 的值仅为 0.4121，是所有基准回归模型拟合优度的最小值；逐步加入控制变量后，拟合优度值逐步增大，最终达到 0.8809，说明各控制变量增强了模型的解释能力，模型设置也更加科学合理，回归结果是可信的。

表 5-2 高等教育服务贸易出口对经济增长的基准回归

解释变量	被解释变量（ln*eg*）						
	（1）	（2）	（3）	（4）	（5）	（6）	（7）
ln*stu*	0.0788*** （0.0094）	0.0804*** （0.0096）	0.0767*** （0.0096）	0.0762*** （0.0096）	0.0701*** （0.0096）	0.0651*** （0.0095）	0.0651*** （0.0095）
gov		0.0822 （0.0987）	0.1262 （0.0992）	0.2068* （0.1118）	0.1531 （0.1106）	0.5005*** （0.1340）	0.5041*** （0.1430）
urb			0.0031*** （0.0011）	0.0032*** （0.0011）	0.0027** （0.0011）	0.0032*** （0.0011）	0.0032*** （0.0011）
ln*mi*				0.0429 （0.0297）	0.0387 （0.0292）	0.0730** （0.0296）	0.0733** （0.0300）
ln*fdi*					0.0748*** （0.0175）	0.0774*** （0.0172）	0.0773*** （0.0172）
fin						−0.1285*** （0.0291）	−0.1283*** （0.0293）
ln*inf*							0.0014 （0.0191）
常数项	8.7283*** （0.0590）	8.7040*** （0.0658）	8.5998*** （0.0752）	8.5168*** （0.0940）	8.2380*** （0.1130）	8.2693*** （0.1111）	8.2631*** （0.1411）
时间效应	固定	固定	固定	固定	固定	固定	固定
个体效应	固定	固定	固定	固定	固定	固定	固定
观测值	526	526	526	524	524	524	524
R^2	0.4121	0.5298	0.7370	0.7541	0.8177	0.8192	0.8809

注：*** $p<0.01$，** $p<0.05$，* $p<0.1$，括号中为标准误。

表 5-2（2）—（7）的逐步回归结果显示，城市化水平、外商直接投资水平和金融发展水平对高等教育服务贸易出口促进经济增长的效果持续显著，其中，城市化水平和外商直接投资水平越高，促进作用越强，这说明地区城市化程度越高、外商投资合作越多，来华留学生对经济增长的促进作用越强。回归结果显示，金融发展水平回归系数虽然十分显著，但是系数值持续为负，这可能是因为金融发展水平越高的地区，组织对外金融沟通与合作的能力越强，不需要通过其他非金融中介发挥服务经济增长的功能，来华留学生在双向沟通中的渠道作用得不到充分利用，因而造成了金融发展水平系数为负的结果。此外，政府支出规模和市场化指数的回归系数虽然保持为正，但是直到引入 5 个以上的控制变量时，其回归系数才开始显著，在模型引入了所有控制变量后，上述两项变量的回归系数分别为 0.5041 和 0.0733，并在 1% 的置信水平上显著，这说明政府支出规模和市场化程度还受到基础建设水平等其他因素的影响。这一现象可能与高等教育服务贸易出口促进经济增长的机制有关，城市化水平、外商投资水平、政府支出规模和市场化程度等均有利于创建良好的对外贸易和投资环境，进而对高等教育服务贸易出口影响经济增长的结果产生影响，这一点有待中介机制检验。

二、内生性讨论

基准模型的设定尽可能考虑到与其他扰动项的不相关性，采用了时间和个体的双固定效应，基准估计结果与预期一致。尽管如此，受限于 OLS 回归模型性质，理论上仍然存在遗漏变量产生的估计误差，高等教育服务贸易出口规模与经济增长之间的反向因果关系依然存在，少量的控制变量可能无法完全控制内生性问题的产生。因此，本书根据文献经验，首先尝试通过工具变量法来进行模型回归，考虑到工具变量的个数多于内生解释变量，本书将对比二阶段最小二乘法（Two Stage Least Square，2SLS）和 GMM 回归结果（邦德等，2001；姚先国和张海峰，2008；景维民等，2019），讨论内生性问题。

表 5-3（9）报告了解释变量一阶和二阶滞后项作为工具变量的 2SLS 回归结果，（10）报告了 GMM 估计结果，与基准回归结果（8）进行对比，结果基本一致。另外，弱工具变量 F 统计量通过检验，表明不存在弱工具变量问题。但是可以看到，工具变量（8）回归的系数大于基准回归，如果不

解决内生性问题，有可能会低估来华留学生对于经济增长的影响。工具变量估计结果证明基准回归是可信的，高等教育服务贸易出口对经济增长的作用是显著的。

表 5-3 内生性处理 - 工具变量法（出口）

解释变量	被解释变量（ln*eg*）						
	（7） 混合 OLS	（8） 固定效应	（9） 2SLS	（10） GMM	（11） DIF-GMM	（12） SYS-GMM1	（13） SYS-GMM2
lag_ln*eg*					0.7579*** （0.0260）	0.6542*** （0.0513）	0.5647*** （0.0702）
ln*stu*	0.0634*** （0.0110）	0.0651*** （0.0095）	0.0719*** （0.0145）	0.0634*** （0.0110）	0.0463*** （0.0118）	0.1124*** （0.0230）	0.1167*** （0.0305）
gov	1.5740*** （0.1462）	0.5041*** （0.1430）	1.8195*** （0.1638）	1.5740*** （0.1793）	0.0323 （0.0913）	0.1614 （0.2002）	0.1623 （0.1730）
urb	0.0118*** （0.0015）	0.0032*** （0.0011）	0.0210*** （0.0020）	0.0118*** （0.0022）	0.0183*** （0.0027）	0.0273*** （0.0059）	0.0385*** （0.0106）
ln*mi*	0.1062* （0.0612）	0.0733** （0.0300）	0.0245 （0.0717）	0.1062 （0.0733）	−0.0264* （0.0135）	−0.0085 （0.0283）	−0.0216 （0.0256）
ln*fdi*	0.0900*** （0.0169）	0.0773*** （0.0172）	0.2178*** （0.0187）	0.0900*** （0.0174）	0.0082 （0.0100）	0.0123 （0.0308）	0.0110 （0.0220）
fin	−0.1217*** （0.0368）	−0.1283*** （0.0293）	−0.0344 （0.0457）	−0.1217** （0.0475）	−0.1611*** （0.0175）	−0.2514*** （0.0398）	−0.2497*** （0.0454）
ln*inf*	0.3453*** （0.0211）	0.0014 （0.0191）	7.0449*** （0.1352）	0.3453*** （0.0221）	−0.0002 （0.0084）	−0.0186 （0.0189）	−0.0374* （0.0222）
R^2	0.8809	0.8809	0.8082	0.8809	—	—	—
Kleibergen-Paap rk Wald F 值	—	—	915.573	—			
Hansen-P 值	—	—	0.8478	—	0.268	0.300	0.300
AR（1）检验值（P）	—	—	—	—	-2.58 ［0.010］	-2.95 ［0.003］	-1.53 ［0.125］
AR（2）检验值（P）	—	—	—	—	-3.58 ［0.000］	-1.14 ［0.256］	-0.43 ［0.666］
观测值	524	524	462	524	430	462	462

注：（1）*** $p<0.01$，** $p<0.05$，* $p<0.1$，圆括号中为标准误；（2）AR（1）和 AR（2）检验分别为模型残差的 Arellano-Bond 一阶和二阶序列相关检验，Hansen 检验是工具变量过度识别检验，Kleibergen-Paap rk Wald F 检验是弱工具变量检验；（3）在 SYS-GMM 回归中，lneg、lnstu 被视为内生变量，采用其四阶滞后作为相应工具变量。

考虑到被解释变量具有连续性，本章继续选择加入被解释变量的滞后一期，分别采用差分矩估计（DIF-GMM）和系统矩估计（SYS-GMM）（阿雷拉诺和邦德，1991；大卫，2006）进行回归，使得工具变量的有效性得到提升。从表 5-3（11）—（13）报告的回归结果可以看出，DIF-GMM 被解释变量滞后一期的系数高于 SYS-GMM 的系数，一步和两步 SYS-GMM 回归的各项系数比较相近。整体来看，被解释变量滞后一期和主要解释变量的系数显著为正，Hansen 和其他各项检验指标显示模型的工具变量是有效的，估计结果与前述回归结果保持一致。通过对比内生性处理前后各回归结果发现，大多数变量的系数是比较稳健的，来华留学生规模的系数稳定显著，说明高等教育服务贸易出口对经济增长的显著作用是稳健的。

三、稳健性检验

在内生性处理的基础上，为进一步验证估计结果的稳健性，本章继续进行两个稳健性检验，分别采用变量替换和剔除特殊样本的方法对回归结果进行检验。

1. 替换变量

首先，考虑替换核心解释变量，将基准回归中的来华留学生人数由增量数改为存量数，再分别观测不控制其他变量和加入控制变量情况下对回归结果的影响。表 5-4（14）—（17）分别报告了检验结果，可以看出，除市场化指数外，核心解释变量系数和政府支出规模、城市化水平、外商投资等控制变量均在 10% 的置信水平上显著，这证明来华留学生增量和存量数均能够显著促进经济增长，前述回归结果是稳健可靠的。

表 5-4 稳健性检验（出口）

解释变量	被解释变量（ln*eg*）					
	替换变量				剔除特殊值	
	（14）	（15）	（16）	（17）	（18）	（19）
ln*stu*	0.0788*** （0.0094）	0.0651*** （0.0095）			0.0797*** （0.0109）	0.0478*** （0.0101）
ln*stucl*			0.0927*** （0.0103）	0.0827*** （0.0104）		−0.6525*** （0.2360）
gov		0.5041*** （0.1430）		0.6202*** （0.1427）		0.0134*** （0.0025）

续表

解释变量	被解释变量（ln*eg*）					
	替换变量				剔除特殊值	
	（14）	（15）	（16）	（17）	（18）	（19）
urb		0.0032*** （0.0011）		0.0028*** （0.0011）		0.1057* （0.0620）
ln*mi*		0.0733** （0.0300）		0.1074*** （0.0308）		0.0449*** （0.0171）
ln*fdi*		0.0773*** （0.0172）		0.0725*** （0.0170）		−0.2857*** （0.0408）
fin		−0.1283*** （0.0293）		−0.1438*** （0.0288）		0.0123 （0.0232）
ln*inf*		0.0014 （0.0191）		−0.0011 （0.0189）		0.0478*** （0.0101）
常数项	8.7283*** （0.0590）	8.2631*** （0.1411）	8.6146*** （0.0676）	8.1185*** （0.1436）	8.7615*** （0.0684）	8.3507*** （0.1838）
时间效应	固定	固定	固定	固定	固定	固定
个体效应	固定	固定	固定	固定	固定	固定
观测值	526	524	525	523	445	345
R^2	0.4121	0.8809	0.9732	0.9761	0.9730	0.9811

注：*** $p<0.01$，** $p<0.05$，* $p<0.1$，括号中为标准误。

其中，基础设施建设水平系数在各种回归中均不显著，这与基准回归的发现一致，可能与生源国的经济发展阶段相关。此外，存量回归系数要大于基准回归系数，说明在华时间较长的学生对经济增长的促进作用更加明显，学生来华时间越长，对中国经济文化环境的认知越深刻，对促进双边经贸合作越有利，进而越有利于经济增长。

2. 剔除特殊样本

进一步考虑对样本中的特殊值进行剔除。对所有的数据进行了前后 5% 的缩尾处理，并分别通过不控制其他变量和加入全部控制变量两种方式进行回归，观测结果的稳健性。表 5-4（18）和（19）报告了缩尾处理后的回归结果，可以看出，主要解释变量和大部分控制变量依旧显著，其中，未加入控制变量时，主要解释变量缩尾去掉的样本较少，保留了 445 个样本值，结果与基准回归系数基本一致；加入控制变量后，因缩尾进一步去掉了 100 个样本值，仅保留了 65.46% 的样本值，尽管主要解释变量依旧在 10% 的置信水平上显著，但是系数减小近一半，说明控制变量对回归结果具有一定的影响力，来华留学生在促进经济增长过程中受到多方面因素的影响。整体来看，缩尾处理后数据的回归结果与前述检验结果基本一致，回归结果是稳健有效的。

四、异质性分析

上述基准回归、内生性处理和稳健性检验等结果显示，从整体样本数据看，高等教育服务贸易出口对于经济增长具有显著的正向促进作用，考虑到选取变量的特征，本章进一步根据地理位置和来华留学生性质进行两项异质性检验。

1. 地区异质性分析

中国经济总体差距的来源主要是地理位置的差异，从地区异质性角度分析国际人才流动对经济增长（刘志民和杨洲，2018；余洁等，2020）、货物贸易（古尔德，1994；魏浩和陈开军，2015）等影响的研究比较丰富，本章将借鉴文献经验，根据中国经济区域划分范围，对高等教育服务贸易出口对经济增长的影响进行地区异质性分析。

表 5-5（20）—（25）报告了全国范围和各经济区域范围内的回归结果，从整体来看，东部地区和中部地区高等教育服务贸易出口都能够显著促进经济增长，西部地区和东北地区高等教育服务贸易出口对经济增长的作用并不显著。从回归系数情况来看，高等教育服务贸易出口对经济增长的作用强度具有明显的地区异质性，强度高低依次为东部地区、中部地区、西部地区和东北地区，其中，只有东部地区的强度高于全国平均水平。从全国层面看，除了基础设施建设水平，其他解释变量的回归系数均在 1% 的置信水平上显著，说明高等教育服务贸易出口通过来华留学生带动经济增长的机制受到多方面因素影响，这与稳健性检验发现的结果一致。从拟合优度值来看，各模型的 R^2 值均在 0.98 以上，能够较好地表现高等教育服务贸易出口对经济增长的作用关系，回归结果具有很强的解释力。

2018 年，全国共有 1004 所高等学校接收来华留学生 49.22 万人。其中，东部地区拥有具备留学生接收能力的高校共计 366 所，占全国总数的 36.45%；共接收来华留学生总数 31.14 万人，占全国总人数的 63.27%。具有比较高的留学生承载力。东部地区是我国改革开放的前沿阵地，也是全国

表 5-5 地区异质性分析（出口）

解释变量	被解释变量（ln*eg*）					
	全国（20）	东部地区（21）	西部地区（22）	中部地区（23）	东北地区（24）	西部和东北地区（25）
ln*stu*	0.0651*** （0.0095）	0.1275*** （0.0176）	0.0185 （0.0134）	0.0270*** （0.0102）	−0.0460 （0.0421）	0.0402*** （0.0125）
gov	0.5041*** （0.1430）	−0.3277 （0.3771）	−0.3313 （0.6667）	0.0744 （0.1573）	0.0027 （0.3492）	−0.6342** （0.2789）
urb	0.0032*** （0.0011）	0.0006 （0.0010）	−0.0136 （0.0086）	0.0068* （0.0040）	−0.0144*** （0.0038）	0.0180*** （0.0033）
ln*mi*	0.0733** （0.0300）	0.0602 （0.1299）	0.4738*** （0.1489）	0.0346 （0.0247）	−0.4271** （0.1762）	−0.0002 （0.0665）
ln*fdi*	0.0773*** （0.0172）	−0.0737*** （0.0256）	−0.0511 （0.0318）	0.0516*** （0.0187）	−0.2296*** （0.0402）	0.0625*** （0.0228）
fin	−0.1283*** （0.0293）	−0.1889*** （0.0554）	−0.0617 （0.0995）	−0.0044 （0.0328）	−0.1116** （0.0532）	−0.2663*** （0.0509）
ln*inf*	0.0014 （0.0191）	−0.0126 （0.0238）	0.3774*** （0.0443）	0.1036*** （0.0340）	0.3985*** （0.1417）	0.0215 （0.0396）
常数项	8.2631*** （0.1411）	9.5055*** （0.3853）	7.5491*** （0.4203）	7.9054*** （0.1765）	10.8043*** （0.9404）	8.2352*** （0.2097）
时间效应	固定	固定	固定	固定	固定	固定
个体效应	固定	固定	固定	固定	固定	固定
观测值	170	102	201	51	354	181
R^2	0.9832	0.9961	0.9904	0.9975	0.9846	0.9863

注：*** p<0.01，** p<0.05，* p<0.1，括号中为标准误。

经济活力最突出的地区，物质资本和人力资本要素密集，市场开放度和产业发展水平优于其他地区，经济增长水平高于全国其他地区。一方面，东部地区能够吸引更多的来华留学生，不断提升地区开放程度，提升人力资本水平，带动地区经济增长；另一方面，留学生能够形成复杂的社会网络，加强人员和信息交换频率，激发双边市场活力，进一步促进地区货物贸易和 OFDI 规模的扩大，实现地区经济增长。在中部地区，高等教育服务贸易出口对地区经济增长的影响也十分显著，但作用程度低于东部地区。中部地区的来华留学生接收能力与东部地区相比差距较大，物质资本和人力资本的积累程度均低于东部地区，市场开放程度和对外贸易水平有限，来华留学生直接参与当地经济活动的程度较弱，对货物贸易和 OFDI 的促进作用有限。

西部地区与东北地区整体的来华留学生承载力与中部地区基本持平，但高等教育服务贸易出口促进经济增长的作用并不明显。但是，从西部和东北地区整体来看，高等教育服务贸易出口对经济增长的贡献是显著的，这与地区教育资源丰富、经济转型战略有关，从长期来看，西部和东北地区应当加快经济转型，重视高等教育服务出口对经济增长的带动作用，通过促进对外经济贸易缩小与东部地区差异（李洁和张天顶，2006），提高人力资本的使用效率，寻找经济发展的新路径。

2. 学历水平异质性分析

根据来华留学生的学习目的，可以将来华留学生分为学历生和非学历生，学历生中含专科生、本科生和研究生，非学历生指普通进修生、高级进修生和短期留学生，学历生在校时间 3 年到 5 年，甚至更长，不等，非学历生在校时间最短为 1 个月。

根据历年《来华留学生简明统计》和《中国教育统计年鉴》统计数据，将样本数据分为学历生组和非学历生组两类，表 5-6（26）和（27）报告了两类样本数据回归结果，可以看出，两组留学生都能够显著地促进经济增长，解释变量的系数均在 1% 的置信水平上显著，结果十分稳健。从拟合优度上来看，未引入其他控制变量前，两组回归的拟合优度普遍较小，说明变量有缺失；引入模型全部控制变量后，两组回归的 R^2 值分别为 0.7744 和 0.7667，表明模型能够较好地解释来华留学生规模与经济增长的关系，与基准回归的拟合优度变化趋势一致。

具体来看，当不加入控制变量时，非学历生的回归系数（0.0477）小于学历生的回归系数（0.0684），即非学历来华留学生对于经济增长的影响弱于学历来华留学生，这可能与学生自身的特点有关，他们来华准备充分，对跨文化环境的适应能力比较强，善于发现国际市场差异，能更好地挖掘双边市场需求，有效推动双边合作沟通，促进贸易投资。学历生本身更专注于专业选择和能力培养，可能受到奖学金、就业等因素的影响，在识别市场关系、利用资源等方面需要一定的适应周期，对经济增长的作用稍弱于非学历生。随着各项控制变量的加入，来华留学生对经济增长的作用依旧显著，但主要解释变量的系数逐渐变小，学历生发挥的作用逐渐大于非学历生，体现为各解释变量的回归系数逐步增大且超过了非学历生的系数。这与前文发现一致，来华留学生对经济增长的促进作用受到政府支出规模、城市化程度、市场开放程度、外商投资水平以及金融发展水平等多方面因素的影响。此外，可以看到，市场开放度对经济增长的影响力度逐渐变得不显著，市场开放度的回归系数分别从 0.8032 降至 0.1236，0.7714 降至 0.0646，而政府支出规模的回归系数则是分别增加了一倍，表明来华留学生促进经济增长的机制受到政府支出规模的影响。这说明，高等教育服务贸易出口影响经济增长的机制受到其他宏观因素的影响，存在中介机制。本章最后一部分，将对可能存在的中介机制进行验证。

表 5-6 学历水平异质性分析（出口）

解释变量	被解释变量（ln*eg*）					
	学历生（26）			非学历生（27）		
ln*stud*	0.0477*** （0.0136）	0.0470*** （0.0088）	0.0383*** （0.0075）			
ln*stund*				0.0684*** （0.0159）	0.0460*** （0.0107）	0.0333*** （0.0092）
gov		2.8089*** （0.2879）	4.4610*** （0.2970）		2.7647*** （0.2817）	4.4085*** （0.2967）
urb		0.0304*** （0.0021）	0.0279*** （0.0024）		0.0306*** （0.0021）	0.0277*** （0.0024）
ln*mi*		0.8032*** （0.1221）	0.1236 （0.1193）		0.7714*** （0.1183）	0.0646 （0.1169）
ln*fdi*			0.2909*** （0.0237）			0.3000*** （0.0237）
fin			−0.3741*** （0.0638）			−0.3679*** （0.0641）
常数项	9.9288*** （0.1016）	6.2745*** （0.2250）	6.1357*** （0.2011）	9.7620*** （0.1211）	6.3297*** （0.2208）	6.2384*** （0.1993）
观测值	456	391	347	475	409	362
R^2	0.0265	0.6630	0.7744	0.0377	0.6546	0.7667

注：*** p<0.01，** p<0.05，* p<0.1，括号中为标准误。

第四节 基于面板数据的中介效应检验

一、模型设定

根据基准回归和稳健性检验结果可知，高等教育服务贸易出口对经济增长具有显著的促进作用。理论分析显示，高等教育服务贸易出口对经济增长的拉动作用是通过促进对外贸易和扩大 OFDI 实现的。根据第三章理论分析结果，代表高等教育服务贸易出口的来华留学生可能通过降低交易成本、增加市场偏好等方面促进双边货物贸易和 OFDI 规模的扩大，进而促进经济增长。为了验证上述机制，根据文献经验（温忠麟等，2004；江三良等，2021；李勇等，2021），构建一个中介效应模型：

$$\ln eg_{it}=\alpha_0+\alpha_1\ln stui_{it}+\sum_j\alpha_j control_{it}+\mu_{it}+u_{it}+\delta_{it} \quad 式（5\text{-}3）$$

$$MED_{it}=\beta_0+\beta_1\ln stui_{it}+\sum_j\beta_j control_{it}+\mu_{it}+u_{it}+\delta_{it} \quad 式（5\text{-}4）$$

$$\ln eg_{it}=\lambda_0+\lambda_1\ln stui_{it}+\lambda_2 MED_{it}+\sum_j\lambda_j control_{it}+\mu_{it}+u_{it}+\delta_{it}$$

式（5–5）

在式（5–3）至式（5–5）中，MED_{it} 为中介变量集合，具体包含了双边货物贸易（ln*tra*）和 OFDI（ln*ofdi*）2 个指标，$control_{it}$ 为控制变量集合，α_j、β_j 和 λ_j 分别为控制变量的待估参数，$\ln eg_{it}$ 代表各省份在 t 时期的经济增长水平；$\ln stui_{it}$ 代表各省份和地区在 t 时期接收的来华留生规模，μ_{it} 为个体效应，u_{it} 为时间效应，δ_{it} 为服从独立分布的随机误差项。

中介效应模型估计步骤分为三步：

第一步，对式（5–3）进行估计，通过查看 α_1 反映高等教育服务贸易出口对经济增长的整体影响，与基准回归基本一致；

第二步，对式（5–4）进行估计，通过查看 β_1 反映高等教育服务贸易出口对中介变量的影响；

第三步，对式（5–5）进行估计，通过查看 λ_1 和 λ_2 反映高等教育服务贸易出口对经济增长的直接效应和中介效应。式（5–5）是式（5–3）和式（5–4）的加总。

查看结果时，如果发现 β_1 和 λ_2 都是显著的，即可说明中介效应存在；如果发现 β_1 和 λ_2 只有一个是显著的，还需通过中介效应检验程序（Sobel-Goodman Mediation Tests，Sobel）进行进一步检验。此外，如果 λ_2 不显著，λ_2 显著，那么说明存在完全的中介效应，即高等教育服务贸易出口必须通过货物贸易影响经济增长；如果 λ_1 和 λ_2 都显著，那么说明存在部分中介效应，且能够计算中介效应的占比为：

$$\frac{\beta_1\lambda_2}{\lambda_1+\beta_1\lambda_2} \qquad 式（5-6）$$

根据上述，继续对我国 31 个省份地区 2003—2019 年的样本数据进行回归，分别对两个中介变量的效果进行检验。

二、变量选取与数据说明

根据理论机制分析的结论，在基准回归模型的基础上，增加对中介变量的选取和说明，并通过中介机制检验方法分别进行验证。

1. 货物贸易（*tra*）：$\ln tra_{it}$ 代表各地区在 t 时期的货物贸易进出口规模。

2. OFDI（*ofdi*）：$\ln ofdi_{it}$ 代表各地区在 t 时期的对外直接投资规模。

上述数据主要来自国家统计局和《中国对外直接投资统计公报》。对两个中介变量进行标准化处理后，描述性统计特征如表 5-7 所示：

表 5-7　中介效应检验主要变量描述性统计

变量	含义	观测值	均值	标准差	最小值	最大值	属性判断
ln*tra*	货物贸易规模	527	17.030	1.805	11.787	20.971	正相关
ln*ofdi*	对外直接投资规模	511	2.643	2.437	−6.908	7.373	正相关

注：因个别数据缺失，部分变量观测值略有减少。

三、估计结果与分析

表 5-8 报告了中介效应模型的回归结果。可以看出，模型（28）中主要解释变量的系数为 0.0651，在 1% 的置信水平上显著，这与基准回归是一致的，是估计模型的总效应。在模型（29）回归结果中，来华留学生系数在 1% 的置信水平上显著为正，说明来华留学生对双边货物贸易具有显著的促进作用，即 β_1 显著，估计系数为 0.0685。接着，在模型（30）中，来华留学生和双边货物贸易作为解释变量对经济增长的影响都是显著为正的，即 λ_1 和 λ_2 都显著，估计系数分别为 0.0577 和 0.1086，两者分别是估计模型的直接效应和中介效应。按照中介效应的判定规则，β_1、λ_1 和 λ_2 都显著，因此可知，货物贸易存在着部分中介效应，中介效应占比总效应 11.42%。进一步地，观察模型（28）和模型（30）的系数，可以看出，加入中介变量以后，

来华留学生回归系数的绝对值减小了，这再次说明了中介效应的存在，假设H2得到了验证。

表 5-8　中介效应检验（出口）

解释变量	被解释变量				
	lneg（28）	lntra（29）	lneg（30）	lnofdi（31）	lneg（32）
		货物贸易效应		OFDI 效应	
lntra			0.1086*** （0.0169）		
lnofdi					0.0251*** （0.0047）
lnstu	0.0651*** （0.0095）	0.0685*** （0.0248）	0.0577*** （0.0092）	0.2665*** （0.0959）	0.0630*** （0.0097）
gov	0.5041*** （0.1430）	−0.0649 （0.3746）	0.5111*** （0.1372）	2.2508 （1.5700）	0.0826 （0.1585）
urb	0.0032*** （0.0011）	0.0067** （0.0029）	0.0025** （0.0011）	0.0123 （0.0102）	0.0034*** （0.0010）
lnmi	0.0733** （0.0300）	−0.1481* （0.0786）	0.0894*** （0.0289）	1.3200*** （0.3292）	0.1494*** （0.0337）
lnfdi	0.0773*** （0.0172）	0.2420*** （0.0451）	0.0511*** （0.0170）	0.1784 （0.1613）	0.0600*** （0.0163）
fin	−0.1283*** （0.0293）	−0.3827*** （0.0769）	−0.0867*** （0.0289）	−0.1883 （0.2867）	−0.1635*** （0.0289）
lninf	0.0014 （0.0191）	0.1012** （0.0502）	−0.0096 （0.0185）	0.0516 （0.1772）	−0.0149 （0.0179）
常数项	8.2631*** （0.1411）	14.2896*** （0.3698）	6.7115*** （0.2768）	−6.5338*** （1.3543）	8.4369*** （0.1399）
中介效应	—	—	11.42%	—	9.60%
观测值	524	524	524	509	509
R^2	0.9752	0.8587	0.9772	0.8168	0.9777

注：*** $p<0.01$，** $p<0.05$，* $p<0.1$，括号中为标准误。

同样地，可以看出，在模型（31）的回归结果中，来华留学生系数在1%的置信水平上显著为正，说明来华留学生对OFDI具有显著的促进作用，即β_1显著，估计系数为0.2665，高于模型（29）中的估计系数。从模型（32）的回归结果可以看出，来华留学生和OFDI作为解释变量对经济增长的影响都是显著为正的，即 λ_1 和 λ_2 都显著，估计系数分别为 0.0630 和 0.0251，按照中介效应的判定规则，β_1、λ_1 和 λ_2 都显著，因此可知，OFDI 亦对高等教育服务贸易出口影响经济增长存在部分中介效应，可计算出中介效应占比为 9.60%。进一步地，观察模型（28）和模型（32）的系数大小，可以看出，加入中介变量以后，来华留学生回归系数的绝对值减小了，这再次说明了中介效应的存在，假设 H3 得到了验证。

从对样本数据的分析中可知，货物贸易和 OFDI 都是高等教育服务贸易出口影响经济增长的中介机制。相比较而言，货物贸易对高等教育服务贸易进口促进经济增长的中介效应大于 OFDI 的中介效应，这表明，现阶段中国通过高等教育服务贸易出口形成的人力资本数量和质量还有待提升，在推动 OFDI 规模扩大方面的作用需进一步增强。随着我国对亚洲、非洲等高等教育服务贸易出口规模的不断增加，应当充分利用来华留学生对双边文化沟通、市场开发等方面发挥的桥梁作用，提升我国对亚洲和非洲国家 OFDI 的规模和质量，推动资本“走出去”，获取广阔的世界市场，推动经济增长。

值得注意的是，模型（29）和模型（31）回归结果显示，来华留学生对货物贸易和 OFDI 分别具有显著的促进作用，这一机制过程虽然在理论部分得到了验证，但此过程并不能通过本章的计量模型得到体现。文献研究表明，来华留学生形成的社会网络能够通过偏好机制和信息机制（魏浩和袁然，2020）产生出口贸易效应，会对我国中西部地区进口、一般贸易进口、资本技术密集型商品的进口产生促进作用（魏浩和袁然，2017）。来华留学生能够大大增加与生源国之间的信息交流，降低沟通成本，通过语言、文化的学习和传播，有效地缩短两国之间的文化距离（Bruce Kogut 和 Harbir Singh，1988；Hofstede），改善双边外交关系（王珏等，2019；闫雪凌和林建浩，2019），进而增加中国海外投资规模（Wang Yang，2020）。这些为本章研究提供了拓展空间。

第五节　本章小结

本章对高等教育服务贸易出口对经济增长的影响进行了实证检验。

首先，通过构建计量模型，采用 31 个省份 2003—2019 年的统计数据进行基准回归，并分别进行了内生性处理、稳健性检验和异质性分析。基准回归结果表明，高等教育服务贸易出口与经济增长具有显著的正相关关系，假设 H1 得到验证。高等教育服务贸易出口影响经济增长的作用强度受到城市化水平、外商直接投资水平等因素的持续影响；政府支出规模和市场化程度的影响力与基础设施建设水平有关。这一现象可能与高等教育服务贸易出口促进经济增长的机制有关。异质性分析表明，高等教育服务贸易出口对经济增长的作用强度具有明显的地区异质性，强度高低依次为东部地区、中部地区、西部地区和东北地区。其中，只有东部地区的强度高于全国平均水平，这种差距的原因主要是由对人力资本使用效率的差异造成的。东部地区具有较高的留学生承载力，经济发展水平高于全国其他地区，高等教育服务贸易出口促进经济增长的作用强度较高。一方面，东部地区能够吸引更多的来华留学生，不断提升地区开放程度，提升人力资本水平，带动地区经济增长；另一方面，留学生能够形成复杂的社会网络，加强人员和信息交换频率，激发双边市场活力，进一步促进地区货物贸易和 OFDI 规模的扩大，实现地区经济增长。中部地区来华留学生接收能力和经济发展水平与东部地区相比差距较大，高等教育服务贸易出口促进经济增长的作用强度弱于东部地区。西部地区与东北地区高等教育服务贸易出口促进经济增长的作用并不明显。从西部和东北地区整体来看，高等教育服务贸易出口对经济增长的贡献是显著的，这与地区教育资源丰富、经济转型战略有关。异质性分析还表明，学历生比非学历生对经济增长的促进作用更加显著，这与学历生来华时间较长、对双边文化理解更为深刻、参与双边经贸活动程度更深入有关。

其次，中介效应回归结果表明，货物贸易和 OFDI 都是高等教育服务贸易出口促进经济增长的中介机制，货物贸易的中介效应占比（11.42%）大于 OFDI（9.60%），来华留学生能够通过降低交易成本、缩短双边文化距离促进货物贸易和 OFDI 规模的扩大，进而推动经济增长。假设 H2 和假设 H3 得到验证。现阶段中国通过高等教育服务贸易出口形成的人力资本数量和质量还有待提升，在推动 OFDI 规模扩大方面的作用需进一步增强。

第六章

中国高等教育服务贸易进口对经济增长影响的实证分析

本章第一节将利用全国层面的时间序列数据，构建 VAR 模型，对高等教育服务贸易进口影响经济增长的逻辑关系进行检验。第二节和第三节将根据第三章进口理论模型，利用省际层面面板数据，构建基准回归模型和中介效应模型，对高等教育服务贸易进口影响经济增长的效果和作用机制进行检验。第四节将继续利用省际层面面板数据，构建空间杜宾模型，对高等教育服务贸易进口影响经济增长的空间溢出效应进行实证检验。上述将分别对假设 H4 至假设 H7 进行验证。第五节将对实证结论进行归纳。

能够用于代理高等教育服务贸易进口的数据可得性和一致性比较差，现有两种数据分别为：国家层面时间序列数据，即我国历年留学归国人数，能够体现我国高等教育服务贸易进口的整体规模；省际层面面板数据，即我国高新技术产业开发区的留学归国人数，能够体现我国高等教育服务贸易进口的分布情况。两种数据都具有较好的代表性，因此，本书分别针对这两种数据类型，选用实证方法进行分析。

第一节　基于时间序列的 VAR 模型检验

一、模型设定

VAR 模型具有较强的适用性，不附带约束条件设置的联立方程，适合预测相互联系的时间序列数据及分析随机扰动项产生的动态冲击，既避免了控制变量不足造成的内生性问题，又避免了控制变量过多而造成的多重共线性问题（李子联，2016）。当解释变量发生变动时，VAR 模型能够模拟被解释变量受到冲击之后的轨迹变化，比较清晰地展示两者之间的关系。

本书借鉴文献（李航敏，2014；李子联，2020；何菊莲等，2021）的方法，构建包含时间序列数据的 VAR 模型，对我国高等教育服务贸易进口影响经济增长的直接效应和中介效应进行考察。建立 VAR 模型基本形式为：

$$y_t = \beta_0 + \sum_{n=1}^{p} \cdot \beta_n y_{t-n} + \delta_{nt} \qquad \text{式（6–1）}$$

其中，y 表示本章选取的被解释变量的列向量，t 表示年份时间，p 为模型的滞后阶数，β_0 是截距向量，β_n 是滞后变量的参数矩阵，δ_{nt} 是随机扰动项。此外，本书选取 1 个解释变量 x，对构建的 VAR 模型进行扰动冲击影响。

二、变量选取和数据说明

根据前述理论分析，本节选取 GDP 增长率（*gdp*）代表经济增长，选取高新技术产业开发区留学归国人数增长率（*stui*）代表我国高等教育服务贸易进口，对这两个内生变量的逻辑关系进行检验，观察当高等教育服务贸易进口受到冲击时，能够对经济增长产生何种影响。VAR 模型采用的实际数据年限为 1978—2019 年，总共 42 年。数据主要来源于国家统计局。所有数据的描述性统计信息如下：

表 6-1 VAR 模型主要变量描述性统计

变量	含义	观测值	均值	标准差	最小值	最大值
gdp	经济增长：GDP 增长率	42	9.4429	2.7085	3.9	15.2
stui	高等教育服务贸易进口：留学归国人数增长率	41	0.3351	0.9600	−0.4156	6.0556

三、平稳性检验

在对模型进行回归前，需要对高等教育服务贸易进口影响经济增长的变量数据进行单位根检验。一般来说，如果时间序列存在单位根，那么该序列为非平稳序列，有可能会造成估计偏差或者是“伪回归”现象，进而考虑通过一阶差分或者是协整关系修正，将其转换为平稳序列，进而采用平稳时间序列的方法进行下一步检验。判断时间序列是否存在单位根，一般采用 ADF（Augmented Dicky-Fuller）方法进行。

表 6-2 ADF 检验结果

变量	*P* 值	平稳性
gdp	0.0292	平稳
stui	0.0000	平稳

根据 ADF 检验结果可知，被解释变量和解释变量均通过了平稳性检验，本书将对 VAR 模型的最优滞后期进行确定。

表 6-3　最优滞后期检验

滞后期数	LL	LR	df	p	FPE	AIC	HQIC	SBIC
0	−96.0127				0.596207	5.15856	5.18923	5.24475
1	−82.6329	26.76	4	0.0000	0.364143	4.66489	4.75688	4.92345*
2	−77.8029	9.6599	4	0.047	0.349421	4.62121	4.77453	5.05215
3	−70.7579	14.09*	4	0.007	.299301*	4.46094*	4.6756*	5.06426

表 6-3 报告了 VAR 模型选取最优滞后期的情况，以不同类型检验的信息最小准则作为最优滞后期阶数的依据，最终选择滞后 3 期作为最佳阶数进行 VAR（3）建模。模型通过了联合显著性检验及残差自相关检验。接着，对构建的 VAR（3）模型进行稳健性检验，图 6-1 显示，所有特征根均小于 1，整个模型系统是稳定的。此外，通过进一步检验，模型残差均为正态分布，VAR（3）模型能够用于进一步动态分析。

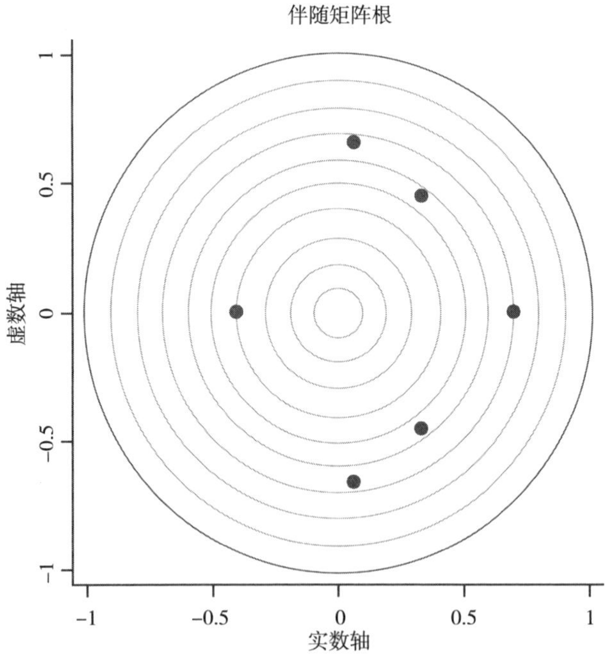

图 6-1　VAR（3）系统稳定性判别

四、格兰杰因果关系检验

为了说明各变量之间的逻辑关系，对平稳序列的一阶差分数据变量进行格兰杰因果关系检验，考察 VAR（3）模型滞后项对内生变量的联合影响（白云飞和潘忠志，2015）。P 值为主要判定依据，如果 $P<0.05$，则认为原假设是低概率事件，可以拒绝原假设，且结果显著；如果 $P>0.05$，则认为原假设是大概率事件，不可以拒绝原假设，且结果显著。对 VAR（3）的格兰杰因果关系检验结果显示，据此判断，高等教育服务贸易进口为经济增长的格兰杰原因，且结果十分显著（$p=0.0110$），而经济增长不是高等教育服务贸易进口的格兰杰原因（$p=0.0900$）。

五、脉冲响应分析

从格兰杰因果分析中可知，变量之间的关系为高等教育服务贸易进口→经济增长。本书继续选用 VAR 模型的脉冲响应函数，进一步分析随机扰动项对于变量系统内的影响，刻画出变量冲击影响的强度和持续时间。

脉冲响应的特点是在其他变量保持各期不变动的情况下，对方程中的扰动项发生一个标准变化时，对所有内生变量所产生的冲击进行刻画。在脉冲响应图中，横轴代表着响应时期数（本书设置响应时期数为 10），纵轴代表响应的幅度和方向，阴影部分是响应轨迹的置信区间，阴影中间的线条表示响应轨迹。通过分析响应轨迹的变化，可知响应变量根据冲击变量变化而产生的动态发展趋势，结合经济含义解释各变量关系内涵。

图 6-2 报告了当高等教育服务贸易进口变量冲击时，经济增长变量在 10 个周期内的响应轨迹。具体来看，当 1 单位的留学归国人数标准差冲击后，GDP 增长率随即出现正响应，响应轨迹曲线向右上方倾斜，相应幅度随时期推移逐渐加强，约在第 3 期达到最大值，之后，相应强度逐渐稳定，持续呈现正响应的状态。随着期数推移，GDP 增长率对高等教育服务贸易进口的正响应强度趋于平缓。

通过 VAR 模型检验可知，高等教育服务贸易进口对经济增长始终有显著的正向促进作用，这与理论分析得出的基本结论一致，假设 H4 得到验证。但是，VAR 模型无法验证这一影响的作用机制，因此，下一步将更换面板数据，采用中介效应模型进行进一步检验。

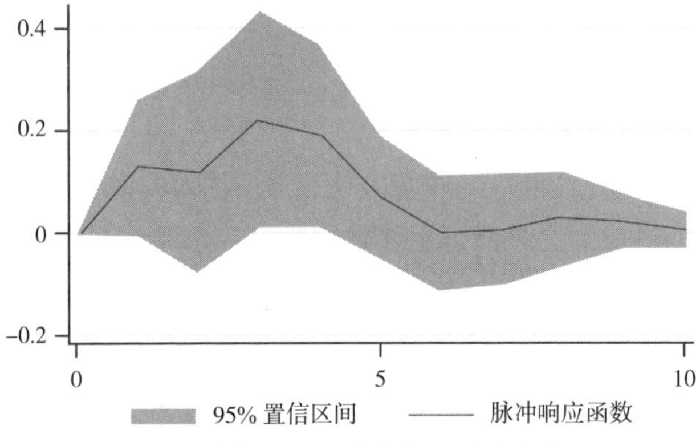

图 6-2　高等教育服务贸易进口冲击经济增长响应

第二节　基于面板数据的基准回归

一、模型设定与研究设计

本章沿用第 5 章的方法，先进行基准回归模型检验，构建高等教育服务贸易进口对经济增长影响的计量模型如下：

$$\ln pgdp_{it} = \beta_0 + \beta_1 \ln stui_{it} + \theta X_{it} + \mu_{it} + u_{it} + \delta_{it} \qquad \text{式（6-2）}$$

类似地，在上述模型中，为了消除不同单位带来的异方差问题，所有的绝对值型变量均取对数进行处理。下标 i 代表各省份和地区（i=1，2，3，…，31），t 是指样本年份（t=2014，2015，2016，…，2019）。$\ln pgdp_{it}$ 代表各省份在 t 时期的经济增长水平；$\ln stu_{iti}$ 代表各省份和地区在 t 时期留学归国人员规模，X_{it} 为其他影响经济增长的控制变量，μ_{it} 为个体效应，u_{it} 为时间效应，δ_{it} 为服从独立分布的随机误差。此外，本章选取了一系列控制变量加入模型：

$$\begin{aligned}\ln pgdp_{it} = {} & \beta_0 + \beta_1 \ln stui_{ti} + \beta_2 \ln gs_{it} + \beta_3 \ln l_{it} + \\ & \beta_4 \ln ustu_{it} + \beta_5 \ln ofdi_{it} + \beta_6 tr_{it} + \mu_{it} + u_{it} + \delta_{it}\end{aligned} \qquad \text{式（6-3）}$$

其中，gs、l、$ustu$、$ofdi$、tr 分别表示地区资源水平、劳动力规模、人力资本水平、对外投资水平和对外货物贸易规模。

本节首先将用豪斯曼检验确定基准回归模型类型，并纳入个体和时间虚拟变量，采用双向固定效应模型消除面板数据的异方差和序列相关问题，对式（6-3）进行实证检验。为了克服解释变量的内生性问题，本节还将采用 GMM 方法与混合 OLS 回归进行对比估计。此外，本章通过替换变量数据、工具变量法对估计结果进行稳健性检验，并进行异质性分析。

二、变量选取与数据说明

根据上述模型设计，本书选取以下变量进行估计：

1. 被解释变量：$pgdp_{it}$ 代表经济增长水平，选用地区当年人均 GDP 表示。

2. 解释变量：*stui* 代表高等教育服务贸易进口规模，用地区高新技术产业开发区中留学归国人数表示。

3. 控制变量：除了上述，本书还选取了地区政府支出、劳动力存量等对经济增长具有影响的控制变量纳入估计模型。具体来说：（1）地区政府支出（*gs*），采用地区政府支出规模表示，其对技术研发、产业发展等具有重要影响；（2）地区劳动力存量，采用地区就业人数表示；（3）高水平人力资本存量（*ustu*），采用高校在校生人数表示，*l* 和 *ustu* 是经济增长的基础要素来源；（4）对外投资水平（*ofdi*），采用对外投资总额表示，代表地区微观企业对外投资能力和技术获取能力水平；（5）对外货物规模（*tr*），采用地区对外货物贸易进出口总额表示，是一个地区产业发展水平的重要衡量标准，特别是在开放经济条件下，对外货物贸易对于带动本地经济增长具有重要意义。

4. 工具变量：与第五章实证分析方法类似的，选用解释变量滞后一期和二期作为当期高等教育服务贸易进口的工具变量。

本书选取了 2014—2019 年 31 个省（不含港澳台地区）的省际面板数据，主要来自国家统计局、《中国统计年鉴》《中国科技统计年鉴》和《中国火炬统计年鉴》。本章继续选用国家统计局 2011 年有关划分我国经济区域的方法，将数据样本划分为东部、中部、西部和东北四大地区，进行地区异质性分析。对上述变量进行标准化处理后，描述性统计特征如下：

表 6-4　高等教育服务贸易进口主要变量描述性统计

变量	含义	观测值	均值	标准差	最小值	最大值
ln*pgdp*	人均实际 GDP	186	10.8617	0.4142	10.1347	12.0111
ln*stui*	高新技术产业开发区留学归国人数	186	6.9061	1.7695	2.7081	10.3734
ln*gs*	政府支出规模	186	8.4472	0.5765	6.9082	9.7583
ln*l*	就业人数	186	6.0407	0.8909	3.4500	7.6327
ln*ustu*	高校在校生数	186	4.1873	0.9429	1.2090	5.4466
ln*ofdi*	对外直接投资规模	186	4.3048	1.6139	-1.4439	7.3728
ln*tr*	进出口总额	186	17.5432	1.7374	13.0176	20.9399

三、回归结果与分析

对式（6-3）进行的豪斯曼检验结果显示，应当使用固定效应模型。接着，逐步引入各解释变量，利用时间和个体双固定效应模型，进行基准回归。表 6-5（1）—（6）列报告了双固定模型下，逐一加入解释变量的估计结果；（7）列报告了 OLS 混合估计结果，为对比分析提供基础。模型（1）仅引入了高等教育服务贸易进口变量进行固定效应模型回归，主要解释变量系数为 0.0226，在 1% 的置信水平上显著，这与预估结果一致，表明高等教育服务贸易进口带来的留学归国人员对经济增长具有显著的促进作用，假设 H4 再次得到验证。但同时，由于模型（1）的解释变量有遗漏，回归结果有偏，有必要引进其他控制变量进行完善。（2）—（6）列逐步将设置的控制变量进入模型，结果显示，主要解释变量的估计系数先是下降，后持续增长，直到模型所有控制变量加入后，估计系数达到 0.0176，且在 1% 的置信水平上显著。这说明尽管部分变量产生了负效应，但整体来看，高等教育服务贸易进口对经济增长的促进作用是显著的。通过对比（1）—（6）模型估计结果的拟合优度，可以发现，所有模型 R^2 的值都在 0.9 以上，拟合结果良好，在逐步加入控制变量过程中，拟合优度值逐步增大，最终达到 0.9610，说明各控制变量增强了模型的解释能力。（7）列是 OLS 混合估计结果，主要解释变量的估计系数在 1% 的置信水平上显著，且估计系数高于双固定模型的所有估计结果，但（7）列的拟合优度低于双固定模型，但整体上与双固定模型结果保持了一致。

表 6-5 高等教育服务贸易进口对经济增长的基准回归

解释变量	被解释变量（ln*pgdp*）						
	（1）	（2）	（3）	（4）	（5）	（6）	（7）
ln*stui*	0.0226*** （0.0072）	0.0164** （0.0068）	0.0095 （0.0062）	0.0132** （0.0061）	0.0137** （0.0061）	0.0176*** （0.0063）	0.0898*** （0.0189）
ln*gs*		0.2597*** （0.0554）	0.1795*** （0.0514）	0.1438*** （0.0503）	0.1328** （0.0514）	0.1285** （0.0508）	0.1380* （0.0739）
ln*l*			−0.3309*** （0.0544）	−0.3295*** （0.0522）	−0.3178*** （0.0534）	−0.3242*** （0.0528）	0.2933*** （0.0936）
ln*ustu*				−0.1915*** （0.0521）	−0.1964*** （0.0523）	−0.1833*** （0.0520）	−0.5652*** （0.0488）
ln*ofdi*					0.0045 （0.0044）	0.0054 （0.0044）	0.0400** （0.0187）
ln*tr*						−0.0407** （0.0185）	0.1122*** （0.0273）
常数项	10.9027*** （0.0496）	8.6988*** （0.4721）	11.4479*** （0.6191）	12.5103*** （0.6608）	12.5315*** （0.6611）	13.2390*** （0.7275）	7.5292*** （0.4955）
时间效应	固定	固定	固定	固定	固定	固定	不固定
个体效应	固定	固定	固定	固定	固定	固定	不固定
观测值	186	186	186	186	186	186	186
R^2	0.9362	0.9444	0.9556	0.9594	0.9597	0.9610	0.7648

注：*** $p<0.01$，** $p<0.05$，* $p<0.1$，括号中为标准误。

基准回归主要呈现了高等教育服务贸易进口在作用于经济增长过程中，相关解释变量的估计结果。整体来看，政府支出规模、OFDI、双边贸易规模的扩大能够促进经济增长，这与上述三项受到经济增长水平的影响有关，他们与经济增长之间呈正相关关系。此外，样本期间内的高校在校生数与经济增长呈负相关关系，与留学归国人员形成替代效应，这可能与近年来高校不断扩招政策有关，一方面，高等教育学历的信号作用在不断减弱，人力资本的向下兼容性导致低学历学生就业难；另一方面，劳动力市场对高水平人力资本的需求提升，导致越来越多的学生选择花费更高的时间成本追求学历，可能造成结构性失业问题。受限于样本数据的可得性问题，如能获取高考改革以来高等教育服务贸易进口数据，与高校在校生数进行对比研究，或许能发现高校扩招政策对于不同类型人力资本对经济增长的贡献度变化。

横向对比来看，高等教育服务贸易进口的估计系数随着控制变量的逐步加入变小了，这说明，政府支出规模、对外直接投资和双边货物贸易尽管对经济增长具有显著的正向作用，但是，一定程度上削弱了高水平人力资本对经济增长的贡献度，这可能与一些地方现有的贸易模式、公共投资方向、对外直接投资水平还不适应高水平人力资本驱动的经济模式有关，进一步反映出经济增长模式转型过程中的各类矛盾和问题。具有高水平创新能力和技术的人力资本可能受限于一些地方的行政管理体系，无法充分发挥其自身的高知识水平，也无法将前沿科技信息链接进本地区，降低了高等教育服务贸易进口的利用效率，进而带来人力资本错配，对产业结构升级产生负面影响（李勇和马芬芬，2021），抑制经济增长。由此，有必要进一步挖掘能够促进高等教育服务贸易进口对经济增长的影响因素，寻找能够强化其影响效果的机制变量。

四、内生性讨论

尽管采用固定了时间和个体的双固定效应，基准估计结果与预期一致，但是从上述分析可知，仍然存在遗漏变量产生的估计误差，高等教育服务贸易进口与经济增长之间的反向因果关系也会影响估计效果。因此，与高等教育服务贸易出口影响经济增长的分析方法类似，本节通过工具变量法来进行处理内生性问题。

表 6-6 报告了 2SLS 和各类 GMM 方法处理后的估计结果，与基准回归结果进行对比，结果基本一致。（8）列结果中，弱工具变量 F 统计量通过检验，表明不存在弱工具变量问题。但是可以看到，工具变量法的估计系数大于基准回归，这说明，如果不解决内生性问题，有可能会低估主要解释变量对于经济增长的贡献程度。从表中（11）—（13）报告的估计结果可以看出，差分 GMM（DIF-GMM）被解释变量滞后一期的系数高于系统 GMM（SYS-GMM）的系数，一步和两步 SYS-GMM 回归的各项系数比较相近，这与高等教育服务贸易出口部分检验结论一致。通过对比内生性处理前后各回归结果发现，大多数变量的系数是比较稳健的，主要解释变量的系数稳定显著，说明高等教育服务贸易进口对经济增长的显著作用也是可信的。

表 6-6 内生性处理 - 工具变量法（进口）

解释变量	被解释变量（ln*pgdp*）					
	（8）固定效应	（9）2SLS	（10）GMM	（11）DIF-GMM	（12）SYS-GMM1	（13）SYS-GMM2
lag_ln*pgdp*				10.8372*** （0.0747）	10.7959*** （0.0338）	10.9200*** （0.1286）
ln*stui*	0.0176*** （0.0063）	0.1262*** （0.0323）	0.1377*** （0.0328）	0.0043** （0.0017）	0.0038*** （0.0012）	0.0037* （0.0022）
ln*gs*	0.1285** （0.0508）	0.0154 （0.0873）	−0.0055 （0.0896）	−0.0049 （0.0050）	−0.0071*** （0.0024）	0.0134** （0.0062）
ln*l*	−0.3242*** （0.0528）	0.2977*** （0.0840）	0.3279*** （0.0843）	0.0138** （0.0055）	0.0128*** （0.0036）	0.0233** （0.0091）
ln*ustu*	−0.1833*** （0.0520）	−0.5421*** （0.0452）	−0.5472*** （0.0439）	−0.0126*** （0.0040）	−0.0113*** （0.0022）	0.0566*** （0.0139）
ln*ofdi*	0.0054 （0.0044）	0.0420* （0.0229）	0.0490** （0.0233）	−0.0005 （0.0006）	−0.0006*** （0.0002）	0.0002 （0.0004）
ln*tr*	−0.0407** （0.0185）	0.1014*** （0.0352）	0.0771** （0.0351）	−0.0020 （0.0022）	−0.0011 （0.0014）	−0.0007 （0.0037）
R^2	0.9610	0.7840	0.7778	—	—	—
Kleibergen-Paap rk Wald F 值	—	143.197	—	—	—	—
Hansen-P 值	—		—	0.066	0.321	0.321
AR（1）检验值（P）	—	—	—	1.55 [0.120]	2.05 [0.040]	2.20 [0.027]
AR（2）检验值（P）	—	—	—	−0.91 [0.363]	1.74 [0.082]	2.01 [0.044]
观测值	186	124	93	124	124	93

注：（1）*** $p<0.01$，** $p<0.05$，* $p<0.1$，圆括号中为标准误；（2）AR（1）和 AR（2）检验分别为模型残差的 Arellano-Bond 一阶和二阶序列相关检验，Hansen 检验是工具变量过度识别检验，Kleibergen-Paap rk Wald F 检验是弱工具变量检验；（3）在 DIF-GMM 和 SYS-GMM 回归中，lnpgdp、lnstu 被视为内生变量，采用其滞后项作为相应工具变量。

五、稳健性检验

类似地，在内生性处理的基础上，本章继续进行两个稳健性检验，分别采用变量替换和剔除特殊样本的方法对回归结果进行检验。

1. 替换变量

因为主要解释变量数据可得性问题，考虑替换被解释变量指标。将基准回归中的人均 GDP 改为 GDP 增长率，并对指标进行标准化处理。表 6-7（14）和（15）报告了利用经济增长率作为被解释变量的估计结果，可以看出，核心解释变量与各控制变量均在 10% 以上的置信水平上显著，且变量符号与基准回归的结果保持一致，这说明基准回归结果是稳健可靠的。对比主要解释变量的估计系数可知，替换了被解释变量后，主要解释变量的系数均有所增大，且拟合优度值略高于基准回归，说明 GDP 增长率也能够很好地解释高等教育服务贸易进口对经济增长的影响，但为了保证变量的一致性，本书基准回归采用了人均 GDP 表示经济增长。

表 6-7 稳健性检验（进口）

解释变量	被解释变量			
	替换变量（ln*gdp*）		剔除特殊值（ln*pgdp*）	
	（14）	（15）	（16）	（17）
ln*stui*	0.0274*** （0.0080）	0.0201*** （0.0065）	0.0192** （0.0096）	0.0179* （0.0096）
ln*gs*		0.1527*** （0.0524）		0.1780*** （0.0673）
ln*l*		−0.3904*** （0.0545）		−0.4010*** （0.0785）
ln*ustu*		−0.2409*** （0.0536）		−0.0273 （0.0778）
ln*ofdi*		0.0092** （0.0045）		0.0126** （0.0062）
ln*tr*		−0.0325* （0.0191）		−0.0546* （0.0296）
常数项	9.8071*** （0.0552）	12.4277*** （0.7510）	10.9096*** （0.0656）	12.8586*** （0.9991）
时间效应	固定	固定	固定	固定
个体效应	固定	固定	固定	固定
观测值	186	186	162	135
R^2	0.9324	0.9645	0.9305	0.9559

注：*** $p<0.01$，** $p<0.05$，* $p<0.1$，括号中为标准误。

2. 剔除特殊样本

再考虑对样本中的特殊值进行剔除。因样本数据有限，故本次缩尾处理仅对所有的数据进行了前后 4% 的剔除，去除了 51 个样本数据，进而对主要解释变量和控制变量分别进行回归估计。表 6-7（16）和（17）报告了缩尾处理后的回归结果，可以看出，主要解释变量和政府支出规模、劳动力供给、OFDI 以及对外贸易规模，且估计系数符号与基准回归的估计系数保持一致。整体来看，缩尾处理后数据的回归结果与前述检验结果基本一致，说明基准回归结果是稳健有效的。

六、异质性分析

通过上述基准回归、内生性处理和稳健性检验等结果显示，从整体样本数据看，高等教育服务贸易进口亦对经济增长具有显著的正向促进作用，不同于高等教育服务贸易出口对经济增长影响的异质性分析，受到样本数据可得性的限制，本章仅从地区异质性角度进行分析。

表 6-8（18）和（19）分别汇报了全国整体数据在双固定效应模型和时间固定效应模型下的估计结果，（20）—（23）分别报告了各地区的估计结果。从整体来看，除了中部地区，东部、西部和东北地区的高等教育服务贸易进口都能够显著地促进经济增长，特别是西部地区和东北地区，主要解释变量估计系数在 1% 的置信水平上显著。从拟合优度值来看，各模型的 R^2 值均在 0.9 附近，能够较好地表现高等教育服务贸易进口对经济增长的作用关系，回归结果具有很强的解释力。

表 6-8　地区异质性分析（进口）

解释变量	被解释变量（ln*eg*）					
	全国（18）	全国（19）	东部地区（20）	西部地区（21）	中部地区（22）	东北地区（23）
ln*stui*	0.0176*** （0.0063）	0.0217*** （0.0080）	0.0310** （0.0152）	0.2115*** （0.0511）	0.0148 （0.0092）	0.1227*** （0.0382）
ln*gs*	0.1285** （0.0508）	0.2584*** （0.0545）	0.1030 （0.0888）	−0.2593 （0.3352）	0.1784* （0.0930）	−0.2382 （0.2367）
ln*l*	−0.3242*** （0.0528）	−0.0329 （0.0512）	−0.0352 （0.0893）	0.3202 （0.2165）	−0.0759 （0.0783）	−0.6636 （0.4254）
ln*ustu*	−0.1833*** （0.0520）	−0.1473*** （0.0505）	−0.2392** （0.1156）	0.0920 （0.2835）	−0.0581 （0.0644）	0.7275 （0.7604）
ln*ofdi*	0.0054 （0.0044）	0.0116** （0.0056）	0.0053 （0.0144）	−0.0255 （0.0353）	−0.0012 （0.0066）	−0.0109 （0.0258）
ln*tr*	−0.0407** （0.0185）	0.0472** （0.0208）	0.1834** （0.0718）	−0.1637** （0.0828）	0.0012 （0.0233）	0.1013 （0.0764）

续表

解释变量	被解释变量（lneg）					
	全国（18）	全国（19）	东部地区（20）	西部地区（21）	中部地区（22）	东北地区（23）
常数项	13.2390*** （0.7275）	8.5996*** （0.4649）	8.0108*** （0.9646）	12.1563*** （2.1794）	9.8946*** （0.7966）	11.1259*** （1.5127）
时间效应	固定	固定	固定	固定	固定	固定
个体效应	固定	不固定	不固定	不固定	不固定	不固定
观测值	186	186	60	36	72	18
R^2	0.9610	0.9455	0.9566	0.9105	0.9657	0.8913

注：*** $p<0.01$，** $p<0.05$，* $p<0.1$，括号中为标准误。

从回归系数大小来看，高等教育服务贸易进口对经济增长的作用强度具有明显的地区异质性，强度高低依次为西部地区、东北地区、东部地区和中部地区，说明高新技术产业开发区留学归国人数对经济增长的促进作用在西部和东北地区作用发挥得更加充分，相对在东部地区的作用低于上述两地，这可能与不同区域人力资本构成有关。东部地区是我国较早开放的地区，在吸引外资和人力资本方面积累了长期经验，经过半个多世纪的发展，东部各省份普遍建立了较为完备的产业体系，形成了良好的经济和社会格局，具有较为稳定的经济发展优势，对人才的吸引力始终较强。在此背景下，一方面，随着留学归国人员规模不断扩大，东部地区人力资本市场逐渐饱和，对高等教育服务贸易进口的承载力下降；另一方面，随着高校扩招政策的实施，国内高等教育形成的高水平人力资本供给增加，优秀人才在东部地区聚集，形成了该地区较为均衡的人力资本结构。最终，导致东部地区高等教育服务贸易进口对经济增长的边际贡献率降低，东部地区不再是留学归国人员唯一的聚集地区，中部和西部地区逐步承接东部地区的高新技术产业，“新一线城市”[1]成为留学归国人员的重要聚集地。东部地区高等教育服务贸易

[1] 新一线城市，是《第一财经周刊》根据商业资源集聚度、城市枢纽性、城市人活跃度、生活方式多样性和未来可塑性五大指标综合评比后划分的名单。这批“新一线”城市，它们或为直辖市，拥有雄厚的经济基础和庞大的中产阶层人群以及可观的政治资源；或为区域中心城市，对周边多个省份具有辐射能力，有雄厚的教育资源、深厚的文化积淀和便利的交通；或为东部经济发达地区的省会城市和沿海开放城市，有良好的经济基础、便利的交通和独特的城市魅力。2020 年，成都、重庆、杭州、武汉、西安、天津、苏州、南京、郑州、长沙、东莞、沈阳、青岛、合肥、佛山榜上有名。

进口对经济增长的贡献度与其他地区相比较低。随着西部和东北地区逐渐转变经济发展战略，特别是西部地区，新建了若干高新技术产业开发区，不断涵养高水平人力资本，提升技术创新水平，形成了对留学归国人员的强大吸引力，逐步解决了长期以来“人才流失”的问题，为补充高水平人力资本提供了新的渠道。西部地区和东北地区，对接了东部地区优势产业的转移，正在逐步获取高水平人力资本驱动经济增长的红利，这也正是我国经济“雁行模型”发展形态的体现。从本书选取的变量指标情况可知，高新技术产业开发区对于发达地区的经济带动作用较低，但对于欠发达地区的经济辐射作用更大（刘瑞明和赵仁杰，2015；袁航和朱承亮，2018）。中部地区各省是传统的经济大省，具有较为突出的第一产业和第二产业优势，传统产业优势依旧存在，人力资本结构调整的动力不足，吸引高等教育服务贸易进口的驱动力不强，因此，统计上显示，留学归国人员对于经济增长的贡献并不显著。综合各地区来看，高等教育服务贸易进口提升经济增长的作用是十分显著的，但是，其作用根据各地区经济发展水平和阶段的不同呈现出显著的地域差异性，依据经济发展规律和产业转移情况，高等教育服务贸易进口作用将逐步自东向西得到强化。

第三节　基于面板数据的中介效应检验

一、模型设定

根据上述结果可知，高等教育服务贸易进口对经济增长具有显著的促进作用，这种促进作用也受到政府支出规模、劳动力供给、对外直接投资等控制变量的影响。由前述分析可知，高等教育服务贸易进口能够积累高水平人力资本，通过技术创新和产业结构升级的传导机制促进经济增长。为了验证上述机制，本章构建高等教育服务贸易进口影响经济增长的中介效应模型：

$$\ln pgdp_{it} = \alpha_0 + \alpha_1 \ln stui_{it} + \sum_j \alpha_j control_{it} + \mu_{it} + u_{it} + \delta_{it} \quad 式（6\text{-}4）$$

$$MED_{it} = \beta_0 + \beta_1 \ln stui_{it} + \sum_j \beta_j control_{it} + \mu_{it} + u_{it} + \delta_{it} \quad 式（6\text{-}5）$$

$$\ln pgdp_{it} = \lambda_0 + \lambda_1 \ln stui_{it} + \lambda_2 MED_{it} + \sum_j \lambda_j control_{it} + \mu_{it} + u_{it} + \delta_{it} \quad \text{式（6-6）}$$

与式（6-3）—式（6-5）类似，MED_{it} 为中介变量集合，具体包含了技术创新（ln*fm*）和产业结构升级（ln*ig*）2 个指标，$control_{it}$ 为控制变量集合，α_j、β_j 和 λ_j 分别为控制变量的待估参数，$\ln pgdp_{it}$ 代表各省份在 t 时期的经济增长水平；$\ln stu_{iti}$ 代表各省份和地区在 t 时期留学归国人员规模，μ_{it} 为个体效应，u_{it} 为时间效应，δ_{it} 为服从独立分布的随机误差项。

中介效应模型估计步骤大致可以分为三步（温忠麟，2004）：

第一步，对式（6-4）进行估计，通过查看 α_1 反映高等教育服务贸易进口对经济增长的整体影响，与基准回归基本一致；

第二步，对式（6-5）进行估计，通过查看 β_1 反映高等教育服务贸易进口对中介变量的影响；

第三步，对式（6-6）进行估计，通过查看 λ_1 和 λ_2 反映高等教育服务贸易进口对经济增长的直接效应和中介效应。式（6-6）是式（6-4）和式（6-5）的加总。

如果 β_1 和 λ_2 都是显著的，即可说明中介效应存在；如果 β_1 和 λ_2 只有一个是显著的，还需通过 Sobel 统计量进行进一步检验。Sobel 统计量（Sobel，1982）是由泰勒展开式与 β_1 和 λ_2 共同计算得出的：

$$Sobel_{it} = \frac{\beta_1 \lambda_2}{\sqrt{\beta_1^{\,2} {S_{\lambda_2}}^2 + \lambda_2^{\,2} {S_{\beta_1}}^2}} \quad \text{式（6-7）}$$

其中，$Sobel_{it}$ 即为 Sobel 统计量，S_{β_1} 和 S_{λ_1} 均为 β_1 和 λ_2 的标准误。如果 Sobel 统计量大于 5% 置信水平上的临界值（0.97），则可以认为中介效应是存在的。

根据上述，对我国 31 个省份地区 2014—2019 年高等教育服务贸易进口的样本数据进行估计，分别对两个中介变量的效果进行检验。

二、变量选取与数据说明

根据理论机制分析的结论，在基准回归模型的基础上，增加对中介变量的选取和说明，并通过中介机制检验方法分别进行验证。

1. 技术创新（fm）。高等教育服务贸易进口形成人力资本规模不断增长，人力资本能够通过发挥知识创新、技术吸收和扩散推动技术进步，进而提高全要素生产率（Ciccone et al，2009；Jones et al，2010），促进经济增长。为了精准考察高等教育服务贸易进口通过技术创新对经济增长的影响，本书选取了高新技术产业开发区留学归国人数作为解释变量，选取发明申请量表示技术创新。如此，能够有效考察进入技术研发部门的留学归国人员对于经济增长的影响，去除了进入其他行业的留学归国人员通过其他中介机制对经济增长产生的影响干扰，使得结果更具针对性。

2. 产业结构升级（*ig*）。高等教育服务贸易进口形成的人力资本不仅有助于推动传统产业的改造升级，使传统产业与生产要素的匹配程度提升，而且有利于促进新兴产业的形成，使得产业结构向着知识和技术集约化的方向发展，进而实现地区经济增长。本书选用产业结构合理化指数（泰尔指数）表示产业结构升级。

上述数据主要来自国家统计局和《中国火炬统计年鉴》。对两个中介变量进行标准化处理后，描述性统计特征如下：

表 6-9 高等教育服务贸易进口中介变量描述性统计

变量	含义	观测值	均值	标准差	最小值	最大值
ln*fm*	发明申请量	186	9.6494	1.5376	4.5218	12.2852
ln*ig*	产业结构合理化指数	186	1.9109	0.0399	1.8427	2.0352

三、估计结果与分析

表 6-10 汇报了式（6-5）至式（6-7）的估计结果，中介变量 *lnfm* 和 *lnig* 参与该模型的估计。（24）列结果显示了基准回归结果。（25）列结果汇报了当中介变量地区发明申请量作为被解释变量时的估计效果，此时，主要解释变量并不显著，但其他控制变量在 1% 的置信水平上显著。这表明，高等教育服务贸易进口对技术创新的作用并不显著。但是，（26）列结果显示，当中介变量参与整体检验时，高等教育服务贸易进口和技术创新变量对经济增长均在 1% 的置信水平上正向显著。在此情况下，为了验证技术创新是否具有中介效应，还需要进一步计算 Sobel 统计量。结果显示，Sobel 统计值为 3.489，且 *P* 值为 0.0005，符合判断中介效应的标准，因此，可以认为，技术创新对高等教服务贸易进口影响经济增长的中介效应是存在的，且

中介效应占总效应比为38.12%，中介效应为0.6160，假设H5得到验证。对比（24）列和（26）列主要解释变量的估计系数可以发现，加入中介变量之后，主要解释变量的估计显著在相同的置信水平下影响力更强了，估计系数有所增加，这也反映了，中介变量的加入，能够增强高等教育服务贸易进口对经济增长的贡献。高等教育服务贸易进口所积累的人力资本，具备良好的创新意识和技术能力，能够在知识创造和技术研发等方面取得较好的成果，这些技术成果能够提升劳动生产率，提升社会的生产效率，进而有效促进经济增长。在经济增长的转型时期，人力资本和技术创新是驱动经济发展的关键要素，其对经济增长的作用将在长期内持续增强。

表6-10　中介效应检验（进口）

解释变量	被解释变量				
	（24）ln*pgdp*	（25）ln*fm*	（26）ln*pgdp*	（27）ln*ig*	（28）ln*pgdp*
		技术创新效应		产业结构升级效应	
ln*stui*	0.0217*** （0.0080）	−0.0011 （0.0403）	0.0231*** （0.0078）	0.0019 （0.0019）	0.0219*** （0.0080）
ln*fm*			0.0482*** （0.0154）		
ln*ig*					0.1169 （0.3437）
ln*gs*	0.2584*** （0.0545）	0.8564*** （0.2559）	0.2112*** （0.0553）	−0.0028 （0.0117）	0.2575*** （0.0548）
ln*l*	−0.0329 （0.0512）	−0.1700 （0.2394）	−0.0158 （0.0503）	0.0508*** （0.0110）	−0.0352 （0.0532）
ln*ustu*	−0.1473*** （0.0505）	0.5310*** （0.2042）	−0.1780*** （0.0501）	−0.0502*** （0.0089）	−0.1461*** （0.0517）
ln*ofdi*	0.0116** （0.0056）	0.0754*** （0.0288）	0.0083 （0.0056）	0.0031** （0.0014）	0.0114** （0.0057）
ln*tr*	0.0472** （0.0208）	0.3217*** （0.0898）	0.0320 （0.0209）	0.0004 （0.0040）	0.0491** （0.0210）
常数项	8.5996*** （0.4649）	−4.7457*** （1.8262）	8.8295*** （0.4595）	1.8171*** （0.0816）	8.3560*** （0.7986）
时间效应	固定	固定	固定	固定	固定
个体效应	固定	固定	固定	固定	固定
观测值	186	186	186	186	186

续表

解释变量	被解释变量				
	(24) ln*pgdp*	(25) ln*fm*	(26) ln*pgdp*	(27) ln*ig*	(28) ln*pgdp*
		技术创新效应		产业结构升级效应	
R^2	0.9455	0.5754	0.9476	0.6649	0.9448
Sobel 检验		3.489 [0.0005]		4.884 [0.0000]	
中介效应		0.6160		1.9610	
中介效应比重		38.12 %		66.23 %	

注：*** $p<0.01$，** $p<0.05$，* $p<0.1$，括号中为标准误。方括号内展示了 Sobel 统计量的 P 值。

（27）列结果是高等教育服务贸易进口对产业结构升级影响的估计结果，可以看出，与技术创新中介变量回归结果相似，此时，主要解释变量的估计系数也不显著。（28）列为产业结构升级参与整体估计模型后的结果，可以看出，主要解释变量在 1% 的置信水平上显著，且估计系数比基准回归模型的估计系数更大，说明中介变量对高等教育服务贸易进口促进经济增长提供了正效应。根据 Sobel 检验规则，还需进一步计算 Sobel 统计量以判断产业结构升级的中介效应。结果发现，Sobel 统计量为 4.884，P 值为 0.0000，均符合判断为中介效应的标准，因此认为，产业结构升级是高等教育服务贸易进口影响经济增长的中介机制，且中介效应为 1.9610，中介效应占比总效应为 66.23%，假设 H6 得到验证。

从对样本数据的分析中可知，技术创新和产业结构升级都是高等教育服务贸易进口影响经济增长的中介机制。相比较而言，其估计系数大小相当，但是技术创新对高等教育服务贸易进口促进经济增长的中介效应小于产业结构升级的中介效应，这表明，现阶段中国通过进口高等教育服务贸易形成的高水平人力资本主要是通过推动产业结构升级来促进经济增长的，这与李静和楠玉（2019）、江三良等（2021）得出的结论一致。现阶段中国通过高等教育服务贸易进口形成的人力资本，在推动技术成果转化方面尚有不足，在增加高技术产品产出方面仍需强化，再次表明，我国在推动技术成果转化方面尚有不足，在增加高技术产品产出方面仍需强化。但与此同时，作为发展中国家，我国不能一味追求创新赶超而忽视产业结构升级，这有悖于市场规律，也难以摆脱传统产业占据主导地位的局面（李静等，2019），不利于产业结构调整，实现真正的高质量经济增长。

第四节　基于面板数据的空间溢出效应检验

通过上述分析可知，高等教育服务贸易能够通过技术创新和产业结构升级促进经济增长。在此过程中，高水平人力资本不仅直接参与了知识传播和扩散，而且能够跨区域、跨时空，将影响范围进一步扩大。随着各地区协同发展理念的不断深入，高等教育服务贸易进口的人力资本效应可能产生一定的空间溢出效应。一方面，高等教育服务贸易进口规模大的地区，积累了大量高水平的人力资本，具备较高的知识创造和技术创新能力，通过技术和知识的“扩散效应”，带动了周边地区的经济增长；另一方面，高等教育服务贸易进口规模大的地区，能够形成较强的资源吸引力，带动周边地区的生产资源和要素流动，促进产业在地区间的转移，进而促进经济增长。托布勒（1970）认为地理是第一定律，“所有事物都与其他事务相关联，但较近的事务比较远的事物更具关联性”，新经济地理学将地理空间因素与经济学相联系，为本书继续研究高等教育服务贸易进口对经济增长的影响提供了新的角度。在加入空间维度后，高等教育服务贸易进口是否依然能够促进经济增长？高等教育服务贸易进口对经济增长的空间溢出效应是正向还是负向的？技术创新和产业结构升级的传导机制在空间中是否依旧显著？为了进一步深入研究，本节对上述问题进行实证检验。

一、模型设定

（一）空间模型设定

基于面板数据的空间计量模型主要有三种形式，一是空间自回归模型（Spatial Auto Regression，SAR），可表示为：

$$y = \lambda Wy + \varepsilon \qquad \text{式（6-8）}$$

其中，W 为空间权重矩阵（以下相同），λ 为空间权重的待估参数，用来度量空间滞后的 Wy 对于产出 y 的影响。二是空间误差模型（Spatial Errors Model，SEM），可表示为：

$$y = X\beta + \mu \qquad \text{式（6-9）}$$

其中，μ 为随机扰动项。三是空间杜宾模型（Spatial Durbin Model，SDM），可表示为：

$$y = \lambda Wy_{\text{滞后项}} + X\beta + WX\delta + \varepsilon \qquad \text{式（6-10）}$$

可以看出，SDM 可由 SAR 和 SEM 转化得到，SDM 还考察了相邻社区解释变量对于本地被解释变量的影响，理论上看，具有更广泛的适用性。本章在余洁等（2020）方法的基础上，对模型设置和估计方法进行了调整，设置一个空间杜宾模型对高等教育服务贸易进口与经济增长的关系进行考察。具体模型形式如下：

$$pgdp_{it} = \rho_1 Wpgdp_{it-1} + \alpha stui_{it} + \delta_0 X_{it} + \rho_2 Wstui_{it} + \rho_3 WX_{it} + \lambda_{it} + \mu_{it} \qquad \text{式（6-11）}$$

上式中，被解释变量是经济增长，主要解释变量是高等教育服务贸易进口，X 代表一系列控制变量，包括技术创新（*fm*）、产业结构升级（*ig*）、政府支出规模（*gs*）、就业人口数（*l*）、高校在校生（*ustu*）、对外投资水平（*ofdi*）和对外贸易规模（*tr*）。λ 代表个体效应，μ 代表干扰项。ρ_1 是空间回归系数，主要用于解释经济增长的空间溢出效应，如果 ρ_1 显著，则能够证明经济增长在空间区域上具有空间相关性。同理，如果 ρ_2 显著，则说明高等教育服务贸易进口具有空间相关性。ρ_3 说明了其他控制变量的空间相关性。

此外，为了检验技术创新（*fm*）和产业结构升级（*ig*）在高等教育服务贸易进口影响经济增长过程中的作用，分别设置针对技术创新和产业结构升级中介效应检验的空间模型（余洁等，2020），具体表示为：

空间模型Ⅰ：

$$pgdp_{it} = \rho_1 Wpgdp_{it-1} + \alpha stui_{it} + \delta_0 X_{it} + \rho_2 Wstui_{it} + \rho_3 WX_{it} + \lambda_{it} + \mu_{it} \qquad \text{式（6-12）}$$

$$fm_{it} = \rho_1 Wpgdp_{it-1} + \alpha stui_{it} + \delta_0 X_{it} + \rho_2 Wstui_{it} + \rho_3 WX_{it} + \lambda_{it} + \mu_{it} \qquad \text{式（6-13）}$$

$$\begin{aligned} pgdp_{it} = {} & \rho_1 Wpgdp_{it-1} + \alpha stui_{it} + \delta_0 X_{it} + \rho_2 Wstui_{it} + \\ & \rho_3 WX_{it} + \delta_2 fm_{it} + \rho_4 Wfm_{it} + \lambda_{it} + \mu_{it} \end{aligned} \qquad \text{式（6-14）}$$

空间模型Ⅱ：

$$pgdp_{it} = \rho_1 Wpgdp_{it-1} + \alpha stui_{it} + \delta_0 X_{it} + \rho_2 Wstui_{it} + \rho_3 WX_{it} + \lambda_{it} + \mu_{it} \quad 式（6-15）$$

$$ig_{it} = \rho_1 Wpgdp_{it-1} + \alpha stui_{it} + \delta_0 X_{it} + \rho_2 Wstui_{it} + \rho_3 WX_{it} + \lambda_{it} + \mu_{it} \quad 式（6-16）$$

$$pgdp_{it} = \rho_1 Wpgdp_{it-1} + \alpha stui_{it} + \delta_0 X_{it} + \rho_2 Wstui_{it} + \rho_3 WX_{it} + \delta_2 ig_{it} + \rho_4 Wig_{it} + \lambda_{it} + \mu_{it} \quad 式（6-17）$$

（二）空间权重矩阵

W 为空间权重矩阵，在本书中，W 为 31×31 的对阵矩阵（w_{ij}，其中，i 和 j=1，2，3，…，31），矩阵表示各省份之间的关系。在空间维度，除了通过地理距离表示两省份直接的密切程度外，还可以通过人均收入差异、是否邻接、资源禀赋差异等方式分别表示两省份之间的关系。在本书中，高等教育服务贸易进口带来的人力资本流动主要发生在邻近地区，因此，选用地理距离权重矩阵作为本书实证检验的矩阵形式，此外，采用邻接权重矩阵进行稳健性检验。

1. 地理距离权重矩阵

地理距离权重矩阵的测算是基于区域间的实际直线距离，一般采用省会城市之间的地理距离进行计算：

$$w_{ij} = \frac{1}{d_{ij}} \quad 式（6-18）$$

本书采用省会之间的经纬度距离进行计算，如此，形成 31 个省份之间的地理距离权重矩阵。

2. 地理邻接权重矩阵

此外，还有一种更为简单的方式定义地区之间的权重矩阵，即为省份之间是否相互接壤进行虚拟变量赋值。在整个矩阵的主对角线上，所有元素为 0；而其他省份 i 和 j 之间的关系，如果相互接壤，取值为 1，如果不相互接壤，取值为 0。其中，海南省因与所有省份均不接壤，根据文献做法，设置其与广东省接壤。

（三）空间模型选择

根据模型设置情况，分别对两个模型采用的空间计量方法进行选择。

1. LM 检验

首先，通过拉格朗日乘子检验（Lagrange Multiplier，LM）确定模型形式。为此，首先对模型进行 OLS 估计，进而分别查看空间误差和空间滞后的检验值，结果显示，模型Ⅰ的空间滞后检验和空间误差检验指标 p 值（均小于 0.05）通过检验，模型Ⅱ的空间误差和空间滞后均有指标 p 值（小于 0.05）通过检验，说明 OLS 模型估计方法对两个模型均造成了一定的空间变量遗漏，可能会对结果产生影响，因此，需采取空间计量模型进行估计分析，这与前述检验结果一致。

2. Wald 检验

尽管上文分析了主要变量具有空间自回相关性，在采用空间模型之前，再采用沃尔德检验（Wald Test）确定空间面板形式，通过验证 SDM 模型系数之间的关系，确认与 SAR 和 SEM 模型适用性的差别。结果显示，模型Ⅰ两个 Wald 统计量分别为 31.89 和 43.62，且均在 1% 的置信水平上显著，模型Ⅱ两个 Wald 统计量分别为 41.12 和 55.15，且均在 1% 的置信水平上显著，即 SDM 不会退化为 SAR 和 SEM 模型，因而具有更好的适用性。本书将采用 SDM 模型作为主要模型进行估计分析，同时报告 SEM 和 SAR 模型估计结果。

3. LR 检验

为了进一步验证模型选择的正确性，继续对两模型进行似然比检验（Likelihood Ratio Test，LR）。结果显示，在与 SDM 分别进行似然比的检验中，模型Ⅰ和模型Ⅱ的 LR 检验 p 值均在 1% 的置信水平上显著，LR 检验通过，应采用 SDM 模型对变量之间的空间关系进行分析。

为了说明变量在空间上的效应，结合变量系数显著情况和经济学释义，时间固定效应比个体固定效应模型和双固定效应模型都能够更好地反映高等教育服务贸易进口规模与经济增长的关系，因此，最终选用 SDM 时间固定效应模型进行估计分析。

二、变量选取与数据说明

主要受到数据可得性的影响，本书选定了 2014—2019 年 31 个省际层面的面板数据进行计量模型验证。因所选取的变量原始数据大多为绝对值数据，为了消除异方差影响，对所有的变量取对数处理，确保模型数据的平稳性。具体变量含义和来源为：

表 6-11 空间杜宾模型主要变量描述性统计

变量	观测值	均值	标准差	最小值	最大值
ln*pgdp*	186	10.862	0.414	10.135	12.011
ln*stui*	186	6.906	1.769	2.708	10.373
ln*fm*	186	9.649	1.538	4.522	12.285
ln*ig*	186	1.911	0.040	1.843	2.035
ln*gs*	186	8.447	0.577	6.908	9.758
ln*l*	186	6.041	0.891	3.45	7.633
ln*ustu*	186	4.187	0.943	1.209	5.447
ln*ofdi*	186	9.650	1.538	4.522	12.285
ln*tr*	186	17.543	1.737	13.018	20.940

变量选取与含义与基准回归中数据情况一致。数据主要来自国家统计局、《中国统计年鉴》《中国科技统计年鉴》《中国对外直接投资统计公报》和《中国火炬统计年鉴》。

三、空间相关性分析

（一）空间分布特征

图 6-3 展示了部分年份中，我国高等教育服务贸易进口的空间分布情况。根据前文分析，尽管每年出国留学人员的生源省遍布所有省份，但是，

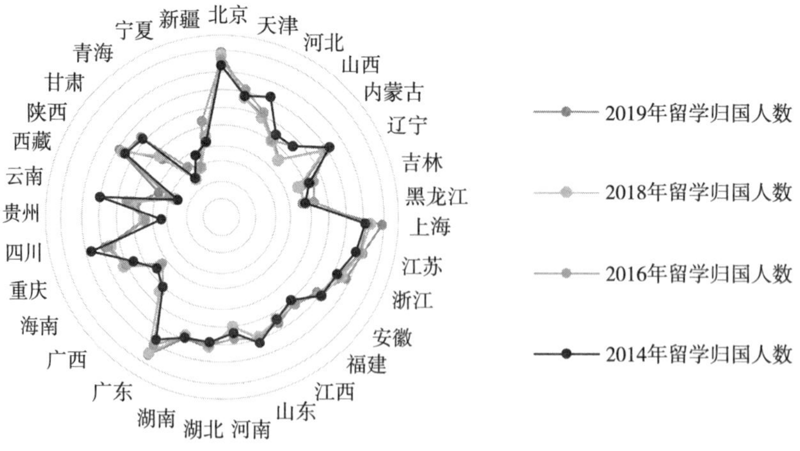

图 6-3 高等教育服务贸易进口空间分布演变图（2014 年、2016 年、2018 年、2019 年）

数据来源：《中国火炬统计年鉴》。

留学归国人员主要集中在部分城市和省份。

整体来看，大部分地区留学归国人员规模在逐步提升，但是其分布呈现出明显的区域聚集特征。从图 6-3 中可知，留学归国人员主要选择在北京、上海、广东、江苏、四川、辽宁等省份聚集，从 2014 年至 2019 年的分布变化中可以看出，留学归国人员聚集地逐渐由分散向东中部地区聚集，且中东西部地区的留学归国人员规模趋于相近，但北京和上海依旧吸引了最大规模的留学归国人员。东部地区省份保持着较高水平的高等教育服务贸易进口水平，特别是北京、天津、上海、江苏、浙江、广东等省份，始终位于留学归国人员就业的主要目标区域。虽同属于东部地区，但海南受到地理位置特殊性影响，承载留学归国人员的规模与其他东部地区省份相比十分有限。此外，东部地区中，河北和山东接受留学归国人员规模呈现明显的逐年递增趋势，福建的进口水平在绝对值上略有增加，整体水平呈现上升趋势。中部地区省份的进口水平呈现平均趋势，山西始终处于较低进口水平，2014—2018 年，只有湖南始终为中等进口水平，2019 年，中部 5 省的进口水平出现差异，可能受到中位数区间的影响，仅有湖南和湖北被划分为中等进口水平地区。西部地区和东北地区情况相近，在高等教育服务贸易进口方面表现低迷，除了辽宁、陕西、四川等少数省份保持了中等进口水平之外，其他省份均处于低等水平。但是，四川、甘肃、云南的进口水平在近年得到了显著提升。总体来看，我国高等教育服务贸易进口水平在空间上呈现分散向中东部地区聚集的局面，具有明显的地区聚集格局。一般来说，高等教育服务贸易进口水平较高的省份与进口水平较高的省份相邻，而进口水平低的省份与进口水平低的省份相邻；从空间分布的变化角度来看，相邻省份的进口水平具有趋同态势，且进口水平得到明显提升的省份与高进口水平相邻。空间分布情况再次说明，高等教育服务贸易的进口具有空间相关性，应当考虑加入空间维度进行分析。

（二）空间自相关检验：莫兰指数检验

接着，对被解释变量和经济变量进行莫兰指数（Moran's I）（莫兰，1950）检验，确定变量的空间自相关性。莫兰指数可分为全局莫兰指数（Global Moran's I）和局部莫兰指数（Local Moran's I），前者主要是考察整个区域的空间聚集情况，能够以数值形式判断研究变量的空间相关性；后者主要用于研究一地区与其相邻区域之间的空间聚集情况，一般通过图示形式展示。本节将分别对被解释变量和主要解释变量进行莫兰指数检验，确认利用空间计量方式进行分析的合理性。

1. 全局莫兰指数

全局莫兰指数介于 -1 和 1 之间，如果莫兰指数大于 0 说明变量之间存在正自相关关系，即高值与高值相邻，低值与低值相邻；小于 0 则说明变量之间是负自相关关系，即低值与高值相邻。

表 6-12 和表 6-13 分别测算了在地理距离权重矩阵和邻接权重矩阵条件下，高等教育服务贸易进口和经济增长全局莫兰指数。结果显示，被解释变量和主要解释变量拒绝了“无空间自相关”的原假设，呈现明显的正相关关系，说明留学归国人员与经济增长具有空间集聚的显著特征。

表 6-12　主要变量的全局莫兰指数（地理距离矩阵）

年份	高等教育服务贸易进口（ln*stui*）			经济增长（ln*pgdp*）		
	莫兰指数	z	*p* 值	莫兰指数	z	*p* 值
2014	0.315	3.765	0.000	0.325	3.917	0.000
2015	0.292	3.527	0.000	0.326	3.929	0.000
2016	0.222	2.764	0.003	0.320	3.853	0.000
2017	0.219	2.741	0.003	0.317	3.825	0.000
2018	0.133	1.837	0.033	0.326	3.914	0.000
2019	0.159	2.082	0.019	0.339	4.058	0.000

表 6-13　主要变量的全局莫兰指数（邻接矩阵）

年份	高等教育服务贸易进口（ln*stui*）			经济增长（ln*pgdp*）		
	莫兰指数	z	*p* 值	莫兰指数	z	*p* 值
2014	0.370	3.379	0.000	0.355	3.292	0.000
2015	0.369	3.373	0.000	0.357	3.304	0.000
2016	0.274	2.575	0.005	0.367	3.391	0.000
2017	0.236	2.267	0.012	0.379	3.490	0.000
2018	0.221	2.178	0.015	0.377	3.468	0.000
2019	0.225	2.175	0.015	0.380	3.493	0.000

从统计量数值还可以看出，不论是在地理距离权重矩阵下，还是在邻接权重矩阵下，样本期内，高等教育服务贸易进口的莫兰指数呈现持续下降的

趋势，在 2018 年到达最低值 0.221，后又呈现出上升趋势，说明高等教育服务贸易进口的空间分布呈现全局自相关关系减弱的趋势。经济增长的全局莫兰指数呈现稳定的显著自相关关系，在两种权重矩阵中，经济增长的莫兰指数均呈现上升趋势，说明经济增长水平越高或者越低的区域，越容易发生集聚。上述现象可能跟我国近年来的科技兴国战略有关，西部教育资源和自然资源丰富地区充分发挥比较优势，兴建了一批具有高水平自主开发能力的高新技术产业开发区，在东部地区人力资本逐渐饱和的趋势下，不断吸引留学归国人员聚集，形成了新的高等教育服务贸易进口聚集地，由此使得地区资源优势进一步得到发挥。但从总体上看，高等教育服务贸易进口的莫兰指数变化幅度较小，留学归国人员的分布空间相关性较高，应当从空间维度给予进一步检验。

2. 局部莫兰指数

局部莫兰指数能够显示各省份之间的空间相关性，从微观的角度对于留学归国人员在地区间的分布情况进行诠释。局部莫兰散点图能够通过展示各省份的莫兰指数所在象限，判断变量的空间分布情况。如果莫兰指数落在第一象限，则认为该地区属于高水平地区且被高水平地区包围；如果莫兰指数落在第二象限，则认为该地区属于低水平地区被高水平地区包围；如果莫兰指数落在第三象限，则认为该地区属于低水平地区且被低水平地区包围；如果莫兰指数落在第四象限，则认为该地区属于高水平地区被低水平地区包围。

图 6-4 展示了 2014 年、2016 年、2018 年和 2019 年高等教育服务贸易进口局部莫兰指数散点图的情况，结合上述判断标准，可知，在样本期间，大部分省份均居于第一或者第三象限，即我国高等教育服务贸易进口呈现“高—高”“低—低”的空间聚集趋势，只有极个别省份分布在第二或者第四象限。可以看出，位于第一象限的多为东部发达地区的省份，位于第三象限的多为西部地区省份，中部地区省份多位于第一象限靠近 0 点。2014 年，共有 10 个省份落在第一象限，2019 年，共有 12 个省份落在第一象限中，这说明高等教育服务贸易进口的空间分布聚集性提高了。此外，还可以看出，落在第四象限的省份数量明显增加，即低进口水平被高进口水平省份包围的省份数量在增加，这可能与邻近省份之间更易于交流和共享技术成果有关。

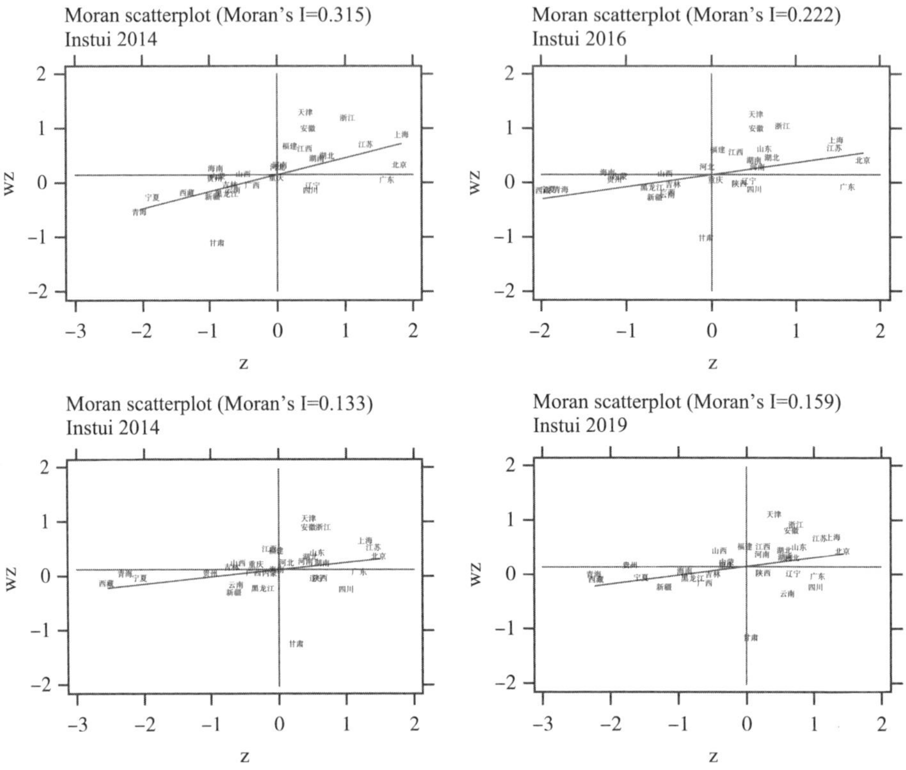

图 6-4　局部莫兰指数散点图（2014 年、2016 年、2018 年、2019 年）

从上述分析来看，全局莫兰指数和局部莫兰指数均证明高等教育服务贸易进口在空间的分布上具有自相关性，本书对其空间溢出效应分析具有合理性。

四、回归结果与分析

表 6-14 分别汇报加入了技术创新指标与加入了产业结构升级指标的模型估计结果，且同时汇报了 SEM 和 SAR 模型估计结果。从拟合优度来看，SDM 与 SAR 模型的拟合优度值较高；从对数似然函数值来看，SDM 的估计结果最优，综合来看，SDM 模型的估计结果质量更好。

可以看出，两种模型在不同估计结果下，高等教育服务贸易进口系数都在 1% 的置信水平上显著，且中介变量技术创新和产业结构升级也均在 1% 的置信水平上显著。这说明，高等教育服务贸易进口与经济增长呈现显著的正相关关系，技术创新和产业结构升级也是经济增长的重要因素。假设 H7 得到验证。

表 6-14　空间模型估计结果

变量	模型Ⅰ（1）	模型Ⅰ（2）	模型Ⅰ（3）	模型Ⅱ（1）	模型Ⅱ（2）	模型Ⅱ（3）
	SDM	SEM	SAR	SDM	SEM	SAR
ln*stui*	0.0758*** （0.0138）	0.1001*** （0.0165）	0.0846*** （0.0159）	0.0783*** （0.0138）	0.0909*** （0.0180）	0.0702*** （0.0169）
ln*fm*	0.0739*** （0.0168）	0.1000*** （0.0201）	0.0961*** （0.0204）			
ln*ig*				2.1414*** （0.4437）	2.4320*** （0.4796）	2.5251*** （0.5129）
ln*gs*	−0.2343*** （0.0556）	−0.1585** （0.0684）	−0.1852*** （0.0678）	−0.1858*** （0.0574）	−0.1106 （0.0709）	−0.1584** （0.0681）
ln*l*	0.4866*** （0.0674）	0.3216*** （0.0777）	0.3743*** （0.0760）	0.4101*** （0.0711）	0.2627*** （0.0797）	0.3219*** （0.0787）
ln*ustu*	−0.5782*** （0.0359）	−0.5211*** （0.0401）	−0.5528*** （0.0371）	−0.4379*** （0.0441）	−0.3525*** （0.0458）	−0.3806*** （0.0483）
ln*ofdi*	0.0376*** （0.0128）	0.0362** （0.0175）	0.0180 （0.0152）	0.0293** （0.0130）	0.0309* （0.0176）	0.0113 （0.0151）
ln*tr*	0.0631*** （0.0200）	0.0854*** （0.0240）	0.0942*** （0.0222）	0.0784*** （0.0201）	0.0980*** （0.0241）	0.1101*** （0.0220）
R^2	0.7643	0.7772	0.7867	0.8291	0.7885	0.7980
Log likelihood	130.2007	83.9192	84.3457	129.2158	85.5660	85.2925

注：*** $p<0.01$，** $p<0.05$，* $p<0.1$，括号中为标准误。

除了描述解释变量与被解释变量的关系外，空间估计模型还提供了空间滞后项的估计结果，即本地区解释变量对本地区被解释变量和邻近地区被解释变量的不同影响效果。其中，前者通过本地区效应（Main）部分估计结果展示，后者通过邻近地区效应（Wx）部分结果展示。

表 6-15 分别汇报了模型Ⅰ和模型Ⅱ的估计结果。模型Ⅰ（4）和模型Ⅱ（4）报告了在未加入中介变量时，高等教育服务贸易进口与经济增长的关系。可以看出，高等教育服务贸易进口、劳动力存量、对外投资水平、货物贸易规模均在 1% 的置信水平上与经济增长呈正相关关系，能够促进地区经济增长。加入了中介变量的模型Ⅰ（6）和模型Ⅱ（6）呈现出与（4）估计类似的趋势，高等教育服务贸易进口、中介变量、劳动力存量、对外投资水平、货物贸易规模均在 1% 的置信水平显著。随着市场化程度的不断提升，政府在促进地方经济增长方面的角色和作用正在发生变化，政府支出规

模的增加不一定能够准确定位市场需求，有可能造成投资错位。此外，随着高考扩招政策的实施，高校在校生数量持续增加，学历水平的信号作用在劳动力市场不断扭曲，导致越来越多的应届毕业生放弃直接就业，选择花费更高的时间成本追求更高学历，而劳动力市场的门槛被降低，岗位的学历要求相应提高。在此背景下，高校在校生数越多，有效劳动力供给越不足，无益于地区经济增长。在反映主要解释变量与中介变量响应关系的两模型（5）列结果中，高等教育服务贸易进口对技术创新和产业结构升级均表现出了显著的正相关关系，这与前述高等教育服务贸易进口引致的人力资本水平提升有关，高技术人才进入知识创造和技术创新的相关领域，能够加快技术创新和产业结构升级的速度，最终促进经济增长。

表 6-15　空间杜宾模型估计结果

解释变量	变量	模型Ⅰ（4） ln*pgdp*	模型Ⅰ（5） ln*fm*	模型Ⅰ（6） ln*pgdp*	模型Ⅱ（4） ln*pgdp*	模型Ⅱ（5） ln*ig*	模型Ⅱ（6） ln*pgdp*
Main	ln*stui*	0.1076*** （0.0129）	0.2269*** （0.0535）	0.0758*** （0.0138）	0.1076*** （0.0129）	0.0143*** （0.0020）	0.0783*** （0.0138）
	ln*fm*			0.0739*** （0.0168）			
	ln*ig*						2.1414*** （0.4437）
	ln*gs*	−0.2386*** （0.0591）	−0.1486 （0.2388）	−0.2343*** （0.0556）	−0.2386*** （0.0591）	−0.0202** （0.0093）	−0.1858*** （0.0574）
	ln*l*	0.5196*** （0.0711）	0.5631* （0.2873）	0.4866*** （0.0674）	0.5196*** （0.0711）	0.0499*** （0.0112）	0.4101*** （0.0711）
	ln*ustu*	−0.5562*** （0.0370）	0.4059*** （0.1465）	−0.5782*** （0.0359）	−0.5562*** （0.0370）	−0.0561*** （0.0057）	−0.4379*** （0.0441）
	ln*ofdi*	0.0381*** （0.0136）	−0.0209 （0.0547）	0.0376*** （0.0128）	0.0381*** （0.0136）	0.0038* （0.0021）	0.0293** （0.0130）
	ln*tr*	0.0702*** （0.0212）	0.1305 （0.0852）	0.0631*** （0.0200）	0.0702*** （0.0212）	−0.0038 （0.0033）	0.0784*** （0.0201）
Wx	Wlnstui	0.1487*** （0.0403）	0.5271*** （0.1552）	0.0765* （0.0408）	0.1487*** （0.0403）	0.0035 （0.0064）	0.1298*** （0.0426）
	Wlnfm			0.1851*** （0.0701）			
	Wlnig						0.2183 （1.1060）

续表

解释变量	变量	模型Ⅰ(4) lnpgdp	模型Ⅰ(5) lnfm	模型Ⅰ(6) lnpgdp	模型Ⅱ(4) lnpgdp	模型Ⅱ(5) lnig	模型Ⅱ(6) lnpgdp
Wx	Wlngs	−0.2383 (0.1980)	−0.0431 (0.8184)	−0.4254** (0.1985)	−0.2383 (0.1980)	−0.0794** (0.0339)	0.0387 (0.2271)
	Wlnl	−0.0368 (0.1880)	−1.2282 (0.7538)	−0.0603 (0.1823)	−0.0368 (0.1880)	0.0143 (0.0305)	−0.1158 (0.1925)
	Wlnustu	0.3633*** (0.1358)	0.0608 (0.3581)	0.4178*** (0.1313)	0.3633*** (0.1358)	0.0241 (0.0155)	0.3162** (0.1381)
	Wlnfdi	0.1373*** (0.0362)	0.0615 (0.1470)	0.1326*** (0.0340)	0.1373*** (0.0362)	0.0085 (0.0058)	0.1142*** (0.0351)
	Wlntr	−0.1870*** (0.0524)	0.0829 (0.1895)	−0.2208*** (0.0505)	−0.1870*** (0.0524)	−0.0007 (0.0073)	−0.1781*** (0.0502)
	R^2	0.7226	0.8352	0.7643	0.7226	0.3476	0.8291
	Log likelihood	117.3081	−144.7907	130.2007	117.3081	459.5448	129.2158

注：*** p<0.01，** p<0.05，* p<0.1，括号中为标准误。

从表6-15所反映出的空间滞后项估计结果来看，模型Ⅰ中，主要解释变量的估计系数与被解释变量呈现显著的正相关关系，在加入了中介变量的两模型（6）列结果中，高等教育服务贸易进口与技术创新均呈现与被解释变量的正相关关系。说明本地区的高等教育服务贸易进口能够对相邻地区的经济增长和技术创新产生积极的促进作用，且本地区的技术创新能够同高等教育服务贸易进口共同促进经济增长，这说明，技术创新的中介效应在空间维度上依旧存在。在模型Ⅱ的相关分析中，（4）（5）（6）列估计结果与模型Ⅰ各列显示出类似的趋势，高等教育服务贸易能够显著地促进经济增长和产业结构升级，且产业结构升级也同高等教育服务贸易进口一同显著地促进经济增长。但是，在空间滞后项的分析中可知，本地区的高等教育服务贸易进口虽然能够显著地促进相邻地区的经济增长，但是其与相邻地区的产业结构升级之间的正相关关系在样本检验中并不显著，且本地区的产业结构升级对于相邻地区的经济增长的促进作用也并不显著。由此推断，高等教育服务贸易进口的空间溢出效应虽然显著，但产业结构升级可能并不是其空间效应的传导机制。

为了进一步分析高等教育服务贸易进口在空间溢出效应下的传导机制，本书继续采用偏微分分解的方法（萨热和佩斯，2009）将估计效果进一步分解成为直接效应、间接效应和总效应。其中，直接效应可以表示本地区的解释变量对于本地区被解释变量的效应；间接效应即为空间模型最为关注的空间溢出效应，表示相邻地区的解释变量对于本地区被解释变量的效应，这与本地区解释变量的空间滞后项呈现的内容是不一样的；总效应即为直接效应与间接效应之和，从整体上反映了解释变量对被解释变量的平均效应。

表 6-16　空间杜宾模型估计效应

效应	变量	模型Ⅰ（7） ln*pgdp*	模型Ⅰ（8） ln*fm*	模型Ⅰ（9） ln*pgdp*	模型Ⅱ（7） ln*pgdp*	模型Ⅱ（8） ln*ig*	模型Ⅱ（9） ln*pgdp*
直接效应	ln*stui*	0.1056*** （0.0130）	0.2315*** （0.0535）	0.0752*** （0.0139）	0.1056*** （0.0130）	0.0148*** （0.0022）	0.0757*** （0.0142）
	ln*fm*			0.0707*** （0.0172）			
	ln*ig*						2.1206*** （0.4526）
	ln*gs*	−0.2384*** （0.0580）	−0.1647 （0.2341）	−0.2239*** （0.0558）	−0.2384*** （0.0580）	−0.0252*** （0.0095）	−0.1846*** （0.0551）
	ln*l*	0.5284*** （0.0678）	0.5861** （0.2832）	0.4837*** （0.0617）	0.5284*** （0.0678）	0.0527*** （0.0116）	0.4122*** （0.0649）
	ln*ustu*	−0.5668*** （0.0349）	0.3939*** （0.1376）	−0.5833*** （0.0326）	−0.5668*** （0.0349）	−0.0563*** （0.0055）	−0.4486*** （0.0427）
	ln*ofdi*	0.0360*** （0.0130）	−0.0197 （0.0535）	0.0363*** （0.0121）	0.0360*** （0.0130）	0.0043* （0.0022）	0.0270** （0.0123）
	ln*tr*	0.0725*** （0.0207）	0.1267 （0.0860）	0.0662*** （0.0194）	0.0725*** （0.0207）	−0.0041 （0.0034）	0.0833*** （0.0196）
间接效应	ln*stui*	0.1254*** （0.0389）	0.5524*** （0.1860）	0.0646* （0.0352）	0.1254*** （0.0389）	0.0106 （0.0090）	0.1022*** （0.0390）
	ln*fm*			0.1731** （0.0733）			
	ln*ig*						−0.0293 （0.9702）
	ln*gs*	−0.2072 （0.1911）	−0.1042 （0.8510）	−0.3809* （0.2029）	−0.2384*** （0.0580）	−0.1190*** （0.0428）	0.0732 （0.1955）
	ln*l*	−0.0684 （0.1686）	−1.1792 （0.8288）	−0.1086 （0.1599）	0.5284*** （0.0678）	0.0446 （0.0423）	−0.1798 （0.1604）
	ln*ustu*	0.3944*** （0.1039）	0.0755 （0.3991）	0.4527*** （0.1104）	−0.5668*** （0.0349）	0.0096 （0.0197）	0.3618*** （0.1171）

续表

效应	变量	模型Ⅰ（7） ln*pgdp*	模型Ⅰ（8） ln*fm*	模型Ⅰ（9） ln*pgdp*	模型Ⅱ（7） ln*pgdp*	模型Ⅱ（8） ln*ig*	模型Ⅱ（9） ln*pgdp*
间接效应	ln*ofdi*	0.1226*** （0.0379）	0.0627 （0.1550）	0.1199*** （0.0369）	0.0360*** （0.0130）	0.0132 （0.0088）	0.0950*** （0.0347）
	ln*tr*	−0.1843*** （0.0542）	0.0797 （0.1942）	−0.2152*** （0.0598）	0.0725*** （0.0207）	−0.0035 （0.0104）	−0.1710*** （0.0514）
总效应	ln*stui*	0.2310*** （0.0403）	0.7839*** （0.1964）	0.1398*** （0.0383）	0.2310*** （0.0403）	0.0254*** （0.0098）	0.1779*** （0.0383）
	ln*fm*			0.2438*** （0.0755）			
	ln*ig*						2.0913** （0.8954）
	ln*gs*	−0.4456** （0.2043）	−0.2689 （0.9139）	−0.6048*** （0.2178）	−0.4456** （0.2043）	−0.1442*** （0.0469）	−0.1114 （0.2048）
	ln*l*	0.4601** （0.1997）	−0.5931 （0.9851）	0.3751** （0.1834）	0.4601** （0.1997）	0.0974* （0.0498）	0.2325 （0.1807）
	ln*ustu*	−0.1725 （0.1100）	0.4694 （0.4416）	−0.1306 （0.1155）	−0.1725 （0.1100）	−0.0467** （0.0218）	−0.0868 （0.1137）
	ln*ofdi*	0.1586*** （0.0424）	0.0430 （0.1774）	0.1562*** （0.0420）	0.1586*** （0.0424）	0.0176* （0.0100）	0.1220*** （0.0396）
	ln*tr*	−0.1118* （0.0578）	0.2063 （0.2234）	−0.1489** （0.0644）	−0.1118* （0.0578）	−0.0077 （0.0120）	−0.0877 （0.0550）

注：*** $p<0.01$，** $p<0.05$，* $p<0.1$，括号中为标准误。

表 6-16 报告了模型Ⅰ和模型Ⅱ估计结果经偏微分分解计算后的估计结果。从模型Ⅰ各列的估计结果可以看出，高等教育服务贸易进口对经济增长和技术创新的总体效应在 1% 的置信水平上显著，且本地的高等教育服务贸易进口对本地区和相邻地区的技术创新和经济增长均产生了显著的正效应，总体效应在直接效应和间接效应的结合上，估计系数得到增加。该结果与表 6-15 型Ⅰ的估计结果保持一致，再次证明了高等教育服务贸易进口对经济增长的空间溢出效应，且技术创新是空间溢出效应的传导机制。从模型Ⅱ各列的估计结果能够看出，高等教育服务贸易进口对经济增长和产业结构升级的总体效应均在 1% 的置信水平上显著，且产业结构升级在总效应中对经济增长的影响在 5% 的置信水平上显著。但是，通过分析模型Ⅱ（8）列估计结果可知，相邻地区高等教育服务贸易进口对本地区产业结构升级的影响并

不显著，且相邻地区产业结构升级对本地区经济增长的影响也不显著。

上述结果表明，高等教育服务贸易进口对促进经济增长的空间溢出效应是十分显著的，但产业结构升级不是空间溢出效应的传导机制，这与表6-15模型Ⅱ的估计结论保持一致。随着地区开放程度日益加深，高等教育服务贸易进口成为获取高水平人力资本的重要渠道，杭州、武汉、重庆、西安等新一线城市不断提高对留学归国人员的待遇水平，吸引更多具有高水平创新能力和研发技能的人才进入本地高新技术产业开发区的企业[1]就业。随着商品物流和金融支付便利程度的不断提升，本地区留学归国人员的跨区域经济活动和科研交流频率提高，高水平、多样化的消费带动了周边地区的直接经济增长，科研交流和技术合作更能够带动相邻地区的科学技术水平和创新研发能力，加之技术创新本身所具有的扩散效应和溢出效应，留学归国人员在区域内促进经济增长的效应进一步得到强化。但是，产业结构升级主要是资源优化配置的一个动态过程，是产业结构不断适应生产要素的变化过程，当本地区的人力资本、劳动力等生产要素与产业结构处于相互匹配的阶段时，产业发展对生产要素会产生较强的稳固作用，激发生产要素释放出最大的效率，促进产业发展和经济增长，这也是产业结构升级在本地区对高等教育服务贸易进口产生中介作用的机制。当其他地区的人力资本处于较高水平，即使通过人员流动和技术合作，也无法将这些生产要素稳定在本地，参与本地区的产业结构调整，因而在空间上不能成为高等教育服务贸易进口影响经济增长的中介机制。

进一步地，观察表6-16中主要解释变量在直接效应和间接效应中的估计系数，可以发现，间接效应的估计系数均大于直接效应，说明相邻地区的高等教育服务贸易进口对于本地区技术创新和经济增长的影响要大于对于本地区高等教育服务贸易进口的相应影响，这是因为间接效应中包含了本地区的邻近地区的溢出效应和周边地区对本地区的反馈效应两部分效应。我国推行区域经济一体化发展战略，相邻地区之间，具有便捷的物流、人流和信息流渠道，一地区的留学归国人员能够在协同发展的经济体中发挥更大的作

[1] 2019年，在留学归国人员聚集前10的城市排名中，除北京、上海、广州、深圳一线城市外，其他6座城市均为新一线城市，这些城市具有良好的经济基础和教育资源。2019年，留学归国人员总数达58.3万人，同比较2018年增长约11.73%；同期，在各地区高新技术产业开发区内工作的留学归国人员总数为133937人，较2018年增长约30%。

用，将创新意识和技术能力短时间内传播到更广泛的区域，促进地区整体的经济增长；同时，留学归国人员及其家人朋友能够带动周边较高水平的消费能力，其在生活、科研、娱乐等方面的消费偏好将为相邻地区吸引人才创造新的消费增长点，拉动该区域经济增长。此外，由于经济增长具有显著的空间溢出效应，本地区的高等教育服务贸易进口对周边地区的经济增长效应将反馈回本地区，带动本地经济的内生增长，这也再次验证了人力资本理论中对经济内生增长的影响机制。

五、稳健性检验

最后，本书对空间模型Ⅰ和模型Ⅱ的估计结果分别进行两种方法的稳健性检验，以考察估计结果的稳定性和合理性。

1. 更换权重矩阵

首先，选择更换权重矩阵，利用邻接权重矩阵进行稳健性结果检验。表 6-17 和表 6-18 分别报告了模型Ⅰ和模型Ⅱ更换邻接权重矩阵后的估计结果，整体来看，高等教育服务贸易进口对经济增长的空间溢出效应是十分显著的，所有列估计系数均在 1% 的置信水平上显著；技术创新和产业结构升级对经济增长的直接效应和总效应也在 1% 的置信水平上显著。其中，技术创新对经济增长的空间溢出效应，不论是用于其对相邻地区经济增长的影响，还是相邻地区技术创新对于本地区经济增长，估计系数都在 1% 的置信水平上显著，然而，产业结构升级影响经济增长的空间溢出效应依旧不显著，但其对经济增长的本地效应和总效应是十分显著的，这与表 6-17 和表 6-18 的分析结果保持一致，说明高等教育服务贸易进口对经济增长存在空间溢出效应，技术创新是其空间溢出效应的传导机制，产业结构升级不是其空间溢出效应的传导机制。

表 6-17　模型Ⅰ稳健性检验（更换权重矩阵）

解释变量	Main	Wx	直接效应	间接效应	总效应
	模型Ⅰ	模型Ⅰ	模型Ⅰ	模型Ⅰ	模型Ⅰ
ln*stui*	0.0752*** （0.0129）	0.1316*** （0.0318）	0.0706*** （0.0133）	0.0889*** （0.0248）	0.1596*** （0.0257）
ln*fm*	0.0775*** （0.0175）	0.1695*** （0.0423）	0.0700*** （0.0172）	0.1221*** （0.0373）	0.1921*** （0.0409）

续表

解释变量	Main	Wx	直接效应	间接效应	总效应
	模型 I	模型 I	模型 I	模型 I	模型 I
ln*gs*	−0.1417** (0.0592)	−0.7681*** (0.1459)	−0.1028* (0.0604)	−0.5916*** (0.1259)	−0.6944*** (0.1221)
ln*l*	0.4150*** (0.0657)	0.0078 (0.1892)	0.4166*** (0.0615)	−0.1061 (0.1486)	0.3105** (0.1514)
ln*ustu*	−0.6198*** (0.0354)	0.1417 (0.0893)	−0.6347*** (0.0340)	0.2741*** (0.0629)	−0.3606*** (0.0547)
ln*ofdi*	0.0069 (0.0128)	0.0349 (0.0301)	0.0059 (0.0121)	0.0259 (0.0247)	0.0319 (0.0282)
ln*tr*	0.0950*** (0.0184)	−0.0317 (0.0491)	0.0977*** (0.0183)	−0.0489 (0.0392)	0.0488 (0.0399)
R^2	0.7060				
Log likelihood	128.8546				

注：*** p<0.01，** p<0.05，* p<0.1，括号中为标准误。

表 6-18　模型Ⅱ稳健性检验（更换权重矩阵）

变量	Main	Wx	直接效应	间接效应	总效应
ln*stui*	0.0816*** (0.0147)	0.1696*** (0.0335)	0.0753*** (0.0153)	0.1167*** (0.0270)	0.1920*** (0.0281)
ln*ig*	0.9938* (0.5235)	0.4044 (0.9860)	0.9566* (0.5492)	0.1801 (0.8631)	1.1367* (0.6874)
ln*gs*	−0.1149* (0.0648)	−0.6535*** (0.1640)	−0.0788 (0.0659)	−0.4999*** (0.1386)	−0.5788*** (0.1356)
ln*l*	0.4112*** (0.0728)	0.2018 (0.1943)	0.4042*** (0.0685)	0.0497 (0.1512)	0.4540*** (0.1610)
ln*ustu*	−0.5331*** (0.0566)	0.1100 (0.1086)	−0.5487*** (0.0577)	0.2352*** (0.0872)	−0.3134*** (0.0661)
ln*ofdi*	0.0191 (0.0134)	0.0532 (0.0324)	0.0174 (0.0126)	0.0371 (0.0267)	0.0545* (0.0300)
ln*tr*	0.0958*** (0.0198)	−0.0444 (0.0525)	0.0993*** (0.0198)	−0.0599 (0.0419)	0.0394 (0.0427)
R^2	0.6837				
Log likelihood	117.8540				

注：*** p<0.01，** p<0.05，* p<0.1，括号中为标准误。

2. 更换估计方法

接着，更换估计方法，使用广义空间矩估计方法（Spatial Panel Autoregressive Generalized Method of Moments，SPGMM）对空间杜宾模型Ⅰ和模型Ⅱ进行稳健性检验。该方法无须设置滞后项，也不会汇报空间变量结果，只对整体估计情况进行报告。

表 6-19 汇报了 SPGMM 估计结果，从结果可知，高等教育服务贸易进口对经济增长的促进作用在各种估计中均呈现显著的正相关关系，且技术创新和产业结构升级对高等教育服务贸易进口影响经济增长起到显著的中介效应，估计结果与前述结论一致，说明本书的实证结果是稳健的。

表 6-19　稳健性检验（更换估计方法）

变量	模型Ⅰ（1）	模型Ⅰ（2）	模型Ⅰ（3）	模型Ⅱ（1）	模型Ⅱ（2）	模型Ⅱ（3）
	ln*pgdp*	ln*fm*	ln*pgdp*	ln*pgdp*	ln*ig*	ln*pgdp*
ln*stui*	0.0962*** （0.0203）	0.1907*** （0.0636）	0.0636*** （0.0186）	0.0962*** （0.0203）	0.0146*** （0.0025）	0.0403** （0.0191）
ln*fm*			0.1529*** （0.0237）			
ln*ig*						4.1953*** （0.5737）
ln*gs*	0.1248 （0.0809）	0.3584 （0.2440）	0.0659 （0.0717）	0.1248 （0.0809）	0.0076 （0.0098）	0.0935 （0.0694）
ln*l*	0.2895*** （0.1026）	0.4878 （0.3148）	0.2076** （0.0915）	0.2895*** （0.1026）	0.0388*** （0.0124）	0.1220 （0.0908）
ln*ustu*	−0.5568*** （0.0533）	0.3353** （0.1603）	−0.5917*** （0.0475）	−0.5568*** （0.0533）	−0.0631*** （0.0065）	−0.2905*** （0.0572）
ln*ofdi*	0.0381* （0.0204）	0.1243** （0.0557）	0.0266 （0.0181）	0.0381* （0.0204）	0.0047* （0.0025）	0.0160 （0.0177）
ln*tr*	0.1111*** （0.0300）	0.0408 （0.0953）	0.1013*** （0.0267）	0.1111*** （0.0300）	−0.0014 （0.0036）	0.1158*** （0.0259）
常数项	7.6125*** （0.5418）	−0.3187 （1.6651）	7.7225*** （0.4782）	7.6125*** （0.5418）	1.7799*** （0.0658）	0.1551 （1.1337）
观测值	186	186	186	186	186	186
R^2	0.7645	0.8454	0.8097	0.7645	0.6271	0.8217

注：*** $p<0.01$，** $p<0.05$，* $p<0.1$，括号中为标准误。

第五节　本章小结

本章针对高等教育服务贸易进口对经济增长的影响和作用机制进行了实证检验。

首先，利用1978—2019年全国层面的时间序列数据，构建VAR模型，对高等教育服务贸易进口影响经济增长的逻辑关系进行检验。分析结果显示，高等教育服务贸易进口对经济增长始终是显著的正向促进作用。假设H4得到验证。

其次，利用2014—2019年省际层面的面板数据，构建计量模型，通过基准回归和中介效应模型，对高等教育服务贸易进口影响经济增长的效果和机制进行检验。基准回归结果表明，高等教育服务贸易进口对经济增长的作用强度具有明显的地区异质性，强度高低依次为西部地区、东北地区、东部地区和中部地区，这可能与不同区域人力资本构成有关。东部地区具有较为稳定的经济发展优势，对人才的吸引力始终较强，但随着留学归国人员规模不断扩大和高校扩招政策的实施，东部地区高等教育服务贸易进口对经济增长的边际贡献率逐步降低。西部地区和东北地区承接了东部地区优势产业转移，正在逐步获取高水平人力资本驱动经济增长的红利，高等教育服务贸易进口对经济增长的作用十分显著，这也正是我国经济“雁行模型”发展形态的体现。中部地区传统产业优势依旧存在，人力资本结构调整的动力不足，留学归国人员对于经济增长的贡献并不显著。此外，中介效应回归结果表明，技术创新和产业结构升级都是高等教育服务贸易进口促进经济增长的中介机制，产业结构升级中介效应占比（66.23%）大于技术创新（38.12%），假设H5和假设H6得到验证。这表明，现阶段中国通过进口高等教育服务贸易形成的高水平人力资本，主要是通过推动产业结构升级来促进经济增长的，我国在推动技术成果转化方面尚有不足，在增加高技术产品产出方面仍需强化。

最后，利用2014—2019年省际层面的面板数据，构建空间杜宾模型，对高等教育服务贸易进口影响经济增长的空间溢出效应进行实证检验。分析结果发现，高等教育服务贸易进口对经济增长具有显著的空间溢出效应，其直接效应、间接效应和总效应都十分显著，即本地区和相邻地区的高等教育服务贸易进口对于本地区经济增长都有显著的促进作用，其中，技术创新是空间溢出效应的传导机制，但产业结构升级不是空间溢出效应的传导机制。假设 H7 得到验证。此外，间接效应的估计系数均大于直接效应，说明相邻地区的高等教育服务贸易进口对于本地区技术创新和经济增长的影响要大于对于本地区高等教育服务贸易进口的相应影响，这与留学归国人员的技术传播和扩散能力、消费能力以及空间溢出效应产生的空间反馈效应有关。

第七章

研究结论、国际经验和政策建议

本章第一节是本书的研究结论。第二节是美国、英国、澳大利亚、日本、印度国家高等教育服务贸易的发展经验。第三节是为实现高等教育服务贸易高质量发展、促进我国经济可持续增长提出政策建议。

第一节 研究结论

根据本书的理论分析和实证检验，得出以下结论。

第一，理论分析表明，高等教育服务贸易出口和进口均能产生人力资本积累效应，并通过不同的作用机制，促进经济增长。高等教育服务贸易出口，能够通过降低交易成本、激发双边市场需求和扩大贸易合作领域，扩大双边货物贸易规模；通过缩短文化距离、加强信息交流和降低违约风险，扩大双边 OFDI 规模，进而促进经济增长。高等教育服务贸易进口，能够通过提高创新能力、加速知识扩散和建立国际人才网络促进技术创新；通过加速产业转移、优化产业发展环境和催生新兴产业，诱发产业结构升级，促进经济增长。

第二，典型事实分析发现，高等教育服务贸易与经济增长之间存在正相关关系。首先，高等教育服务贸易出口能带来直接收益，促进经济增长。其次，我国高等教育服务贸易出口与货物贸易和 OFDI 均具有正相关关系，其与劳动密集型产品贸易和一般货物贸易的正相关关系更加显著，与加工贸易规模在短期呈负相关关系；我国对亚洲、非洲国家高等教育服务贸易出口与 OFDI 具有显著的正相关关系，但对欧洲高等教育服务贸易出口与 OFDI 的相关关系不显著。再次，我国高等教育服务贸易进口与技术创新和产业结构升级均呈现正相关关系，且与技术创新在空间分布上具有相关关系，在空间上呈现出向区域聚集和局部均衡布局的变化趋势。但是，高等教育服务贸易进口与创新产出的相关关系并不显著，这可能与技术创新成果转化不足、创新技术类型与市场需求的匹配度不高有关；我国高等教育服务贸易进口与第二产业和第三产业增加值均具有正相关关系，且与第三产业增加值的相关关系更为显著，与产业结构高级化之间存在着正相关关系，与战略性新兴产业增加值具有较为显著的相关关系。

第三，实证分析显示：

首先，高等教育服务贸易出口与经济增长具有显著的正相关关系，货物贸易和 OFDI 都是高等教育服务贸易出口促进经济增长的中介机制，假设 H1 至假设 H3 得到验证。高等教育服务贸易出口对经济增长的作用强度具有明显的地区异质性，强度高低依次为东部地区、中部地区、西部地区和东北地区，这种差异主要是由人力资本使用效率的差异造成的。学历生比非学历生对经济增长的促进作用更加显著，这与学历生来华时间较长、对双边文化理解更为深刻、参与双边经贸活动程度更深入有关。货物贸易的中介效应高于 OFDI，这说明，现阶段中国通过高等教育服务贸易出口形成的人力资本数量和质量还有待提升，在推动 OFDI 规模扩大方面的作用需进一步增强。

其次，高等教育服务贸易进口与经济增长具有显著的正相关关系，技术创新和产业结构升级都是高等教育服务贸易进口影响经济增长的中介机制，假设 H4 至假设 H6 得到验证。高等教育服务贸易进口促进经济增长的作用还呈现出显著的地区异质性，强度高低依次为西部地区、东北地区、东部地区和中部地区，这种差异与不同区域人力资本构成有关。技术创新的中介效应低于产业结构升级，这表明，现阶段中国通过高等教育服务贸易进口形成的高水平人力资本，主要是通过推动产业结构升级来促进经济增长的，我国在推动技术成果转化方面尚有不足，在增加高技术产品产出方面仍需强化。

最后，高等教育服务贸易进口对经济增长具有显著的空间溢出效应，技术创新是该空间溢出效应的传导机制，但产业结构升级不是空间溢出效应的传导机制，假设 H7 得到验证。此外，相邻地区的高等教育服务贸易进口对于本地区技术创新和经济增长的影响要大于对于本地区高等教育服务贸易进口的相应影响，这与留学归国人员的技术传播和扩散能力、消费能力以及空间溢出效应产生的空间反馈效应有关。

第二节 国际经验

教育服务贸易起源于文化教育交流。高等教育的发展是社会环境作用的历史产物，也是与外部环境发生互动的变革结果。随着国际贸易商品结构的变化，高等教育服务的作用更加凸显，逐步成为全球经济一体化和世界贸易发展的重要推动力量，也成为各经济体参与国际竞争、提高综合竞争能力的重要组成部分。高等教育服务贸易的地区发展是不平衡的，发达国家的教育产业发展历史悠久、经济发展水平高、参与经济全球化程度深，一般是教育服务的出口大国，对比来看，发展中国家往往是教育服务的进口大国。在参与国际教育服务贸易过程中，不同国家之间的动因也有较大差异，欧美等发达国家更多追求经济效益和商业利益，而多数发展中国家更强调提高本国的教学和研究水平，实现国家整体经济实力的提高。

有学者认为，高等教育服务贸易的发展是伴随着高等教育的国际化发展诞生的，因此，可以将研究高等教育服务贸易与研究高等教育国际化的历程联系起来。

1. 萌芽阶段。在古埃及、古希腊及阿拉伯，跨国的“游教”和“游学”非常盛行，在希腊七贤中，梭伦、泰勒斯和哲学家柏拉图等都曾到古埃及的寺庙学校参加过游学，学习当时比较先进的数学、天文学知识。在古代阿拉伯的高等教育中，许多年轻人千里之外寻师求教。公元前 3 世纪中期，亚历山大城的博物馆是著名的高等教育中心，最多时，学生有 1.4 万名之多。游学、游教是特殊的教学方式，体现了当时高等教育在国际进行交流和互相借鉴的国际化特征。

2. 雏形阶段。欧洲中世纪的大学，追求普及性知识的学习，认为人文学科（语言、文学、哲学）是一切知识的基础，一切学问在范围上都是全球性的。因此，拜占庭的学者可以在佛罗伦萨受到欢迎，欧洲的学者在巴黎、牛津和剑桥都是宾至如归。16 世纪上半叶，欧洲的基督教改革运动催生了各地的新教教派兴起，宗教隔阂传输进了高等教育，影响了师生为纯粹追求知识而进行的一系列国际化教育教学进程。1648 年威斯特伐利亚和约结束了欧洲历史上第一次混战，但是却使高等教育让位于宗教和权势。

3. 成型阶段。经历了文艺复兴和思想解放后，知识再次得到了广泛接纳和认可。1694 年在德国诞生的哈勒大学和 1737 年创办的哥廷根大学是世界上最早的现代意义上的大学。1810 年成立的柏林大学成为德国大学新精神的代表。德国大学的迅速兴起成为各国争相学习的榜样，促进了高等教育的国际交流。英国、法国、加拿大、日本等国先后派留学生到德国学习。德国大学将哲学、现代自然科学置于重要位置，产生了广泛的带动作用。德国大学的科研风气深刻影响了英国、美国，促进了研究生院的诞生。德国倡导的科研和教学自由原则广受效仿，促使哈佛大学等学校设置了选修课，对大学教学方式进行了改革。

4. 成熟阶段。第二次世界大战以后，各国之间的竞争逐渐从军事对峙转向了经济竞争，特别是对科学技术和人才知识的竞争，以往各国内部的问题和市场也逐渐在此过程中外化至国际竞争中，全球化特征日益明显。在通信技术的催化下，各国经济发展和竞争主要依赖于知识和人才的争夺，因此高等教育就需要与新的市场需求相匹配，探索在全球范围内的国际化发展。20 世纪 90 年代以后，高等教育国际化出现了一些新的特征。一是高等教育交流的规模急剧扩大，特别是留学生人数急剧增加，据统计，1960—1980 年，全世界留学生平均增长率达到 20%。据联合国教科文组织（UNESCO）统计，1965 年全世界留学生人数为 354959 人，1997 年增长了 3 倍，达到 1502040 人，2000 年激增至 162 万人。2018 年，中国出国留学人数达到 66.2 万人，同比增长 8.8%，中国继续保持世界最大留学生生源国。从留学生主要生源地来看，全球十大留学生生源地中，亚洲占 66 席。包括中国大陆地区、印度、哈萨克斯坦、马来西亚、伊朗和印度尼西亚。此外，欧洲占 3 席，包括德国、法国和意大利，加拿大占 1 席。二是境外消费教育服务贸易额的快速增长。高等教育服务贸易额的获取渠道主要有三条，分别是留学生的学费、住宿费以及其他生活开支，研究生的劳动和研究，大学学者的跨国研究、开发和教学活动等。

一、美国高等教育服务贸易的发展经验

1. 有力的政策支持

作为世界第一大经济体，美国历来十分注重通过高等教育提升整个国家的经济创造力和市场活力，发展高等教育服务并且深度参与教育服务的国际化发展是美国的重要战略举措。第二次世界大战后，美国先后出台了《富布赖特法》（1946 年）、《国防教育法》（1958 年）、《国际教育法》（1966 年）等法律文件，保障美国高等教育能够在国内良好的制度基础上发展。1918 年，成立了美国教育委员会（American Council on Education，ACE），主要负责美国国内教育和教育国际化发展建设，如今，ACE 是全美认证的学历教育机构的唯一代表。[1] 1965 年，美国教育部通过实施《高等教育法案》（Higher Education Act，HEA），设置专门机构负责高等教育。1980 年，几个联邦机构合并成立了美国教育部，围绕人才培养和教育公平开展工作，是

[1] 参见美国教育委员会网站：https：//www.acenet.edu/Pages/default.aspx.

美国教育主管机构。此外，1991年，美国时任总统布什签发了《美国2000年教育目标法》，为美国教育和改革发展提供了法律依据。为了规范留学生管理工作，1961年，美国政府成立了国际发展署（Agency for International Development），主要负责与各国沟通教育交流项目。1992年，美国教育基金会（American International Education Foundation）成立，作为非政府机构与各类学术团体、教育机构开展合作，寻求进一步拓展教育国际交流渠道。除此之外，还有留学美国（USA Study Abroad）、国际教育研究所（Institute of International Education，ⅡE）等组织为美国高等教育服务贸易的发展提供了政策研究和数据分析。

2. 巨额的经济投入

美国对教育的巨额投入为创造良好的科技创新环境、打造高质量的教育体系提供了坚实的基础。根据世界银行数据显示，2017年，美国每年对高等教育投入为2721亿美元，占比GDP的1.5%。同期，英国的高等教育投入仅为390亿。美国借助巨大的经济投入在科学研究和人才培养方面取得了多项成果，培养了众多优秀的科学家，培育了多家极具吸引力的世界巨头企业。全球10大科技公司有8家位于美国，全球顶尖的科学实验室也多在美国。无论是在军工领域、航空领域、信息技术领域，还是在医学技术领域，美国都拥有着明显的优势和实力，高水平的教育质量、开放的研究氛围和雄厚的经济实力，吸引着全世界各国的优秀人才前往美国参加学习和研究。

3. 丰富的激励措施

美国高校提供的奖学金是对国际留学生的强大激励。美国的奖学金主要是由所在的院校提供，这与中国主要由政府专项拨款提供的方式非常不同。美国的奖学金主要分为一般奖学金（Non-Service Scholarship），劳务性奖学金（Service Assistantship）。一般奖学金又涵盖了奖学金（Scholarship）和学费减免（Tuition Waiver）等形式。对于赴美参加留学的国际学生来说，申请入学资格的同时，既可以凭借学术水准、语言能力和社会实践经历向所在高校申请一般奖学金，也可以通过研究院和导师所主持的项目申请项目赞助（Funds）。入学后，还可以从所在院系和学校申请助教（Teaching Assistant，TA）、助研（Research Assistant，RA）以及在校内的临时限时工作等。整体来看，美国奖学金的种类比其他国家来说要更为丰富，但是申请商科专业的奖学金难度要比STEM项目更困难。美国政府在20世纪40年代设立的富布赖特奖学金计划，是美国奖学金项目的经典代表，这个计划主要支持对象为具有学士学位及以上的学生、教师、科研工作者，吸引其前往美国参加学习和科研活动。富布赖特项目为美国政府官方的奖学金项目，与世界上160个国家政府均有合作，12位董事会成员均为美国联邦政府或地方政府教育、法律机构的专业人士，由美国总统任命，行政组织的稳定性良好。[1] 丰富和持续的奖学金政策是美国高等教育服务高品质的特征之一，能够降低留学成本，激励优质人才流入。

二、英国高等教育服务贸易的发展经验

高等教育服务贸易的形成和发展不是一蹴而就的，而往往是通过非正式接触试探，互相交流切磋，在彼此的思量和模仿中前进的。因而，要深刻理解当前高等教育服务贸易的国际格局，就必须从各国的高等教育发展脉络梳理开来。英国是历史上的高等教育大国，也是当前占据高等教育市场重要地位的强国。中国是英国重要的教育服务贸易进口国，每年向英国输送大量的留学生和进修学者，为英国服务贸易创造了可观的经济利益。随着2021年英国完成“脱欧”过渡期，英国将在国际贸易的布局中进一步向亚太地区延伸，由此或将创造中英两国更多的贸易合作，为中英高等教育服务打开新的局面。

1. 系统的教育质量保障体系

英国高等教育的主要资金来源是私人渠道，确保教育质量和品牌是至关重要的环节。英国高等教育质量保障署（Quality Assurance Agency for Higher Education，QAA）是国家监督高等学校提升教育质量的官方机构，除此之外，英国院校还建立有独特的质量体系来加强对高等教育的监控，政府通过组织评审和评估发挥监管职能，建立公众获取信息的途径。

欧洲在建立教育标准体系方面具有丰富的经验。英国《1988年教育改革法》体现了中央集权的教育管理体制思路，一方面，中央集权思路不利于自由化市场发展，另一方面，却能够起到保障教育水平和品牌的作用。1999年，为了促进欧洲高等教育的共同发展，欧洲29国在意大利博洛尼亚签署了一系列文件，包括建立统一的学分体系，搭建统一的高等教育体系、确保欧洲高等教育质量等内容，为欧洲教育一体化开启了新征程。

---

[1] 参加美国富布莱特项目官方网站：https：//fulbright.state.gov.

2. 完善的高等教育课程设计

课程国际化是英国高等教育服务贸易能够走向现代化的基础。在开放大学的运行中，课程体系建设与教学、行政管理一同支持远程教育。开放课程的设置高度灵活，涵盖了研究生、本科、继续教育等多方面内容。在大学课程和考试的设置中，考虑到了来自不同生源国学生在文化理解、语言能力、适应程度等方面的差异化特征，英国的高等教育课程顺势向前延伸，将标准化的预科学习纳入高等教育服务贸易体系。如果留学生因为语言问题无法快速实现高等教育阶段学习，学校一般会提供专业针对性较强的语言集训，集训期间，学生享受学生身份待遇，保留专业学习入学资格；集训结束后，通过国家认证的研究中心评估，决定学生是否能够顺利过渡至高等教育专业课学习阶段。

3. 丰富的教育合作形式

英国的高等教育服务贸易形式虽然也局限在四种形式之中，但正是因为充分利用了各类贸易方式的特色，英国在高等教育服务贸易的产业中铺设了一条完整的链条，并从多个环节中获取利益。语言培训既是为了提升高等教育专业学习项目的录取率，也是为了打造一个英语语言教育子体系品牌。1989 年，英国文化教育协会、剑桥大学考试委员会和澳大利亚教育国际属共同开发设立了雅思考试，即国际英语测试系统（International English Language Testing System，IELTS），经过 30 多年的发展和完善，雅思考试已经成为最重要的国际性英语标准化水平测评考试之一，获得了美国、澳大利亚、加拿大、中国等 140 个国家和 1000 所院校机构的认可，每年有 300 万考生参加考试。雅思考试分为学术类和移民类两种，考试费用为 2000 元人民币左右，是申请留学和移民的主要语言考核考试。

三、澳大利亚高等教育服务贸易的发展经验

澳大利亚国家体系建立时间并不长，但是高等教育服务贸易却已经成为这个国家的名牌，在政府的大力支持下，澳大利亚已经构筑了极具学科体系特色的教育服务贸易格局，并将高等教育专业培养与移民政策紧密联系，为澳大利亚吸引了全世界众多优秀人才。2013 年以来，澳大利亚教育服务超越了旅游业成为澳大利亚服务出口的支柱产业。澳大利亚是高等教育服务贸易市场上的后起之秀，其在教学质量体系把控、政策保障、媒体宣传等方面

所做出的工作，得到了世界各国学生和教育机构的认可。2002 年，澳大利亚在华盛顿"国际教育服务贸易论坛"上赢得了"教育出口大国"的称号。如今，澳大利亚已经成为包括中国留学生在内的学生和学者参加学习和进修的主要国家，是 OECD 国家中继美国、英国后的第三大留学国。

1. 清晰的市场化运行思路

澳大利亚的教育服务贸易起步较晚，但受到欧洲高等教育影响具有较好的发展基础，产业化运行思路在实践中得到了执行，目标十分清晰，有利于形成完整的教育服务贸易体系。20 世纪 80 年代，澳大利亚学者杰克逊提出了走教育服务产业化发展的道路，鼓励高等学校和学生之间展开竞争，增强对国际学生的吸引力。在此后的 30 多年中，澳大利亚先后设立了专门机构、连续出台保障提升而非管理压制的措施，培育和树立澳大利亚教育的国际品牌形象。1969 年，澳大利亚成立了国际教育开发署（International Development Program，IDP），经过 20 多年的发展，已于 1994 年转型为教育集团，为在全球范围内推广澳大利亚教育开展各类国际合作。IDP 于 1992 年进驻中国，在北京、上海、广州等多地设有办公点。此外，联邦政府的教育、技能和就业部（Department of Education，Skills and Employment）、国际教育基金会（Australian International Education，AIE）等部门，都是致力于提升教育水平、扩大教育国际影响力的专业机构，构成了与学校和政府沟通的畅通网络。

澳大利亚以市场化的方式运营教育产业，对产品质量和市场需求把控十分到位。澳大利亚高等教育质量与标准署（Tertiary Education Quality and Standard Agency，TEQSA）先后颁布了《2011 年高等教育质量和标准署法案》《高等教育质量风险评估框架》《澳大利亚国际教育和培训代理人道德准则》等一些教育评价保障政策，从学校、代理机构、政府、社会多个维度搭建了教育质量监督体系，充分保障教育服务产品的标准化质量。2010 年起，每隔两年，联邦政府的教育部门就会组织对留学生进行一次全面的教育质量满意度调查，从吃、住、行、学、安全、文化交流等多方面设计调查内容，并根据调查结果及时做出项目调整，确保高等教育服务保障能够满足国际留学生的各项需求。

2. 完善的法律政策保障体系

2000 年，澳大利亚政府通过《海外学生教育服务法》，分别规定了国家运用法律手段监督国际教育服务提供者的权利，建立国家的国际教育服务机构的认可、注册制度，为了保障海外学生当前和长远经济利益，政府设立海外学生保障基金等内容，以法律形式确保学生在海外留学的基本权益。2001年，《海外学生教育服务实施条例》颁布，进一步明确了法律的操作要求。此外，《高等教育：20世纪90年代的质量和多样性》《澳大利亚国际教育和培训代理人道德准则》等政策纲领性文件及时将教育服务贸易发展过程中的经验和趋势凝练积累下来，不断补充和完善现有的政策法律体系。

3. 广泛的国际推广宣传

2010年，澳大利亚教育推广和营销的重任从国际教育基金会转移到了澳大利亚贸易委员会（Australian Trade Commission，Austrade），与AEI合作分工，前者负责收集市场信息，AEI负责协调国际教育政策和政府关系。此外，国际教育开发署通过在海外市场设立机构的方式，与所在国高校、政府、代理机构合作，通过参加教育展览会、校园人才培养项目等大力宣传和推广澳大利亚的教育服务。教育、技能和就业部的网站汇总整理了有关留学教育、高等教育、培训教育等数据和信息资源，能够满足各类人员查询需求，是一个集成技术和客户体验感都十分优秀的网站。它同时还展示了其他主要国家和教育机构的数据信息，联通了各部门直接进行横纵对比，非常方便查询。联邦政府还打造了“学在澳大利亚”的网站，专门针对留学生提供各类官方信息，内容丰富、更新及时、使用方便。

四、日本高等教育服务贸易的发展经验

日本作为亚洲重要的发达国家，高等教育发展历史悠久，现代高等教育服务贸易规模大、范围广，特色突出、功能性强，具有良好的国际影响力和品牌力。19世纪中期，明治维新拉开了日本近代发展的序幕，日本高等教育逐渐成形，最终发展成为以二元制度为特色的高等教育体系，即高等教育需求主体由国家和个人构成，因个人需要而存在的高等教育成本由个人负担，国家所必需的高等教育成本由政府通过国民缴纳的税金支付，从而使供需双方达到平衡，解决高等教育资源不足的现实问题。[1]日本高等教育服务贸易十分发达，国际化程度较高，专业类型全面，考核标准严苛、教育质量

[1] 张玉琴．日本高等教育均衡发展研究［M］．保定：河北大学出版社，2014.

较高，在世界上具有良好的声誉。日本的高等教育学费较低，留学生的学费甚至低于本土学生，留学教育成本较低，对留学生具有较强的吸引力。

日本资源面积有限，但在高端制造业和文化教育服务方面具有较强的国际竞争力，在高等教育发展，特别是高等教育国际化发展方面对中国具有较好的示范作用，同时，给亚洲国家发展国际教育服务带来了启示。

1. 开放的教育发展理念

日本高等教育发展之初，就鼓励公立办学与私立办学共同发展，相互补充，同时，根据需求均摊教育成本，形成了良好的教育竞争格局。私立教育灵活开放的组织形式能够提供更为人性化的国际教育氛围，而公立教育坚持为国家经济建设服务的原则，充分调动了教育发展创新的积极性。在漫长的西学过程中，日本较好地消化吸收了欧美高等教育模式中的先进经验，以国际化的发展战略促进本国教育水平的提升。

2. 多元的国际化实践模式

日本善于通过多元的实践模式推行教育文化理念创新。除了学生交流，日本还通过开放科研岗位竞聘、推行英文工作语言、举办国际性学术会议、开放重要的实验资源以及提供稳定丰厚的政府奖学金吸引各类国际人才，为日本的经济发展提供源源不断的智力支持。

3. 发挥本土特色优势

在留学日本的国际学生中，有约 27% 的学生选择了日语学习项目。日语培训也逐渐发展成了一个链条完整、上下游贯通的教育子产业，依托于语言特色，日本每年吸引数以万计的留学生前来参加日语学习。2018 年，赴日参加语言学习的留学生达到 90000 人，比 2011 年增长了 88.67%。作为非英语国家的典型代表，日本仅排在俄罗斯、德国、法国之后，是第四大留学生接收国。

五、印度高等教育服务贸易的发展经验

中国和印度都是发展中国家，同处亚洲地区，是古文明的发源地，同为“金砖五国”，都面临着传统文化与现代理念激烈碰撞的挑战。印度的高等教育服务贸易发展早于中国，在参与国际教育的范围和程度上都要优于中国。中国可以从印度相关的发展轨迹中找到可借鉴的经验，亦能获得启发和思考。

根据印度高等教育部公布的分类标准，印度的高等教育为12年中小学义务教育后，3年本科、2年硕士、2年副博士和3年博士阶段，此外，职业技术教育、成人教育也被视为高等教育。[1]印度全国有43所国立大学、329所邦属大学、197所自治大学，共有高等教育机构799所。[2]印度政府高度重视发展教育服务贸易，其每年投入大量资金支持高等教育发展。2017—2018学年，印度政府投入64959.08千万卢比（约89.38亿美元），占比整个教育投入12.8%。教育整体支出占比GDP总量在4%左右。

20世纪60年代，印度开办了远程教育，由国家制定保留电视频道给空中教学使用，政府全力保障开放大学运营，成立了工程、医学等多个领域的远程教育机构。中印教育交流频繁，中印联合打造了“中印教育与科技联盟”“中印大学校长论坛”“金砖国家大学校长论坛”等交流平台。

从学生国际化来看，印度国内的留学生来源遍布世界各国。根据印度教育部发布的数据，2015—2016学年，共有45424名留学生参加高等教育阶段学习，其中，生源国排名前5位的国家分别是尼泊尔、阿富汗、不丹、尼日利亚和苏丹。中国学生前往印度参加高等教育学习的人数十分有限，且近10年来呈现持续下降，而印度来华留学生逐步增加，2018年，印度共有23198名学生参加中国高校的各类学习项目，其中，有666名学生参加了中国政府奖学金项目。

印度留学生的主要目的国集中在欧美国家，学习专业广泛，主要是在IT领域，这为印度在信息技术产业的发展提供了良好的人力资本和国际市场。美国是印度留学生的第一大目的国，从2001年50000余人已经增长至2012年近100000人。印度留学生的其他主要留学国家为英国、澳大利亚、加拿大、阿联酋、新西兰、德国、俄罗斯等。[3]

---

[1] Government of India. Ministry of Human Resource Development. Indian Standard Classification of Education. Available at https：//www.education.gov.in/en/statistics-new?shs_term_node_tid_depth=390&Apply=Apply.

[2] Government of India. Ministry of Human Resource Development，Department of School Education & Literacy，Statistics Division. Education Statistics at a Glance. Available at https：//www.education.gov.in/en/statistics-new?shs_term_node_tid_depth=378&Apply=Apply.

[3] UNESCO New Delhi Office. Status of International Students in India for Higher Education [R]. Available. at.

1. 重视高等教育服务形式创新

印度高等教育服务的发展比较均衡，特别是在远程教育中取得了优势，突破了地理距离对于文化交流的障碍，为高等教育发展赢得先机。印度十分重视学者和科研人员的跨国流通，通过组织国际会议、互派访问学者等方式，能够有效推行“一揽子”教育服务产品，带动学生、教师、科研、教学、交流项目等各类产品的进出口贸易，争取到多方资源，获得良好的国际品牌形象。

2. 强调市场需求导向

印度的高等教育整体水平并不占优势，但印度擅长寻找市场需求，并将就业与教育培养方向有机结合，在信息技术和软件开发方面取得了巨大成功，美国信息技术行业近一半的人才来源于印度。印度把握住了科技革命的历史时机，通过在计算机信息技术教育服务领域的进出口，形成了在软件技术开发和服务领域的良好品牌形象。在此过程中，印度广泛普及了英语在高等教育中的使用率，降低了与欧美发达国家之间交流的障碍；形成了良好的科技创新氛围，为印度参与全球科技创新和智能技术开发提供了基础；同时，也为高等教育学生提供了更多的就业机会和职业选择。

第三节 政策建议

各国高等教育服务贸易的发展都有着深刻的时代背景，各国根据本国需要逐步开放高等教育市场，并最终在经济因素的驱动下产生了高等教育服务贸易进出口的需求。高等教育服务贸易能够带动人力资本积累，提高劳动力产生率，驱动技术创新，催生新兴产业，提升社会福利水平，促进经济增长。我国作为最大的发展中国家和最大的高等教育服务贸易进口国，正处于经济增长模式转型的关键阶段，可以通过开展高等教育服务贸易，带动人力资本积累，促进技术创新水平和产业结构升级，推动集约型经济增长。根据前述内容，本节对我国高等教育服务贸易高质量发展、促进经济可持续增长提出以下政策建议。

一、加大高等教育服务开放力度，加速人力资本积累

第一，营造开放的发展环境。一是开放参与主体。高等教育服务的提供

者可以是公立或私立高等学校，也可以是研究机构；此外，参照部分发达国家做法，选用第三方代理机构与政府和学校进行合作，共同参与高等教育服务的设计和生产，实现高等教育服务供给与市场需求的精准对接，扩大高等教育服务贸易规模。二是开放就业市场。进一步减少来华留学生实习和工作政策限制，创建良好的就业创业环境，增强来华留学教育的人力资本积累效应，提升国际化人才培养能力，不断改善我国人力资本结构，更好地促进经济增长模式转型。三是完善监督评价体系。完善高等教育服务质量认证和评价体系，引进或建立独立的监督评价机构，规范高等教育服务贸易的数据和信息统计，加强对高等教育服务贸易影响的分析研究，为高等教育服务政策制定提供科学依据，形成公开透明的市场竞争环境，提升人才培养质量，提高人力资本积累效率。

第二，推进高等教育国际化。从学生国际化角度，鼓励学生积极参加国际大学生竞赛、商业模拟挑战赛等国际活动，鼓励学生参加各类长短期的国际交流项目，组织境外实习或实践项目；增设来华留学教育项目和专业类型，吸引留学生来华交流，加速人员双向流动。从科研国际化的角度，增强联合科研成果的认可度，积极引进高水平师资，不断提高我国在优势学科领域的世界知名度。从教学国际化的角度，丰富教学科研手段，加大开放式教学力度，培养学生自主探索求知的能力，充分提升教育的有效性，将学生的实践实习平台拓展至海内外更广泛的地区，增强学生应对国际挑战的心理素质和实战能力。从教育服务国际化角度，有效借助虚拟课堂、国际组织实践基地、合作学校共享课程等成熟资源体系，推动与海外教育机构、企业的合作，及时了解劳动力市场需求，设计具有优势学科特色、能够满足市场需求的国际化教育培训体系，涵养高水平国际化师资和科研力量，提升开展教育国际化的能力。

第三，制定专项发展战略。高等教育服务实施主体应当立足自身特色，从专业和学科优势出发，打造在高等教育服务贸易参与过程中的比较优势，丰富人才培养的手段和渠道，形成差异化的发展战略。首先，具有服务国家重点行业和领域任务的高校和机构，应当制定以寻求专业教育为目标的国际化发展战略，围绕专业优势，聚集全球教育资源，在行业内形成国际影响力，培养高水平的专业化人才。具有服务地方社会经济发展的高校和机构，应该以区域经济发展为核心，及时调整专业设置和课程建设，及时为地方建设输送人才，提供智力支持。其次，完善国际化人才评价体系。依照专业评审和教育教学评估体系，建立能够量化评价高等教育国际化人才的评价体系，对高校国际化人才培养成效进行评价，广泛参与市场竞争。再次，加大奖励激励力度。设置专项基金和科研项目，鼓励具有跨国科研组织能力的学者和部门参与项目建设，合理引进国际师资，加强对高水平人才和项目的监督和评估，用政策工具和经济手段督促研究成果转化，不断提高人力资本积累的数量和质量。

二、扩大高等教育服务贸易进口，推动经济增长转型

第一，转变教育发展理念，积极引进国际教育资源。以国际化眼光审视高等教育发展，加强对高等教育服务贸易，特别是高等教育服务贸易进口，在促进人才培养和知识进步方面的重要作用。主动对接国际高等教育服务市场，通过开展战略合作、举办学术活动、组织文化交往、参加国际比赛等方式，获取前沿知识和技术，提升高等教育服务水平和人才培养成效。

第二，完善国际化人才培养模式开展交流合作。完善学分互认机制，增加国际学分要求，鼓励学生自行或者跟随学校集中组织前往海外参加学习或者实践，为学生提供接受差异化教育服务的机会，增强学生对于接受国际化教育的认知和理解。提高本科生阶段的学习交流力度，加大研究生及以上学历层次的联合培养力度，与海外教育机构广泛进行学术交流和科研合作，进一步发挥知识溢出效应，激发自主创新意识和知识创新能力，为我国经济发展提供高水平的人力资本。完善出国留学教育服务，规范语言培训、留学服务产业发展，制定行业服务标准和监督管理制度，减少留学教育行业的信息不对称，提升出国留学教育服务的专业化水平，进一步扩大高等教育服务贸易进口规模。

第三，丰富高等教育服务贸易进口形式，优化国际化教育环境。继续完善在线教育、中外合作办学等多种贸易形式，引进优质教育资源，尽快完善学生管理、教育教学、科研奖励、人才招聘等制度规范。在中外联合办学的过程中，做好外籍教师和学生的服务管理工作，充分激发国际化人才的创新活力，释放高等教育服务贸易进口的人力资本效能，创建良好的中外融合教育环境，为培育国际化人才、促进我国技术进步和产业发展提供开放的外部环境。

三、提高来华留学生教育质量，布局高水平人才网络

第一，提供优质的高等教育服务。一是持续提升师资水平。提高我国高校的国际化办学水平，提高外籍教师和留学归国人员在专任教师和教育管理体系中的占比，加大对学术交流和外语教学的认定程度，鼓励中外教师在外语课程建设和教学模式改革方面进行探索。二是创建良好的国际化教育环境。创造中外学生融合教育的课堂和活动空间，提供学业辅导、就业指导、文化沟通等教育服务，充分给予文化尊重和人文关怀，提高教育服务供给质量，增强学生融入环境的自主性，提升来华留学生的学习生活体验感和评价，吸引自费留学生来华留学，形成多样化的来华留学生国别结构，从学生、师资等多方面提升高等教育国际化水平。

第二，打造中外学生趋同化管理模式。制定中外学生趋同化管理策略，丰富校园文化氛围，完善留学生管理制度，提高留学生培养质量，提升留学教育的承载力。高校主管部门应当充分发挥指导、规范和服务的职能，全面研究高等教育服务的国际经验和政策，完善留学生培养体系，推动建立留学生信息交流机制，激发高等教育服务贸易出口对贸易和投资的促进作用。

第三，试点来华留学专项教育项目。增加来华留学教育接收专业，创设留学生实践基地，在有条件的城市和省份，专项开展来华留学生就业辅导和创业孵化项目，培育其开展国际商务合作和跨文化沟通能力，建立更高水平的留学生人才培养体系，增强我国留学教育的吸引力，建立密切的对外沟通联络，布局高水平人才网络，为扩大我国对外贸易和投资范围进行铺垫。

四、增加留学归国人员吸引力，促进地区经济增长

第一，提供充分的政策保障。加大海外高端人才引进力度，给予就业、落户等政策优惠，提供科研资金支持和优质的保障条件，创造良好的工作和生活环境，解除其干事创业的后顾之忧。加强对留学回归人员就业的服务保障和继续教育支持，通过发挥其学科专业和教育背景优势，激发其在经济、金融、电子信息等行业发展和创新中的工作热情。对于其他留学回国人员，建立留学回国人员就业动态数据库，为其提供充足的就业市场信息，给予必要的就业或创业引导，充分发挥留学归国人员的知识溢出效应，不断改善我国的人力资本结构和水平。

第二，创造公平的竞争环境。不断调整和完善对于科研成果认定、奖励和人才职称评定的规定，与国际教育机构和科研部门进行横向匹配，为留学归国人员顺利延续和承接科研工作提供良好的政策保障和制度环境，减少非必要的制度壁垒，构建信息共享平台，创造更多参与国内外竞争的机会，营造公平公正的竞争环境，吸引留学归国人员回国服务。

第三，规范行业数据分析。基础数据的研究对行业发展具有重要的提示意义和分析价值，相关研究理论和判断有待实证数据的检验和支持，翔实的数据也能够为我国进行横向国际比较提供支撑。归口管理部门应当尽快完善和汇集有关高等教育服务贸易进口相关数据的收集，加强对教育服务贸易有关统计标准的设计和完善，及时公布数据信息，强化数据分析，注重对客观数据的应用，为高等教育服务贸易研究提供翔实的量化依据，为制定国际人才发展战略提供参考。

五、完善“海归”人员交流机制，带动区域经济协同发展

第一，制定差异化引智战略。我国各地区经济发展差异较大，产业布局和优势特征各不相同，在制定人才发展政策时，应当发挥区域比较优势，着眼产业集聚效应，注重高等教育服务贸易进口在提高人力资本水平、推动经济社会发展和构筑外部环境方面的重要作用，制定地区差异化的引智策略，充分发挥“海归”人员在带动前沿技术传播、新兴产业发展方面的作用，利用好高等教育服务贸易进口的空间溢出效应，推动区域协同发展。

第二，建立区域人才交流机制。鼓励和支持高等教育机构和行业协会建立区域信息共享平台，建立相关专家和人才交流的互动机制，大力激发相邻省份、城市间的项目共建和信息共享，有效利用各地区开展高等教育服务贸易的有益经验，为形成区域合力提供良好的支撑，充分发挥知识传播和技术创新的空间溢出效应，带动区域经济增长。

第三，督促配套政策措施落地。建立监督体系和质量评价体系，使高等教育服务贸易参与者成为政策有效性的评价主体，定期组织信息反馈、开展满意度调查、公开统计数据等方式规范制度实施；引入市场化监督手段，完善政策和法律规范，保障各项政策措施落实，为“海归”人员进行充分的科学研究和交流合作提供基础条件。

参考文献

[1] ALTBACH P. G., KNIGHT J. The Internationalization of Higher Education: Motivations and Realities [J]. Journal of Studies in International Education, 2012, 11: 290-305.

[2] ALTBACH P.G. Knowledge and Education as International Commodities [J]. International Higher Education, 2015 (28).

[3] ARELLANO M., BOND S. Some Tests of Specification for Panel Data: Monte Carlo Evidence and an Application to Employment Equations [J]. Review of Economic Studies, Oxford University Press. 1991, Vol. 58 (2), Pages 277-297.

[4] ARROW K. J. The Economic Implication of Learning by Doing [J]. Review of Economics and Statistics, 1962, 29 (3).

[5] AZAM S. A Cross-Country Empirical Test of Cognitive Abilities and Innovation Nexus [J]. MPRA Paper, 2017, 53: 128-136.

[6] BEINE M., NOËL R., RAGOT L. Determinants of the International Mobility of Students [J]. Economics of Education Review, 2014, 41.

[7] BOUND J., BRAGA B., KHANNA G., TURNER S. A Passage to America: University Funding and International Students [J]. American Economic Journal: Economic Policy, 2020, 12 (1).

[8] BUCCI A. Population, Competition, Innovation and Economic Growth With and Without Human Capital Investment [J]. International Review of Economics, 2014, 61 (1): 61-84.

[9] CANNON E. S. Economies of Scale and Constant Returns to Capital: A Neglected Early Contribution to the Theory of Economic Growth. [J]. American Economic Review, 2000.

[10] CHEN T. M., BARNETT G. A. Research on International Student Flows

from A Macro Perspective：A Network Analysis of 1985，1989 and 1995 ［J］. Higher Education，2000，39（4）.
［11］CICCONE A.，PAPAIOANNOU E. Human Capital，the Structure of Production，and Growth ［D］. Barcelona Graduate School of Economics，2005.
［12］COMBES P.，LAFOURCADE M.，Mayer T. The Trade Creating Effects of Business and Social Networks：Evidence From France ［J］. Journal of International Economics，2005，66：1-29.
［13］CONSTANT A. F.，TIEN B.N. African Leaders：Their Education Abroad And FDI Flows ［J］. IZa Discussion Papers 5353，2010，Institute of Labor Economics.
［14］DARON A. Technical Change，Inequality，and The Labor Market ［J］. Journal of Economic Literature，40，March 2002：7-72.
［15］FELBERMAYR G.J.，JUNG B.，TOUBAL F. Ethnic Networks，Information，and International Trade：Revisiting the Evidence ［J］. Annals of Economics and Statistics，2010.
［16］FINDLAY C.，NORDAS H.K.，PASADILLA G. Trade Policy in Asia：Higher Education and Media Services ［A］. Trade Policy in Asia. 2014.
［17］GNANARAJ C.，KEITH E. M.，AADITYA M. The Contribution of International Graduate Students To Us Innovation ［J］. Review of International Economics，2008，16（3）.
［18］GOLDSTEIN H. A.，MAIER G.，LUGER M. I. The University as an Instrument for Economic and Business Development：U.S. and European Comparisons. 1995.
［19］GOLDSTEIN H.，RENAULT C. Contributions of Universities to Regional Economic Development：A Quasi-experimental Approach ［J］. Regional Studies，2004，38（7）：733-746.
［20］GREIF A. Contract Enforceability and Economic Institutions in Early Trade：The Maghribi Traders' Coalition ［J］. American Economic Review，American Economic Association，1993，Vol. 83（3）：525-548.
［21］GRILICHES Z. Productivity，R&D and Basic Research at the Firm Level in the 1970s ［J］. American Economic Review，1986（76）141-154.

[22] HAROON, BHORAT, AALIA, et al. Higher Education, Employment and Economic Growth: Exploring the Interactions: Development Southern Africa: Vol 33, No 3 [J] . Development Southern Africa, 2016, 33 (3): 312-327.

[23] HAVRYLCHYK O. FDI from the South: The Role of Institutional Distance and Natural Resources [J] . European Journal of Political Economy, 2013.29, 38-53.

[24] HILL T.P. On Goods and Services [J] . Review of Income and Wealth, Series, 1977, 23, No.4.

[25] HOFSTEDE G. The Poverty of Management Control Philosophy [J] . The Academy of Management Review, 1978, 3 (3), 450-461.

[26] HOLMES C. Has the Expansion of Higher Education Led to Greater Economic Growth? [J] . National Institute Economic Review, 2013, 224 (1): 29-46.

[27] HUBER P. CENTROPE Regional Development Report. Technical Report on Comparing Cross-border Regions [J] . WIFO Studies, 2011.

[28] JAN B., LEX B., PHILIPP K. S., TOM V. V. International Education and Economic Growth [J] . IZA Discussion Paper No. 7354. April 2013.

[29] Jennifer Hunt, Marjolaine Gauthier-Loiselle. How Much Does Immigration Boost Innovation? [J] . American Economic Journal: Macroeconomics, 2010, 2 (2) .

[30] JONES C. I., ROMER P. M. The New Kaldor Facts: Ideas, Institutions, Population, and Human Capital [J] . American Economic Journal, 2010, 2 (1): 224-245.

[31] KAHANEC M., KRÁLIKOVÁ R. Pulls of International Student Mobility [J] . IZA Discussion Papers, 2011.

[32] KHANNA G., SHIH K., WEINBERGER A., et al. Trade Liberalization and Chinese Students in US Higher Education [J] . Social Science Electronic Publishing, 2020.

[33] KHEDHAOURIA A., THURIK R. Configurational Conditions of National Innovation Capability: A Fuzzy Set Analysis Approach [J] .

Technological Forecasting and Social Change，2017，120（Jul.）：48–58.

［34］KNIGHT J. Higher Education Crossing Borders：A Guide to the Implications of the General Agreement on Trade in Services（GATS）for Cross–border Education［J］. Commonwealth of Learning，2006，27（2）：383–394.

［35］KNIGHT J. Five Myths about Internationalization［J］. Center For International Higher Education，2015，67（62）：14–15.

［36］KNIGHT J. Internationalisation：Elements and Checkpoints［C］. Ottawa：Canadian Bureau for International Education. 1994.

［37］KNIGHT J. Internationalization Remodeled：Definition，Approaches，and Rationales［J］. Journal of Studies in International Education，2004，8（1）.

［38］KNIGHT J. Student Mobility and Internationalization：Trends and Tribulations［J］. Research in Comparative and International Education，2012，7（1）.

［39］KNIGHT J.，DE WIT，H.（Eds.）. Internationalization of Higher Education in Asia Pacific Countries. Amsterdam：European Association for International Education，1997.

［40］Kurt Larsen，John P.Martin，Rosemary Morris.Trade in Educational Services：Trends and Emerging Issues［J］. World Economy，2002，25（6）.

［41］LARSEN K.，MARTIN J. P.，& MORRIS R. Trade in Educational Services：Trends and Emerging Issue. The World Economy，2002，（25），849–868.

［42］LESAGE J.P.，PACE R.K. Introduction to Spatial Econometrics［M］. Chapman and Hall，CRC，New York，2009.

［43］LILLES A，RIGAS K. How Higher Education Institutions Contribute to the Growth in Regions of Europe?［J］. Studies in Higher Education，2017，42（1）：65–78.

［44］LORD R. Robbins Report：Higher Education［R］，1963. www.educationengland.org.uk/documents/robbins/index.html.

［45］LUCAS R. E. On the Mechanics of Economic Development［J］. Journal of Monetary Economics，1988，22，3-42.

[46] MALLEA J. R. International Trade in Professional and Educational Services：Implications for the Professions And Higher Education [R]. Paris：OECD，1998.

[47] MASKUS K. E.，Mobarak A. M.，Stuen E. T. International Graduate Education and Innovation：Evidence and Issues for East Asian Technology Policy [J]. Asian Economic Papers，2007，6（3）：78-94.

[48] MAZZAROL T.，Soutar G. N. Revisiting the Global Market for Higher Education [J]. Asia Pacific Journal of Marketing and Logistics，2012，24（5）.

[49] MCMAHON M. E. Higher Education in a World Market. An Historical Look at the Global Context of International Study [J]. Higher Education，1992，24（4）.

[50] MCMAHON W. W. The Social and External Benefits of Education [J]. Chapters，2004.

[51] MEULEMEESTER J.，ROCHAT D. A Causality Analysis of the Link between Higher Education and Economic Development [J]. Ulb Institutional Repository，1995，14（4）：351-361.

[52] MORAN P.A.P. A Test for the Serial Independence of Residuals [J]. Biometrika，1950（1-2）：1-2.

[53] MURAT M. Out of Sight，Not Out of Mind. Education Networks and International Trade [J]. World Development，2014，58.

[54] NELSON R. R.，Phelps E. S. Investment in Humans，Technological Diffusion and Economic Growth [J]. Cowles Foundation Discussion Papers，1966，56（1-2）：69-75.

[55] NESTORENKO T. Economic Impact of International Students on a Host City：Case of The University of Economics In Bratislava [R]. Teaching & Education Conference，2016，180–188，03.

[56] PACK H.，NELSON R. R. The Asian Miracle and Modern Growth Theory [J]. Social Science Electronic Publishing. 1999.

[57] PENEDER M. Industrial Structure and Aggregate Growth [J]. Structural

Change & Economic Dynamics, 2003, 14.

[58] PERKINS R., NEUMAYER E. Geographies of Educational Mobilities: Exploring The Uneven Flows of International Students [J] . The Geographical Journal, 2013.

[59] PORTES R., REY H. The Determinants of Cross-Border Equity Flows [J] . CEPR Discussion Papers, 1999.

[60] RAUCH J. E. Business and Social Networks in International Trade [J] . Journal of Economic Literature, American Economic Association, 2001, Vol. 39 (4): 1177-1203.

[61] RAUCH J. E. Networks Versus Markets in International Trade [J] . Journal of International Economics, Elsevier, 1999, Vol. 48 (1): 7-35.

[62] ROMER P. Endogenous Technological Change [J] . Journal of Political Economy, 1990, 98, 71-102.

[63] ROMER P., PAUL M. Increasing Returns and Long-Run Growth [J] . Journal of Political Economy, 1986, 94 (5): 1002-1037.

[64] SALIH, KATIRCIOĞLU, SAMI, et al. Testing the Higher Education-Led Growth Hypothesis in a Small Island: An Empirical Investigation from a New Version of the Solow Growth Model [J] . Quality & Quantity, 2014.

[65] SCHULTZ T. W. Investment in Human Capital [J] . American Economic Review, 1961, 51 (1): 1-17.

[66] SCHULTZ T. W. The Reckoning of Education as Human Capital [J] . NBER Chapters, 1970, 362 (1-2): 21-31.

[67] SIDDIQ F., NETHERCOTE W., LYE J., et al. The Economic Impact of International Students in Atlantic Canada [J] . International Advances in Economic Research, 2012, 18.

[68] SOBEL M. Asymptotic Confidence Intervals for Indirect Effects in Structural Equation Models [J] . Sociological Methodology, 1982.

[69] WANG Y. Does Education Exchange Matter? Evidence from Education Cooperation Effects on OFDI [J] . International Review of Economics & Finance, Elsevier, 2020, Vol. 67 (C): 55-65.

［70］于光妍，周正．城市群产业分工、结构升级与经济增长［J］．技术经济与管理研究，2021（11）：116-120.
［71］于富增．教育国际交流与合作史［M］．海口：海南出版社，2001.
［72］干春晖，郑若谷，余典范．中国产业结构变迁对经济增长和波动的影响［J］．经济研究，2011，46（5）：4-16+31.
［73］方宝，武毅英．高等教育来华留学生的变化趋势研究——基于近十五年统计数据的分析［J］．高等教育研究，2016，37（2）：19-30.
［74］方宝．近十五年东盟国家来华留学生教育的变化趋势研究——基于1999—2013年相关统计数据的分析［J］．比较教育研究，2015，37（11）：77-86.
［75］王小鲁，樊纲，胡李鹏．中国分省份市场化指数报告［R］．社会科学文献出版社，2018.
［76］王处辉，庞守兴．高等教育社会学［M］．北京：高等教育出版社，2009.
［77］王立勇，马光明，王桐．中国教育服务贸易七十年：成就、经验与未来发展对策［J］．国际贸易，2019（11）：4-11.
［78］王伟伟．中国高等教育国际化及其效应研究［D］．对外经济贸易大学，2018.
［79］王佃凯．专家“数”说服务贸易［N］．光明日报，2020.
［80］王建梁，姚林，陈希．加拿大国际教育服务贸易经济收益分析及对我国的启示［J］．高校教育管理，2015，9（2）：79-84.
［81］王树乔，王惠，尹洁．高等教育投入、技术创新与经济增长［J］．教育学术月刊，2016（5）：14-19.
［82］王哲．《服务贸易总协定》框架下的高等教育国际化研究［D］．东北财经大学，2011.
［83］王智勇，李瑞．人力资本、技术创新与地区经济增长［J］．上海经济研究，2021（7）：55-68.
［84］王耀辉，苗绿，郑金连，李庆．大变局下的中国留学发展观察与展望［A］．王耀辉，苗绿．中国留学发展报告（2020—2021）［C］．社会科学文献出版社，2021.
［85］付凌晖．我国产业结构高级化与经济增长关系的实证研究［J］．统计

研究，2010，27（8）：79-81.
［86］兰军. 跨境教育研究［M］. 北京：中国社会科学出版社，2012.
［87］白云飞，潘忠志. 我国 R&D 投入对于科技创新的时滞效应研究［J］. 科技管理研究，2015，35（4）：1-5.
［88］皮特·斯科特. 高等教育全球化：理论与政策［M］. 周倩，高耀丽译. 北京：北京大学出版社，2009.
［89］刘伟，张辉. 中国经济增长中的产业结构变迁和技术进步［J］. 经济研究，2008（11）：12.
［90］刘冷馨. 逆全球化下高等教育服务贸易发展的趋势与建议［J］. 宏观经济管理，2019（6）：77-83.
［91］刘志民，杨洲. "一带一路"沿线国家来华留学生对我国经济增长的空间溢出效应［J］. 高校教育管理，2018，12（2）：1-9.
［92］刘树成，张平，张晓晶. 中国经济周期波动问题研究［A］. 中国经济论坛论文集，2005.
［93］刘树成. 新中国经济增长 60 年曲线的回顾与展望——兼论新一轮经济周期［J］. 经济学动态，2009.
［94］刘倩，王永哲. 中国高等教育规模的经济发展影响因素分析［J］. 统计与决策，2019，35（18）：134-138.
［95］刘智勇，李海峥，胡永远，李陈华. 人力资本结构高级化与经济增长——兼论东中西部地区差距的形成和缩小［J］. 经济研究，2018，53（3）：50-63.
［96］刘集林. 从"出洋""游学"到"留学"——晚清"留学"词源考［J］. 广东社会科学，2007（6）：104-111.
［97］刘瑞明，赵仁杰. 国家高新区推动了地区经济发展吗？——基于双重差分方法的验证［J］. 管理世界，2015，（8）：30-38.
［98］刘璐璐. 金砖国家高校海外分校发展的历史、动因与战略［J］. 黑龙江高教研究，2021，39（7）：25-31.
［99］孙少勤，邱斌. 如何塑造来华教育服务贸易新优势——基于"一带一路"视角的分析［J］. 国际贸易，2017（10）：56-62+67.
［100］孙虹，魏海丽. 基于 VAR 模型的高等教育层次结构与区域经济增长关系的实证研究［J］. 工业技术经济，2015，34（10）：69-76.

［101］巩雪，熊峰．来华留学生教育的对外投资驱动效应研究［J］．南京理工大学学报（社会科学版），2018，31（3）：74-78.
［102］庄丽娟．国际服务贸易与经济增长的理论与实证研究［M］．中国经济出版社，2007.
［103］曲如晓，江铨．来华留学生区域选择及其影响因素分析［J］．北京：高等教育研究，2011，32（3）：30-38.
［104］曲如晓，李婧，杨修．文化接受度对来华留学生规模的影响［J］．北京：国际经济合作，2018（6）：30-34.
［105］朱兴德．教育国际化及其未来走向［J］．世界教育信息，2014，27（17）：8.
［106］朱福林．中国服务贸易发展 70 年历程、贡献与经验［J］．首都经济贸易大学学报，2020，22（1）：48-59.
［107］江三良，侯缓缓．人力资本结构优化与地区经济高质量增长［J］．南京审计大学学报，2021，18（1）：90-100.
［108］纪雯雯，赖德胜．人力资本配置与中国创新绩效［J］．经济学动态，2018（11）：19-31.
［109］［美］西奥多·W·舒尔茨．人力资本投资［M］．吴珠华等，译．论北京：北京经济学院，1990.
［110］许和连，李丽华．文化差异对中国对外直接投资区位选择的影响分析［J］．统计与决策，2011（17）：154-156.
［111］许家云，李平，王永进．跨国人才外流与中国人力资本积累——基于出国留学的视角［J］．人口与经济，2016（3）：91-102.
［112］严雪怡，杨金土，孟广平．联合国教科文组织国际教育标准分类（ISCED）［J］．机械职业教育，1997（10）：41-45.
［113］［美］伯顿·克拉克．高等教育新论——多学科的研究［M］．王承绪，徐辉，郑继伟等，译．杭州：浙江教育出版社，2001.
［114］何菊莲，刘聪，梅烨．高等教育人力资本水平对自主创新能力的影响效应测算［J］．统计与决策，2021，37（8）：77-81.
［115］余洁，王增涛，李依颖．高等教育服务出口对中国区域经济增长的空间溢出效应［J］．西安交通大学学报（社会科学版），2020，v.40；No.164（6）：95-106.

［116］吴艳茹，杜海燕，何睦，等．中外教育史［M］．北京：北京师范大学出版社，2015.
［117］宋华盛，刘莉．外国学生缘何来华留学——基于引力模型的实证研究［J］．高等教育研究，2014，35（11）：31-38.
［118］张五常．再论中国［M］．香港：香港新报有限公司，1987.
［119］张幼文．生产要素的国际流动与全球化经济的运行机制——世界经济学的分析起点与理论主线［J］．世界经济研究，2015（12）：3-11+124.
［120］张正秋．高校来华留学生学费与成本补偿问题研究［J］．中国高教研究，2018（7）：84-88.
［121］张民选，黄复生，闫温乐．大学的收益：留学生教育中的经济学意义［J］．教育研究，2008（4）：22-29.
［122］张民选．经济利益：发达国家在高等教育国际化中的一大收获［J］．教育发展研究，1999（11）：3-5.
［123］张玉琴．日本高等教育均衡发展研究［M］．保定：河北大学出版社，2014.
［124］张亚．高等教育服务贸易理论与政策研究［M］．北京：中国经济出版社，2009.
［125］张国军．我国境外消费教育服务贸易发展现状及对策［J］．中国高教研究，2014（1）：18-23.
［126］张连城，王钰．中国总需求的变动趋势与经济可持续增长［A］．// 张连城，等．经济平稳较快发展、调整经济结构与管理通货膨胀预期的关系研究［M］．北京：中国社会科学出版社，2020.
［127］张连城，任光宇．中国经济可持续增长的驱动因素分析［A］．// 张连城，等．经济平稳较快发展、调整经济结构与管理通货膨胀预期的关系研究［M］．中国社会科学出版社，2020.
［128］张艳，李子联，金炜皓．高等教育质量影响产业结构升级的机理与证据［J］．高等教育研究，2021，42（2）：47-56.
［129］李子联．收入与生育：中国生育率变动的解释［J］．经济学动态，2016（5）：37-48.
［130］李子联．高等教育发展与经济增长：机理与证据［J］．宏观质量研究，2020，8（1）：81-94.

［131］李明，张亦然．空气污染的移民效应——基于来华留学生高校－城市选择的研究［J］．经济研究，2019，54（6）：168-182.
［132］李勇，马芬芬．人力资本错配如何扭曲了产业结构升级［J］．经济经纬，2021，38（2）：82-90.
［133］李洁，张天顶．贸易开放度与中国经济增长关系的地区差异研究［J］．南方经济，2006（12）：104-110.
［134］李晓静，邓潇玥，李宝铭．高校留学生学费定价影响因素及定价策略的研究［J］．高教探索，2015（7）：29-33+72.
［135］李航敏．中国高等教育服务贸易发展研究［D］．对外经济贸易大学，2014.
［136］李联明，吕浩雪．高等教育国际化进程中制约国际学生流向的主要因素［J］．比较教育研究，2004（6）：71-75.
［137］李滔．中华留学教育史录［M］．北京：高等教育出版社，2000.
［138］李静，楠玉．人力资本错配下的决策：优先创新驱动还是优先产业升级？［J］．经济研究，2019，54（8）：152-166.
［139］李德煌，夏恩君．人力资本对中国经济增长的影响——基于扩展Solow模型的研究［J］．中国人口·资源与环境，2013，23（8）：100-106.
［140］杜育红，赵冉．教育在经济增长中的作用：要素积累、效率提升抑或资本互补？［J］．教育研究，2018，39（5）：27-35.
［141］杨汝岱，李艳．移民网络与企业出口边界动态演变［J］．经济研究，2016，51（3）：163-175.
［142］汪素芹．国际服务贸易．3版．［M］．北京：机械工业出版社，2017.
［143］周启良，范红忠．高等教育人力资本集聚对产业结构升级的非线性影响——基于中国287个地级及以上城市面板数据的实证分析［J］．重庆高教研究，2021，9（4）：43-58.
［144］周明生，陈文翔．自主创新、技术引进与产业结构升级［A］．// 张连城，等．经济平稳较快发展、调整经济结构与管理通货膨胀预期的关系研究［M］．北京：中国社会科学出版社，2020.
［145］周金凯．中美两国国际教育服务贸易逆差的影响因素分析——基于逐步回归分析［J］．国际商务（对外经济贸易大学学报），2019（2）：

50-60.
［146］国家教委留学生司．出国留学工作文件汇编（1978—1978）［M］．北京：群众出版社，2010。
［147］林春艳，孔凡超，孟祥艳．人力资本对产业结构转型升级的空间效应研究——基于动态空间 Durbin 模型［J］．经济与管理评论，2017，33（6）：122-129.
［148］林桂军，任靓．开放型经济视角下我国教育服务贸易发展战略研究［J］．国际贸易，2014（10）：46-50.
［149］林毅夫，李永军．出口与中国的经济增长：需求导向的分析［J］．经济学（季刊），2003（3）：779-794.
［150］林毅夫．解读中国经济［M］．北京：北京大学出版社，2013.
［151］芦林堃，李冬梅，陈志峰．基于“一带一路”面板数据的来华留学对中国出口贸易影响的研究［J］．齐齐哈尔大学学报（哲学社会科学版），2020（1）：89-94.
［152］陆菁，凌慧，潘修扬．全面开放格局下的中国高等教育服务国际化——高等教育服务出口与留学生来华因素的实证分析［J］．中国高教研究，2019（1）：22-27.
［153］陈开军，赵春明．贸易开放对我国人力资本积累的影响——动态面板数据模型的经验研究［J］．国际贸易问题，2014（3）：86-95.
［154］陈兴德．从“过渡舟楫”到“基本方略”——新时期我国留学政策的回顾与展望［J］．科学学与科学技术管理，2009，30（7）：186-190.
［155］陈怡安．中国海外人才回流的国际知识溢出与技术进步研究［D］．首都经济贸易大学，2014.
［156］陈昌贵，谢练高．走进国际化——中外教育交流与合作研究［M］．广东教育出版社，2010.
［157］陈润．跨越中等收入陷阱的人力资本因素［A］．// 张连城，等．经济平稳较快发展、调整经济结构与管理通货膨胀预期的关系研究［M］．北京：中国社会科学出版社，2020.
［158］陈爱娟，任晓燕，潘敏娟．开放环境下的我国教育服务贸易发展对策［J］．国际贸易问题，2004（12）：19-23.
［159］陈基平，魏浩．国际移民流入对进出口贸易影响的实证分析——来自

美国的证据［J］. 国际商务研究，2019，40（1）：30-40.
［160］陈强，程好．上海教育国际化：服务贸易的视角［M］．上海：同济大学出版社，2013.
［161］陈强．美国庚款退还对中国近代教育发展的影响研究［D］．吉林大学，2019.
［162］陈越．我国留学生教育服务贸易逆差研究［J］．教育与经济，2016（4）：70-76.
［163］陈韶光，袁伦渠．人才国际流动的效应分析［J］．管理世界，2004（10）：147-148.
［164］侯纯光，杜德斌，刘承良，桂钦昌，刘树峰，覃雄合．全球留学生留学网络时空演化及其影响因素［J］．地理学报，2020，75（4）：681-694.
［165］俞培果，王大燕．高等教育服务贸易有关问题的国际讨论及其启示［J］．外国教育研究，2005（10）：20-24.
［166］姚先国，张海峰．教育、人力资本与地区经济差异［J］．经济研究，2008（5）：47-57.
［167］姚锐．国际高等教育服务贸易——最近的发展与后果［J］．外国教育研究，2010，37（5）：1-5.
［168］战湛．中国自费留学行为研究［D］．华中师范大学，2017.
［169］胡罡．发达国家教育服务贸易研究［D］．辽宁大学，2015.
［170］胡罡．国际教育服务贸易发展与中国对策［J］．辽宁大学学报（哲学社会科学版），2016，44（5）：75-82.
［171］赵永亮．移民网络与贸易创造效应［J］．世界经济研究，2012（05）：57-64+86+88-89.
［172］赵昌文，许召元，朱鸿鸣．工业化后期的中国经济增长新动力［J］．中国工业经济，2015（6）：44-54.
［173］赵春明．国际教育服务贸易发展与人才跨国流动研究［M］．北京：经济科学出版社，2015.
［174］赵晨捷．国家间政治对服务贸易的影响探究——基于引力模型的分析［J］．现代商贸工业，2018，39（16）：120-123.
［175］郎丽华，李雪亚．中国对外贸易周期与经济周期［A］．// 张连城，

等．经济平稳较快发展、调整经济结构与管理通货膨胀预期的关系研究［M］．北京：中国社会科学出版社，2020.
［176］郎丽华，周明生，赵家章．加速中国经济增长转型与防范金融风险——中国经济增长与周期高峰论坛（2017）综述［J］．北京：经济研究，2017，52（8）：202-28.
［177］郑莹，阎大颖，任兵．制度壁垒、组织学习与中国企业对外投资区位选择［J］．国际商务（对外经济贸易大学学报），2015（2）：47-56.
［178］钟山．开放型经济模式的外部经济效应和知识溢出原理［J］．数量经济技术经济研究，2001，18（7）：4.
［179］唐海涛．GATS 下教育服务市场准入问题研究［M］．北京：中国财富出版社，2016.
［180］夏人青，张民选．高等教育国际化：从政治影响到服务贸易［J］．教育发展研究，2004（2）：5.
［181］秦冠英，苏丽锋，史薇．"一带一路"沿线国家教育服务贸易发展研究［M］．北京：对外经济贸易大学出版社，2019.
［182］荣丽敏．中美澳高等教育服务贸易比较研究［D］．东北师范大学，2019.
［183］袁海东，朱敏．海外华人网络对中国对外投资的影响研究——基于东道国异质性的视角［J］．国际商务（对外经济贸易大学学报），2017（5）：79-89.
［184］袁航，朱承亮．国家高新区推动了中国产业结构转型升级吗［J］．中国工业经济，2018（8）：60-77.
［185］袁富华，张平，陆明涛．长期经济增长过程中的人力资本结构——兼论中国人力资本梯度升级问题［J］．经济学动态，2015（5）：11-21.
［186］钱纳里，塞尔昆．发展的格局：1950—1970［M］．李小青，等译．北京：中国财政经济出版社，1989.
［187］钱玲，徐辉富，郭伟．美国在线教育：实践、影响与趋势——CHLOE3 报告的要点与思考［J］．开放教育研究，2019，25（3）：10-21.DOI：10.13966/j.cnki.kfjyyj.2019.03.002.
［188］钱晓烨，迟巍，黎波．人力资本对我国区域创新及经济增长的影响——基于空间计量的实证研究［J］．数量经济技术经济研究，

2010，27（4）：107-121.
［189］顾永才．略论国际教育服务贸易［J］．国际商务：对外经济贸易大学学报，1998（3）：30-33.
［190］高春亮，李善同．财政分权、人力资本与高质量增长［J］．财政研究，2019（9）：21-32.
［191］郭苏文，黄汉民．制度距离对我国外向 FDI 的影响——基于动态面板模型的实证研究［J］．国际经贸探索，2010，26（11）：21-26.
［192］郭继强．人力资本投资的结构分析［J］．经济学（季刊），2005（2）：689-706.
［193］景维民，王瑶，莫龙炯．教育人力资本结构、技术转型升级与地区经济高质量发展［J］．宏观质量研究，2019，7（4）：18-32.
［194］温忠麟，张雷，侯杰泰，刘红云．中介效应检验程序及其应用［J］．心理学报，2004（5）：614-620.
［195］程灵．二战以来美国对英国高等教育的影响［M］．北京：社会科学文献出版社，2015.
［196］谢富纪，徐恒敏．知识、知识流与知识溢出的经济学分析［J］．同济大学学报（社会科学版），2001（2）：54-57.
［197］韩丽丽．如何提升来华留学教育的竞争力——基于规模总量和学历结构视角的经验分析［J］．北京师范大学学报（社会科学版），2017（5）：18-30.
［198］韩琪，王建坤．中国高等教育服务贸易逆差的探讨［J］．国际贸易，2012（4）：62-66.
［199］［加］简・奈特．激流中的高等教育国际化变革与发展［M］．刘东风，陈巧云，译．北京：北京大学出版社，2011.
［200］詹小琦，林珊．中国服务贸易高质量发展研究［J/OL］．亚太经济，2020（04）：109-118+151［2020-09-14］.https：//doi.org/10.16407/j.cnki.1000-6052.2020.04.011.
［201］詹德赫亚拉・B・G・提拉克，刘丽芳，邓定．高等教育国际化的经济分析（续）［J］．教育与经济，2013（2）：9-17.
［202］靳卫东．人力资本与产业结构转化的动态匹配效应——就业、增长和收入分配问题的评述［J］．经济评论，2010（6）：137-142.

［203］靳希斌．国际教育服务贸易研究：理论、规则与行动［M］．福州：福州福建教育出版社，2005.
［204］熊永根，王安虎，肖地生．国际教育与合作浅探［J］．江苏高教，2003（5）.
［205］綦建红，杨丽．中国 OFDI 的区位决定因素——基于地理距离与文化距离的检验［J］．经济地理，2012，32（12）：40–46.
［206］蒙英华，孔令强．海外华人网络对中国对外贸易影响的面板数据分析［J］．当代财经，2007（9）：99–103.
［207］魏浩，王宸，毛日昇．国际间人才流动及其影响因素的实证分析［J］．管理世界，2012（1）：33–45.
［208］魏浩，连慧君．国际劳动力流入对美国进出口贸易影响的实证分析［J］．国际商务，2020（4）：1–16.
［209］魏浩，陈开军．国际人才流入对中国出口贸易影响的实证分析［J］．中国人口科学，2015（4）：72–82+127–128.
［210］魏浩，赵春明，申广祝．全球人才跨国流动的动因、效应与中国的政策选择［J］．世界经济与政治论坛，2009（6）：19–26.
［211］魏浩，耿园．高端国际人才跨国流动的动因研究——兼论中国吸引高端国际人才的战略［J］．世界经济与政治论坛，2019（1）：121–146.
［212］魏浩，袁然，赖德胜．中国吸引留学生来华的影响因素研究——基于中国与全球 172 个国家双边数据的实证分析［J］．教育研究，2018，39（11）：76–90.
［213］魏浩，袁然．全球华人网络的出口贸易效应及其影响机制研究［J］．世界经济研究，2020（1）：25–40+135.
［214］魏浩，袁然．国际人才流入与中国进口贸易发展［J］．世界经济与政治论坛，2017（1）：112–133.
［215］魏浩，赖德胜．文化因素影响国际留学生跨国流动的实证研究——兼论中国扩大来华留学生教育规模的战略［J］．教育研究，2017，38（7）：55–67.

附　录

附录 A　高等教育服务贸易出口经济收益测算方法

具体来说，用 T 表示学校费用，L 表示生活费用，Y 表示学校费用和生活费用的总和；A 代表不同的地区分类，U 代表某接受来华留学生的高校；S 代表不同的城市，C 代表不同层次的来华留学生类型，C' 代表不同高校的类型；N 代表相应类型的留学生数量。学费标准和消费水平均以年为统计单位。那么不同层级的测算等式可以表示如下。

1. 学校费用的测算

来华留学生可以区分为学历生和非学历生两种类型，其中，学历生分为专科生、本科生、硕士生和博士生，非学历生分为高级进修生、普通进修生、短期生和语言生。设 T_{ic} 为 i 高校第 c 类学生的学费标准，N_{ic} 为 i 高校第 c 类学生的学生人数，则 i 学校的学费收入可以表示为：

$$T_i = \sum_{c=1}^{8} T_{ic} N_{ic} \qquad \text{式（A–1）}$$

如果该城市有 a 所学校是选取的样本学校，b 所为样本之外的学校，则可以用 a 所学校的平均学费估算出该城市所有学校第 c 类学生的平均学校费用，即

$$\overline{T_{cs}} = \sum_{c=1}^{a} T_{sc} N_{sc} / \sum_{c=1}^{a} N_{sc} \qquad \text{式（A–2）}$$

则该城市所有高校中，c 类学生的学校费用总收益为：

$$T_c = \sum_{i=1}^{a} T_{ic} N_{ic} + \sum_{i=a+1}^{a+b} \overline{T_c} N_{ic} \qquad \text{式（A–3）}$$

按照上述，需要对样本高校 c 类学生的学费标准进行收集，进而计算得出其所在城市的 c 类学生学校费用总收益。同理，可以得出该城市所有类型

学生的学校费用总收益：

$$T_s = \sum_{i=1}^{a}\sum_{c=1}^{8} T_{ic}N_{ic} + \sum_{i=a=1}^{a+b}\sum_{c=1}^{8}\overline{T_c}N_{ic} \qquad \text{式（A-4）}$$

类似地，将来华留学生区分为学历生和非学历生两类，估算全国所有类型来华留学生的学校费用总收益。根据《来华留学生简明统计》，全国接受来华留学生的城市数为 333 个，假设某城市来华留学生的平均学校费用为 $\overline{T_{cs}}$，则全国来华学历生每年的学校费用可以表示为：

$$T_{s1} = \sum_{s=1}^{222}\left(\sum_{i=1}^{a}\sum_{c=1}^{4} T_{ics}N_{ics} + \sum_{i=a=1}^{a+b}\sum_{c=1}^{4}\overline{T_{cs}}N_{ics}\right) \qquad \text{式（A-5）}$$

其中，

$$\overline{T_{sc}} = \sum_{c=1}^{a} T_{sc}N_{sc} / \sum_{c=1}^{a} N_{sc} \qquad \text{式（A-6）}$$

同理可知，全国来华非学历生学校费用可以表示为：

$$T_{s2} = \sum_{s=1}^{222}\left(\sum_{i=1}^{a}\sum_{c=5}^{8} T_{ics}N_{ics} + \sum_{i=a+1}^{a+b}\sum_{c=5}^{8}\overline{T_{cs}}N_{ics}\right) \qquad \text{式（A-7）}$$

全国来华留学生的学校费用总收益即为：

$$T = T_{s1} + T_{s2} = \sum_{s=1}^{222}\left(\sum_{i=1}^{a}\sum_{c=1}^{4} T_{ics}N_{ics} + \sum_{i=a=1}^{a+b}\sum_{c=1}^{4}\overline{T_{cs}}N_{ics} + \sum_{i=1}^{a}\sum_{c=5}^{8} T_{ics}N_{ics} + \sum_{i=a=1}^{a+b}\sum_{c=5}^{8}\overline{T_{cs}}N_{ics}\right)$$

式（A-8）

2. 生活费用的测算

对样本高校所在城市的消费水平进行统计，乘以各城市来华留学生人数，可得出该城市来华留学生生活费用总收益，假设该城市的消费水平为 P，某城市来华留学生的生活费用收益可以表示为：

$$L_s = P_s N_s \qquad \text{式（A-9）}$$

考虑到乘数效应，令 I_t 为年度消费者消费系数，t 为计算年份，所有全国来华留学生的生活费用总收益可以表示为：

$$L = \sum_{s=1}^{222} L_s I_t \qquad \text{式（A-10）}$$

3. 总经济效应测算

按照城市层面计算结果，全国来华留学生的学校费用和生活费用总收益，即我国高等教育服务贸易出口总收益应为：

$$Y = T + L = \sum_{s=1}^{222}\left(\sum_{i=1}^{a}\sum_{c=1}^{4}T_{ics}N_{ics} + \sum_{i=a=1}^{a+b}\sum_{c=1}^{4}\overline{T_{cs}}N_{ics} + \sum_{i=1}^{a}\sum_{c=5}^{8}T_{ics}N_{ics} + \sum_{i=a=1}^{a+b}\sum_{c=5}^{8}\overline{T_{cs}}N_{ics}\right) + \sum_{s=1}^{222}L_sI_t$$

式（A-11）

附录 B 2018 年全国来华留学生人数和总收益统计表

序号	省份 / 直辖市	来华留学生总数（人）	学历生学校费用（元）	非学历生学校费用（元）	学历生生活费用（元）	非学历生生活费用（元）	总收益（元）
1	北京	80786	951153041	442381109	2203089300	2409791300	6006414751
2	上海	61400	679056699	755578589	1273377501	2257552299	4965565087
3	天津	23691	221891920	161033610	338513149	658096148	1379534827
4	重庆	9530	107146111	52110314	145478133	141384397	446118955
5	河北	5429	99148614	18108467	85357089	27310948	229925118
6	山西	1547	18561000	6083094	26309815	9804900	60758809
7	内蒙古	3795	54332168	13278210	72739617	41000328	181350323
8	辽宁	27879	380700735	140179447	516147762	329756856	1366784799
9	吉林	7272	135052235	41580782	100282208	41899936	318815161
10	黑龙江	13429	161958946	88203053	165466692	156990456	572619147
11	江苏	45778	753353148	225204199	1294218570	805389400	3078165317
12	浙江	38190	517993116	305943653	794971980	684126720	2303035469
13	安徽	3755	162591501	24585299	74148352	15551088	276876240
14	福建	10340	134554436	46289074	196008768	119092392	495944669
15	江西	6747	108535142	21680000	123538345	23647460	277400947
16	山东	19078	220618914	140534733	345949635	320921855	1028025138
17	河南	6080	84062483	34481636	94259019	61346421	274149560
18	湖北	21371	396142574	85992556	461043795	139930096	1083109021
19	湖南	6871	110953946	24430785	130511412	49811112	315707255
20	广东	22034	264482796	180871047	366608880	454311858	1266274582
21	广西	15217	143155599	105798555	163270760	186263730	598488643
22	海南	4693	34284927	60924163	43351578	86564741	225125408
23	四川	13990	179543272	86508512	181014108	140518062	587583954
24	贵州	4057	36110031	22342473	57037420	41263690	156753613
25	云南	19311	175722485	95684873	193322700	260292690	725022748
26	西藏	22	0	329406	0	454146	783552
27	陕西	12919	167912283	72626868	177108932	149431712	567079795
28	甘肃	3036	34424099	15027294	44308152	23528232	117287777
29	宁夏	824	14536000	2874816	14464584	4394304	36269704
30	青海	347	2760000	3399098	2834520	5361967	14355585
31	新疆	2767	46641327	14075750	53572530	13471880	127761487
合计		492185	6397379547	3288141464	9738305306	9659261124	29083087442
总计			9685521012		19397566430		

附录 C　2018 年全国来华留学生生均收益情况

序号	省份 / 直辖市	学历生总数（人）	非学历生总数（人）	学历生平均学费（元）	非学历生平均学费（元）
1	北京	38583	42203	24652	10482
2	上海	22143	39257	30667	19247
3	天津	8047	15644	27574	10294
4	重庆	4833	4697	22170	11094
5	河北	4113	1316	24106	13760
6	山西	1127	420	16469	14484
7	内蒙古	2427	1368	22387	9706
8	辽宁	17011	10868	22380	12898
9	吉林	5129	2143	26331	19403
10	黑龙江	6891	6538	23503	13491
11	江苏	28218	17560	26698	12825
12	浙江	20526	17664	25236	17320
13	安徽	3104	651	52381	37765
14	福建	6432	3908	20920	11845
15	江西	5663	1084	19166	20000
16	山东	9897	9181	22291	15307
17	河南	3683	2397	22824	14385
18	湖北	16395	4976	24162	17281
19	湖南	4973	1898	22311	12872
20	广东	9840	12194	26878	14833
21	广西	7108	8109	20140	13047
22	海南	1566	3127	21893	19483
23	四川	7876	6114	22796	14149
24	贵州	2354	1703	15340	13119
25	云南	8230	11081	21351	8635
26	西藏	0	22	23000	14973
27	陕西	7007	5912	23964	12285
28	甘肃	1983	1053	17360	14271
29	宁夏	632	192	23000	14973
30	青海	120	227	23000	14974
31	新疆	2211	556	21095	14975